U0857121

编著◆张玉斌

一生必读的60本书

60 books you must read in your lifetime

品味经典　提升智慧

H.P.H
哈尔滨出版社
HARBIN PUBLISHING HOUSE

图书在版编目（CIP）数据

一生必读的60本书／张玉斌编著．—哈尔滨：哈尔滨出版社，2009.2

（完美人生丛书）

ISBN 978-7-80753-439-6

Ⅰ．一… Ⅱ．张… Ⅲ．推荐书目-世界 Ⅳ．Z835

中国版本图书馆CIP数据核字（2008）第168167号

责任编辑：王　姝　李英文

封面设计：远流图文工作室　赵兴华

版式设计：远流图文工作室　吴　丹

一生必读的60本书

张玉斌 编著

哈尔滨出版社出版发行

哈尔滨市香坊区泰山路82-9号

邮政编码：150090　营销电话：0451-87900345

E-mail：hrbcbs@yeah.net

网址：www.hrbcbs.com

全国新华书店经销

沈阳市佳麟彩印厂印刷

开本 720×960 毫米　1/16　印张 16.5　字数 200 千字

2009 年 2 月第 1 版　2009 年 2 月第 1 次印刷

ISBN 978-7-80753-439-6

定价：29.80 元

最有效的读书计划

当物质的匮乏不再困扰我们时，精神的成长便成为生命的第一要务。如果说书籍是人类进步的阶梯，那么一个人的阅读史就是他的精神成长史。人类最伟大的智慧、最伟大的思想没有办法从父母那里通过基因来拷贝、遗传，而是深藏在那些最伟大的书籍之中，因此，阅读是传承先人智慧最简便、最有效的方法。阅读虽然不能改变人生的长短，但却可以改变人生的气象，它对于一个人的文化高低、知识多少、志向大小、修养好坏、品行优劣、情趣雅俗，往往起着至关重要的作用。有时，一本适时的好书，甚至可以改变一个人的一生。

读书其实是一种以时间为代价的精神消费，为此我们付出金钱与时间，因此阅读什么书也要像购物一样精挑细选，毕竟每个人的时间是有限的。但是古今中外的图书浩如烟海，而人生对于每一个人来说只有一次，在匆匆的生命历程中，如果我们希望自己言行间充满自信，可以在不同的场合游刃有余，让自己有限的一生能够过得更充实、更美好，就要开阔自己的视野，广泛博览，多读书，读那些能经受住时间考验的、世界上亿万读者都曾从中得到特别启迪的书。英国小说家维吉妮亚·伍尔夫曾经说过："读书不应平白浪费精力，我们必须养成精确而有效的读书方法，好好掌握住自己所需的重点才是。"的确，与其浪费时间去读那些对你益处不大的作品，倒不如寻找一种最省时而且最有效的方式，去阅读那些可以使我们走出个人认识的盲点和误区的经典书籍。虽然任何时代的智慧我们都能从书本中获得，但如果不能解决好"读什么"与"怎么读"的问题，阅读的价值就会大打折扣。

那么，究竟哪些才是我们一生必读的经典著作呢？2003年，我们在参考了胡适、鲁迅、海明威、毛姆等古今中外诸多名家推荐的必读书目的基础上，遴选出60本传世经典、名家推荐的必读著作，编写成《一生必读的60本书》。该书第一版甫一面市就受到广大读者的一致好评，并获得了由上海书刊发行业协会和《上海新书报》社组织广大读者投票选出的"2003年上海图书交易会100种最受欢迎新书"的称号。随着时间的推移，为了让更多的读者手边可以有一份完美的阅读书目，我们在听取了诸多读者反馈的意见后对该书进行了修订。新版的《一生必读的60本书》形式更加新颖，内容更加丰富，涵盖了文学、哲学、历史、军事等各个领域，这些经典之作不管我们什么时候读，都会让我们有所收获，是提升我们文化品位、增强自身修养的必备珍藏。

在人生旅程中，我们每个人的生命的延续不只是依靠呼吸的顺畅、心脏的跳动，它更需要倚仗着强大的精神动力来滋养。如果你想浏览人类文明史的最重要的成果，那么请不要怀疑本书的价值。当我们品读被誉为"包罗万象的古代文化百科全书"的《圣经》时，会深刻体会到，没有任何一本书能像它那样深刻地影响着西方人的思想与生活；而一直以来可称得上是双跨文史学界的不朽巨著的《史记》，完全可以作为我们治国安邦、立身处世的最佳教科书；众所周知的东方药学巨典《本草纲目》是一座取之不尽的中华药学知识宝库，《富兰克林自传》这部世界各国家喻户晓的名人传记迄今为止被几代人当做人生修养的范本。此外，有着"两千年中国政治伦理与社会伦理的基石"之称的《论语》，无愧于"兵家韬略之首，人类智慧之源"的《孙子兵法》，欧洲长篇小说发展史上具有里程碑意义的《堂吉诃德》，开辟人类历史新纪元的《物种起源》，影响了无数人的中国四大古典名著，历经半个多世纪而畅销不衰的《飘》……这些各具特色的书籍就像对我们有着不同裨益的朋友，会成为我们失败时想探究的答案、迷茫时苦寻的出口、痛苦时急需获得的力量，将激发我们的思考，在我们今后的生活中产生巨大影响，甚至可能彻底改变我们的人生轨迹。

在转瞬即逝的时光里，在人生无以反复的过程中，那些超越了时间的经典文字，如源源不断的宝贵血脉，指引我们远离虚空浮华，使我们的生命得以延续更生。

目 录

欧洲的若干学者都相信，《君主论》是人类历史上具有永恒价值的处世智慧奇书之一。全书看似薄薄一册，实则玄机四伏，从西方到东方，这本书在宗教界、政界、学术领域和社会上引起了强烈的反响，成为历代君主和统治者的案头书。

古往今来，在浩如烟海的历史典籍中，《史记》这部取材广泛的史书，几乎囊括了当时人类社会政治、经济、军事、文化思想活动的全部内容，并附以人情理趣、世态百相的如诗描述，为后世提供了一座取之不尽、用之不竭的思想宝库。

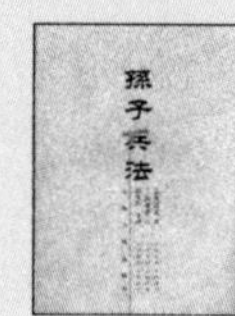

两千多年过去了，《孙子兵法》这部“兵学圣典”虽历经沧桑巨变却不失其光泽，书中提出的多种战争谋略不仅被应用于军事作战中，启迪了中外历史上一代又一代谋臣将帅，而且在经济领域的竞争中亦被诸多商家奉为制胜的法宝。

时势造英雄，三国时局的动荡和战争的连绵不断，造就了许多出类拔萃、可歌可泣的谋臣武将。这些史诗般的英雄，以他们的卓越才能创造了史诗般的英雄业绩。《三国演义》以艺术的笔法再现了这一历史，不同的人都可以在阅读中获益。

事物的意义从时间角度来看，分现时和长远两部分，意义越是久远，其价值就越大。《战争论》是西方近代军事理论奠基者克劳塞维茨对战争的观察、研究、分析的结晶，对 19 世纪的影响是毋庸置疑的，随着时光的流逝，其长远价值也开始凸现。

《水浒传》是中国已有数百年历史的白话文进入成熟阶段的标志，可以说是一部“奇书”，不仅书中的人物生动、故事有趣，而且它以封建统治者视为“盗贼草寇”的起义农民做主角，并给予了充分的肯定，对后世的文学创作有着相当巨大的影响。

在历史上多得难以计数的自传作品中，真正有文学价值的显然并不多，而以其思想、艺术和风格上的重要意义而奠定了撰写者的文学地位——不是一个普通的文学席位，而是长久地受人景仰的崇高地位的，也许只有《忏悔录》了。

作为美国财富和智慧的代表者，富兰克林的思想一直被那些希望增进美德并过上富足生活的人们所遵循和实践着。富兰克林造就了一个属于他的时代，而他的自传中所倡导的通过不懈努力取得非凡成就的奋斗精神则改变了无数人的命运。

一百多年来，近代西方史学家都将《汤姆叔叔的小屋》一书看做是美国南北战争的导火线之一。林肯总统后来接见斯陀夫人时戏谑地称她是“写了一本书，酿成了一场大战的小妇人”，这一句玩笑话充分反映了这部长篇小说的巨大影响。

司汤达生前默默无闻，作品不被世人理解，而在死后却因其在作品中对他的时代的深刻表现和对人物心理的揭示而被公认为 19 世纪法国最有个性的作家之一。司汤达的著作不多，《红与黑》毫无疑问是其中最有魅力的作品。

《红楼梦》是中国古典小说的集大成之作，获得了各个时代读者的喜爱。它犹如一面明镜，映照出封建社会的世俗风情、人间冷暖，点点滴滴，耐人寻味，让人百读不厌。可以这么说，品读《红楼梦》，实际上是与五千年中国文化打交道。

雨果是文学史上雄踞时空的王者，像他这样作家兼斗士的伟大人物，在世界文学史上寥若晨星，屈指可数。他以《悲惨世界》这部经典著作，吸引着全世界的读者，与 21 世纪乃至更为久远的人们心气相通、血脉相连。

《百年孤独》是加西亚·马尔克斯的代表杰作，也是魔幻现实主义文学的高峰。作品问世后即引起了一场强烈的“文学地震”，被认为是“20世纪最伟大的小说”。1982年马尔克斯因此走上诺贝尔文学奖的领奖台，并成为拉美小说界的“掌门人”。

真正的大师都是用最简单的语言来表述最深刻的道理，真正的好作品都是用生命的历练做题材，《老人与海》蕴涵着海明威深刻的人生体验。这部不朽经典饱含了对生命的赞美与尊重，为全世界读者提供了发现生命“绝对动力”的平台。

当世界上几乎所有的国家经过艰苦的体制比较和体制探索，最终几乎都选择了市场经济的时候，我们不能不由衷地感谢亚当·斯密，感谢他证明了市场经济是富国富民的康庄大道，感谢他的《国富论》所带来的划时代的意义。

无论从哪一个角度来说，安徒生都是属于全世界的。安徒生童话美丽又平易近人，好比是一条奔流的小溪，穿越名著百岳，汇入人类浩瀚文明。他的童话故事不仅孩子们读来受益良多，大人们也可从中获得不少启示。

在世界文学史上，仅仅写了一部作品就名扬天下并在文坛上占有一席之地的作家也许只有美国女作家玛格丽特·米切尔。她的《飘》一经问世便成了美国小说中最畅销的作品，这部美国内战时期的罗曼史打破了之前所有的出版纪录。

穿越历史、地域、时空，《钢铁是怎样炼成的》真正震撼人心的是保尔钢铁般的意志，是他敢于向一切困难挑战的英雄气概和大无畏精神，这种精神，是任何时代、任何一个力图有所作为的人都同样需要的，这才是这部作品魅力之所在。

《一千零一夜》是世界上最具生命力、最负盛名、拥有众多读者和影响力最大的作品之一，它以民间文学的素朴身份跻身于世界古典名著之列，以其博大的内涵、高超的艺术魅力哺育了一代代文学家们，创造出诸多优秀的名著。

一部经典著作，永远给人以不同的感受，给人以新的启迪。所以，这样的作品，不仅当时会被译成多种文字，而且随着时代的演进，不断会有新的译本出现，这就是作品的生命力所在，而塞万提斯的代表作《堂吉诃德》正是这样一部作品。

20世纪初，卡夫卡以强烈的社会批判精神和奇妙的构思以及纯客观的叙述方式构成了独树一帜的艺术风格，从而在现代文学史上位于第一流的大家之列。如果你想了解现代主义文学，最好的办法就是从反复阅读卡夫卡的《变形记》开始。

1913年的诺贝尔文学奖评奖会上，瑞典文学院第一次将诺贝尔奖颁给一个东方人。大部分读过这部名叫《吉檀迦利》的诗集的人都对这次授奖感到非常满意，他们将诗集的作者称为"东方圣人"，这个人就是泰戈尔。

《欧也妮·葛朗台》是巴尔扎克小说创作的一次飞跃，充分体现了其丰富的艺术实践和创作特色。它是《人间喜剧》中"最出色的画卷之一"，以其自身独特的文学价值对世界文学的发展和人类进步产生了巨大的影响。

浪漫派诗人济慈说："莎士比亚过的是寓言的一生，他的作品就是诠释。"世界上对他的剧本一往情深的导演不计其数，苏联戏剧导演梅耶荷德曾经说过："如果将来的某一天世界上所有的剧本都失传了，而《哈姆雷特》没有失传，那么戏剧就还存在。"

宇宙，星光灿烂，其中深藏着物质运动的伟大力量，对自己置身于其中的宇宙的好奇永远存在于我们每一个人的心中。因此，霍金的《时间简史》出版后在全世界受到了极为热烈的欢迎，以至于使人们对宇宙的兴趣达到了有史以来空前的程度。

正如花草需要春天的甘霖才能长出新绿，人类需要博爱与同情才能生命不息，也许这就是列夫·托尔斯泰的《复活》不朽的原因。在我们这个把道德的自我完善当成笑话的时代，读这样一部经典也许会引起我们对人生意义的深刻思考。

葛拉西安的《智慧书》是人类三大智慧奇书之一。这本充满了人生智慧的小册子中的体悟，你若想在生活中自行积累，恐怕要耗费几十年的光阴。然而，待你耗费几十年终于明白了处世的真相，却可能为时已晚。

如果说时间能熄灭爱情的火焰和人类的所有其他感情，那么对于真正的文学作品，时间却会创造不朽。陀思妥耶夫斯基的《罪与罚》正是这种不朽的作品之一，是经得起时间的考验值得一读再读的作品。

小说是一个民族的历史，小说是一种文化的沉淀，能够把沉淀真实地融入历史，又能使历史清楚地显示出沉淀的小说，无疑是一部优秀的现实主义作品。老舍的《四世同堂》正是这样一部读来令人荡气回肠的现实主义杰作。

《生命中不能承受之轻》是昆德拉的才华得到集中体现的一部作品，他从一两个关键词以及基本情境出发构成了小说的人物情节，以其独特的生命视角、冷峻且蕴涵某种智慧的思虑，诠释了生命之中某种不曾泯灭的真理。

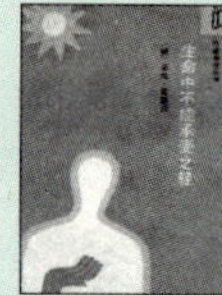

房龙是个伟大的文化普及者，将一本地理书写得通俗易懂也许并不难，难的是能够始终保持一种高贵而非庸俗的心态和独立不移的个性，以及对人类文明进程的远见和大局观。《房龙地理》可以说是一本完全改变我们对地理学的偏见的地理书。

《巴菲特：从 100 元到 160 亿》一书不仅讲述了巴菲特从平民成长为巨富的传奇经历，而且还介绍了其从 100 元到 160 亿成功的投资理念，可以说是一本富有实用性和教育性的投资手册，就连巴菲特本人都认为这本书比他的其他传记都要好。

若想在短时间内大致全面了解中国古代艺术，《美的历程》是一本适合的读物；若想得到美的熏陶，《美的历程》更是一本很好的读物。任何一个爱美的中国人，任何一个热爱中国艺术的人，都应该读这本书。

在世界文学宝库中，有这样一批遗世独立的不朽巨著。它们以振聋发聩的声音，全面质疑时代的价值标准，曾经批判了一个时代，震撼了一个时代，颠覆了一个时代，《麦田里的守望者》就是这样的一部作品！

《伊索寓言》是世界上最古老的寓言集，它篇幅短小，形式不拘，浅显的小故事中常常蕴涵着深刻的寓意，闪耀出智慧的光芒，被誉为西方寓言的始祖。它的出现，奠定了寓言作为一种文学体裁的基石。

《活着》是一部现实主义的小说，又没有一般现实主义小说的琐屑和繁冗，它不会造成你阅读的任何障碍，你也许不能从中读出多少哲学意蕴，但有一点完全可以肯定，读过之后，你会对人生有一个新的甚至全新的认识。

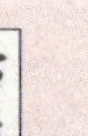

60

《圣 经》

如果今天晚上，你手臂一挥把文学中有关基督的部分——关于他的生平、他的事迹、他的精神、他所坚守的原则——全部除去，那么你会使世界——文字的世界——在一夕之间失去色彩，因为耶稣正是那色彩所在。

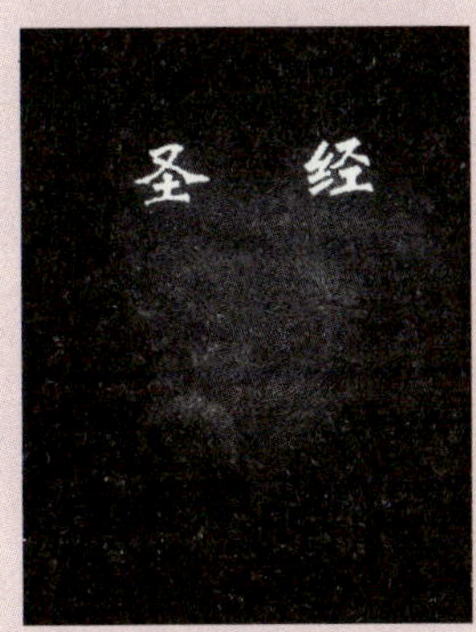

无论从何种意义上来说，《圣经》在人类历史上都是一部独一无二的书。这部内涵丰富、意蕴精深的智慧百科全书，记载了先知、诗人、圣贤、使徒、民族英雄等的宗教经历和体验。他们在走过了伟大的旅程之后，把他们生命中酸、甜、苦、辣的遭遇和他们对人生深刻的观察写下来，便成了今日《圣经》的骨骼。因此，我们可以说，《圣经》是一部有关生命的书，也是一部指向生命之道的书。它虽然以神道为中心，却是为了发扬人道的精神；它有许多来世的叙述，却是为了教人如何活于今世，因此，它对西方社会的精神信仰和行为方式影响至深。

作为宗教经典，《圣经》是基督教徒的必读之书，信徒们在书中领悟基督教教义，寻觅信仰的真谛。西方国家元首就职宣誓必手按《圣经》，法官判案要手按《圣经》，婚礼上神职人员要用《圣经》为新人祝福，葬礼上神职人员要手捧《圣经》为亡者的灵魂祈祷，人与人交谈中常常引用《圣经》中的话或典故；作为珍贵史料，《圣经》记载了犹太民族和古代地中海地区其他民族的历史发展和变迁，成为史学家们探赜索隐的指南；作为古代文献，《圣经》涉及远古社会的神话、历史、体制、民俗和伦理，是一部包罗万象的古代文化百科全书；作为文学杰作，《圣经》会聚了多种风格的诗歌民谣、叙述故事，是世界广为流传的众多文化典故之源，为世界文学、绘画、雕塑、诗歌、音乐等贡献出大量的素材。迄今为止，《圣经》作为世界上印数最多、发行最广、翻译文种最多的书籍，早已被列入吉尼斯世界纪录大全，成为东西方一切经典的翘楚。

读《圣经》札记

恨是狭隘，爱是超越

耶稣反对复仇，提倡博爱。针对“以眼还眼，以牙还牙”的旧训，他主张：“有人打你的右脸，连左脸也让他打吧。”针对“爱朋友，恨仇敌”的旧训，他主张：“要爱你们的仇敌。”他的这类言论最招有男子气概或斗争精神的思想家反感，被斥为奴隶哲学。我也一直持相似看法，而现在，我觉得有必要来认真地考查一下他的理由——

“因为，天父使太阳照好人，也同样照坏人；降雨给行善的，也给作恶的。假如你们只爱那些爱你们的人，上帝又何必奖赏你们呢？……你们要完全，正像你们的天父是完全的。”

从这段话中，我读出了一种真正博大的爱的精神。

人与人之间，部落与部落之间，种族与种族之间，国家与国家之间，为什么会仇恨？因为利益的争夺，观念的差异，隔膜，误会，等等。一句话，因为狭隘。一切恨都源于人的局限，都证明了人的局限。爱在哪里？就在超越了人的局限的地方。

只爱你的亲人和朋友是容易的，恨你的仇敌也是容易的，因为这都是出于一个有局限性的人的本能。做一个父亲爱自己的孩子，做一个男人爱年轻漂亮的女人，做一个处在种种人际关系中的人爱那些善待自己的人，这有什么难呢？作为某族的一员恨敌族，作为某国的臣民恨敌国，作为正宗的信徒恨异教徒，作为情欲之人恨伤了你的感情、损了你的利益的人，这有什么难呢？难的是超越所有这些局限，不受狭隘的本能和习俗的支配，作为宇宙之子却有宇宙之父的胸怀，爱宇宙间的一切生灵。

有人打了你的右脸，你就一定要回打他吗？你回打了他，他再回打你，仇仇相生，冤冤相报，何时了结？那打你的人在打你的时候是狭隘的，被胸中的怒气支配了，你又被他激怒，你们就一齐在狭隘中走不出来了。耶稣要你把左脸也送上去，这也许只是一个比喻，意思是要你丝毫不存计较之心，远离狭隘。当你这样做的时候，你已经上升得很高，你真正做了被打的你的肉躯的主人。相反，那计较的人只念着自己被打的右脸，他的心才成了他的右脸的奴隶。我开始相信，在右脸被打后把左脸送上去的姿态也可以是充满尊严的。

我把虹霓放在云间，做我与大地之间立约的标记。几时虹霓在云间出现，我一看见，就想起天主与地上各种属血肉的生物之间所立的永远盟约。

种子和土壤

耶稣站在一条船上，向聚集在岸上的众人讲撒种的比喻，大意是：有一个人撒种，有些种子落在没有土的路旁，种子被鸟吃掉了，有些落在只有浅土的石头上，幼苗被太阳晒焦了，有些落在荆棘丛里，幼苗被荆棘挤住了，还有些落在好土壤里，终于长大结实，得到了好收成。

这个比喻的意思似乎十分浅显，可以用一句话概括：种子必须落在好的土壤里，才会有好的收成。

首先应该肯定一个事实：在人类的精神土地的上空，不乏好的种子。那撒种的人，也许是神，大自然的精灵，古老大地上的民族之魂，也许是创造了伟大精神作品的先哲和天才。这些种子的确有数不清的敌人，包括外界的邪恶和苦难，以及我们心中的杂念和贪欲。然而，最关键的还是我们内在的悟性。唯有对于适宜的土壤来说，一颗种子才能作为种子而存在。再好的种子，落在顽石上也只能成为鸟的食粮，落在浅土上也只能长成一株枯苗。对于心灵麻木的人来说，一切神圣的启示和伟大的创造都等于不存在。

基于这一认识，我相信，不论时代怎样，一个人都可以获得精神生长的必要资源，因为只要你的心灵土壤足够肥沃，那些神圣和伟大的种子对于你就始终是存在着的。所以，如果你自己随波逐流，你就不要抱怨这是一个没有信仰的时代了吧；如果你自己见利忘义，你就不要抱怨这是一个道德沦丧的时代了吧；如果你自己志大才疏，你就不要抱怨这是一个精神平庸的时代了吧；如果你的心灵一片荒芜，寸草不长，你就不要抱怨害鸟啄走了你的种子，毒日烤焦了你的幼苗了吧。

那么，一个人有没有好的心灵土壤，究竟取决于什么呢？我推测，一个人的精神疆土的极限，心灵土质的特异类型，很可能是由天赋的因素决定的。因此，譬如说，像歌德和贝多芬那样的古木参天的原始森林般的精神世界，或者像王尔德和波德莱尔那样的奇花怒放的精巧园艺般的精神世界，绝非一般人凭努力就能够达到的。但是，心灵土壤的肥瘠不会是天生的。不管上天赐给你多少土地，它们最终成为良田沃土还是荒田瘠土，这多半取决于你自己。所以，我们每一个人都应当留心开垦自己的心灵土壤，让落在其上的好种子得以生根开花，在自己的内心培育出一片美丽的果园。谁知道呢，说不定我们自己结出的果实又会成为新的种子，落在别的适宜的土壤上，而我们自己在无意中也成了新的撒种人哩。（周国平）

华文精选

有七件事是耶和华所憎恨、所不能容忍的，就是傲慢的眼睛，撒谎的舌头，杀害无辜的手，策划阴谋的心，对坏事趋之若鹜，编造假证，在朋友间挑拨是非。

《圣经》令我动容的十句话

《圣经》是一部令人动容、令人思考的书，它的每一章、每一句都蕴涵着古老而永恒的智慧，它不愧为人类历史上最深刻、最具价值的著作之一，在思想性、文学性、历史性上都是不可多得的。然而群玉谱中必有最璀璨者，群芳国中必有最艳丽者。下面列出《圣经》的众多名言警句中最让我动容的十句，我所说的“动容”既包括感性的激动，也包括理性的思考，最重要的是对内心深处的触动。

1.“生命在他里头，这生命就是人的光。光照在黑暗里，黑暗却不接受光。”（《圣经·约翰福音》第1章）这是我最经常诵读的一段经文，也是基督教神学思想的核心。这里的“光”指的是耶稣基督，“生命”指的是永生——战胜死亡，获得真理。

2.“你们要进窄门，因为引到灭亡，那门是宽的，路是大的，进去的人也多；引到永生，那门是窄的，路是小的，找着的人也少。”（《圣经·马太福音》第7章）这是耶稣“登山宝训”中最短的一段，但却是整个新教精神的核心。对于清教徒而言，人生就意味着无尽艰险，就意味着走窄门。

3.“爱是恒久忍耐，又有恩慈；爱是不嫉妒，爱是不自夸，不张狂，不做害羞的事，不求自己的益处，不轻易发怒，不计算人的恶，不喜欢不义，只喜欢真理；凡事包容，凡事相信，凡事盼望，凡事忍耐；爱是永不止息。”（《圣经·哥林多人书》第13章）基督教是“爱的宗教”，这就是使徒保罗对爱的诠释。从古到今不知有多少人因这段话而皈依基督教，可见“爱是无可比的”。

4.“死啊，你得胜的权势在哪里？死啊，你的毒钩在哪里？死的毒钩就是罪，罪的权势就是律法。感谢上帝，使我们借着我们的主耶稣基督得胜。”（《圣经·哥林多人书》第15章）使徒保罗用优美的语言阐明了基督教的脉络：原罪与堕落，牺牲与救赎，胜利与永生。总体说来就是“用爱战胜死亡”。

5.“草必枯干，花必凋残，因为耶和华的气吹在其上；百姓诚然是草。草必枯干，花必凋残；唯有我们上帝的话，必永远立定！”（《圣经·以赛亚书》第40章）《旧约全书》的最大特点是“信念”。这句话就是无比坚定的信念，既是相信上帝，又是相信作为上帝选民的自己。以色列人的辉煌，大半缘自信念。

6.“我知道我的救赎主活着，末了必站在地上。我这皮肉灭绝之后，我必在肉体之外得见上帝。”（《圣经·约伯记》第19章）这是约伯的信念。无论承受多么巨大的打击，遭遇多么绝望的境遇，都不可放弃希望、放弃信仰。亨德尔为此句作的咏叹调也极为感人。

7.“不可封了这书上的预言，因为日期近了。不义的，叫他仍旧不义；污秽的，叫他仍旧污秽；为义的，叫他仍旧为义；圣洁的，叫他仍旧圣洁。”（《圣经·启示录》第22章）我最开始就是看了《启示录》才倾向于基督教的。《启示录》中有很多让人不能不动容的话，这句只是其中的代表而已。

8.“谁能使我们与基督的爱隔绝呢？难道是患难吗？是困苦吗？是逼迫吗？是饥饿吗？是赤身裸体吗？是危险吗？是刀剑吗？……然而，靠着爱我们的主，在这一切的事上已经得胜有余了。”（《圣经·罗马人书》第8章）保罗真是无与伦比的传道者，他的讲道是如此气势磅礴且发人深省。这段话继承了《旧约全书》的信心，增加了《新约全书》的爱，完美地体现了基督教精神。

9.“我又专心察明智慧、狂妄和愚昧，乃知这也是捕风。因为多有智慧，就多有愁烦；加增知识的，就加增忧伤。”（《圣经·传道书》第1章）《传道书》是《圣经》中我最喜欢的篇章之一，传道者的话虽低沉消极，却又蕴涵着希望，能够用来战胜愁烦和忧伤的，只有一件事——信仰。

10.“哈利路亚！因为主我们的上帝，全能者做王了……世上的国成了我主和主基督的国；他要做王，直到永永远远……万王之王，万主之主。”（《启示录》第11、19章）这也是亨德尔歌剧《弥赛亚》中大合唱《哈利路亚》的歌词，它是至今唯一能让我多次热泪盈眶的歌曲。从这短短的几句话中我们可以看到无穷的胜利喜悦。欢呼吧！因为胜利属于我们。（佚　名）

作者生平

《圣经》包括《旧约全书》和《新约全书》，前者有39卷，后者有27卷。犹太教《圣经》包括《律法书》、《先知书》、《圣录》三个部分，是犹太教经典。犹太教因书中讲述上帝与犹太民族在西奈山订下盟约，故名“约书”，也是古代希伯来文学作品的总集。基督教承继此说，但认为基督以他的流血受死而在上帝与人之间建立了新约，乃称自犹太教承继下来的部分为《旧约全书》，于公元2世纪编成了《新约全书》，这部古老经籍是希伯来民族文化的宝贵遗产，它记载了古代中东乃至南欧一带的民族、社会、政治、军事等多方面情况和风土人情，其中的哲学和神学观念随着基督教的广泛传播，对世界尤其是西方社会的发展、意识形态和文化习俗带来巨大影响。基督教为适应它的教义的需要，把《旧约全书》和《新约全书》合并为《圣经》。

《圣经》的四十多位作者，不仅各自所处的时代不同，职业、身份也不同，写作的环境也有很大差异，各卷书都是独立写成的，写成后即在各犹太会堂或基督教堂传读。《圣经》的作者们并不知道这些书卷日后会被汇编成册，形成新、旧约正典。奇妙的是，当人们把这些卷书编在一起时，这些跨越几十代人写成的风格迥异的作品却是那样的和谐，前后呼应，浑然一体！

◆历史上最有影响的 33 本书之一
◆世界上最伟大的 30 份文献之一
◆中国人的“圣经”

《论　语》

在中国五千年的历史上，对华夏民族的性格、气质影响最大的人，就是孔子了。他的思想是中华民族礼乐文化的重要根据，价值观念的是非标准，伦理道德的规范依据，从思想领域到文化领域都留下了他抹也抹不去的印记。

在 2500 多年前一个遥远的朝代，夏商周 300 年的文化沃土孕育了集上古三代文化之大成者，一位垂范万世的至圣先师——孔子。公元 1988 年，诺贝尔奖获得者齐聚西方文化名城巴黎发表了著名的《巴黎宣言》。这些当代科学、医学和文学的顶尖级巨匠们以不容置疑的语言向全世界宣告：“人类要在 21 世纪生存下去，必须回首 2500 年前，从孔子那里寻找智慧。”西方的学者们一直将孔子、耶稣、释迦牟尼并称为“世界三圣”，这位中国春秋末期伟大的思想家和教育家，他的名字犹如一颗启明星闪烁在东方的天宇，昭示着一代代的求知者，千载之后仍令人追思。

《论语》是孔子弟子及其再传弟子关于孔子言行的记录，是一部博大精深的著作，它所蕴涵的内容十分丰富，诸如政治、经济、文化、教育等方面无所不包，关于立信、躬行、守礼、好学、改过、谨言、慎行等内容都有论及，被称为中国人的“圣经”。这是一本被中国人读了几千年的教科书，包含了中国古代的政治思想与治国之道，是我们了解中国古代社会的一把钥匙。

由于《论语》和几千年的中国文化有着血肉联系，由于历代思想家对《论语》进行了无数的阐释和发挥，所以《论语》所包含的文化内涵已大大超出了这本书原初的内涵，其对中华民族的心理素质及道德行为起到过重大影响，它的思想内容早已融入中华民族的血脉，沉潜在龙的传人的生命中，直到今天还在发生着潜移默化的作用。读《论语》，你会感到在你心中流过的是一条有几千年历史的文化长河。

怎样读《论语》

任何一个有很长历史的民族，其文化都会有自己的根基，五千年中华文明是取之不尽、用之不竭的精神源泉，应该而且能够产生巨大的感召力量。在经济、科技全球化的背景下，了解自己民族的文化根基十分重要，一个中断了文化根基的民族是没有希望的，也不会有凝聚力，甚至丧失民族自信心和自豪感，不可能得到世界上其他国家和民族的尊重，难以屹立于世界民族之林。一个国家如果没有现代科学，没有先进技术，一打就垮。但是，如果中断了民族文化之根，不打自垮。

《论语》不但是一部哲学经典、史学经典，而且也是一部文学经典。《论语》的语言凝练、简洁、隽永，全文才1万多字，而形成成语的就有200多条。例如，“学而不厌”、“诲人不倦”、“三人行必有我师”、“见义勇为”、“任重而道远”、“过犹不及”、“祸起萧墙”、“欲速则不达”等，已成为汉语中的经典，直到今天仍具有生命力。读《论语》我们还可以学到比喻、对比、排比、设问、反问等多种修辞技巧，提高文学修养。

读《论语》我们不仅会被其深邃的哲思、隽永的语言所折服，而且还会被它对人物性格惟妙惟肖的刻画所打动。例如在《论语·先进》“子路、曾皙、冉有、公西华侍坐”中，子路的豪爽、冉有的谦和、公西华的好学、曾皙的洒脱，一一都如见其人。一句“夫子喟然叹曰：‘吾与点也’”，让我们看到孔子不是高高在上不食人间烟火的“万世师表”，而是与学生亦师亦友，一个热爱生活、热爱大自然的可爱的老人。由此可见，读《论语》并不枯燥，而是十分生动有趣的。

怎样读《论语》呢？首先要虚心。朱熹说：“读书别无法，只管看，便是法。正如呆人相似，挨来挨去，自己却未先要立意见，且虚心，只管看。看来看去，自然晓得。”现今许多读书人对待中国的古籍常犯一样通病，专门去批判古人，他们不是从古籍中汲取智慧，而是把自己看做高高在上的法官，把古籍当做囚犯来审问，还自以为这是“创造”的表现。这样读《论语》只是徒增枝蔓，是不会有收获的。古籍当然是有漏洞的，古人也不是不能批判，只是先虚心读懂古籍的原意，先要客观地读，不要带上先入之

君子有九思：视思明，听思聪，色思温，貌思恭，言思忠，事思敬，疑思问，忿思难，见得思义。

见。正如朱熹所说："看文字，且信本句，不添字，那里原有罅缝，如合子相似，自家去抉开，不是浑沦底物，硬去凿，亦不可先立说，拿古人意来凑。""先立说"、"硬去凿"，这是初读《论语》的人要避免的。其次，读《论语》要先从识字开始。《论语》当中有些文字，表面上看古今不异，但实际含义却"风马牛不相及"，这就应该选一本注释比较好的本子。读的过程中，一开始不要急于看译文，先看原文，再把注释看透，然后再回到原文，不要依赖译文去理解原文。这样刚开始会慢一些，"十目一行"；不用急，速度会快起来的，到"一目十行"。我不赞成先看今人对《论语》的"别裁"、"今释"一类的书，这类书不是不能看，而是要在对《论语》有一个客观的了解之后再去看。所以先要通读乃至读通《论语》原著，再看"别裁"、"今释"一类的书，自己的脚跟站稳了，心中有主见，不至于人云亦云，空谈无根。

中国的文化典籍是有结构的，《论语》既是元典，又相对比较简洁、流畅，易读易记。《论语》读通了，接下去读《孟子》等其他典籍就容易了。（张儒平）

子曰："益者三友，损者三友。友直，友谅，友多闻，益矣。友便辟，友善柔，友便佞，损矣。"

走近孔子

《论语》作为一部涉及人类生活诸多方面的儒家经典著作，许多篇章谈到做人的问题，这对当代人具有借鉴意义。

其一，做人要正直磊落。孔子认为："人之生也直，罔之生也幸而免。"（《论语·雍也》）在孔子看来，一个人要正直，只有正直才能光明磊落。然而我们的生活中不正直的人也能生存，但那只是靠侥幸而避免了灾祸。按事物发展的逻辑推理，这种靠侥幸避免灾祸的人迟早要跌跟头。

其二，做人要重视"仁德"。这是孔子在做人问题上强调最多的问题之一。在孔子看来，仁德是做人的根本，是处于第一位的。孔子说："弟子入则孝，出则悌，谨而信，泛爱众，而亲仁。行有余力，则以学文。"（《论语·学而》）又曰："人而不仁，如礼何？人而不仁，如乐何？"（《论语·八佾》）这说明只有在仁德的基础上做学问、学礼乐才有意义。孔子还认为，只有仁德的人才能无私地对待别人，才能得到人们的称颂。子曰："唯仁者能好人，能恶人。"（《论语·里仁》）"齐景公有马千驷，死之日，民无德而称焉。伯夷叔齐饿于首阳之下，民到于今称之。其斯之谓与？"（《论语·季氏》）充分说明了仁德的价值和力量。那么怎样才能算仁呢。颜渊问仁，子曰："克己复礼为仁。一日克己复礼，天下归仁焉。"（《论语·颜渊》）也就是说，只有克制自己，让言行符合礼就是仁德了。一旦做到言行符合礼，天下的人就会赞许你为仁人了。可见"仁"不是先天就有的，而是后天"修身"、"克己"的结果。当然，在孔子看来要想完全达到仁是极不容易的，所以他教人追求仁德的方法，那就是"博学于文，约之以礼，亦可以弗畔矣夫！"（《论语·颜渊》）即广泛地学习文化典籍，用礼约束自己的行为，这样就可以不背离正道了。同时也要重视向仁德的人学习，用仁德的人来帮助培养仁德。

其三，做人要重视修养的全面发展。曾子曰："吾日三省吾身：为人谋而不忠乎？与朋友交而不信乎？传不习乎？"（《论语·学而》）即：我每天都要再三反省自己：帮助别人办事是否尽心竭力了呢？与朋友交往是否讲信用了呢？老师传授的学业是否温习了呢？强调从自身出发修养品德的重要性。在此基础上，孔子强调做人还要重视全面发展。子曰："志于道，据于德，依于仁，游于艺。"（《论语·述而》）即：志向在于道，根据在于德，凭借在于仁，活动在于六艺（礼、乐、射、御、书、数），只有这样才能真正地做人。那么孔子为什么强调做人要全面发展呢？这里体现了孔子对人的社会性的认识，以及个人修养的相互制约作用，他说："兴于诗，立于礼，成于乐。"（《论语·泰伯》）即：诗歌可以振奋人的精神，礼节可以坚定人的情操，音乐可以促进人们事业的成功。所以，对于个人修养来说，全面发展显得极为重要……

《论语》作为孔子及门人的言行集，内容十分广泛，多半涉及人类社会生活各方面的问题，对中华民族的心理素质及道德行为起到过重大影响。直到近代新文化运动之前，约在两千多年的历史中，一直是中国人的国学必读之书。（佚　名）

作者生平

孔子（公元前551–公元前479），名丘，字仲尼，春秋末期鲁国陬邑（今山东曲阜东南）人。孔子不仅是我国古代著名的思想家、政治家、教育家，儒家学派创始人，还是一位古文献整理家，曾修《诗》《书》，定《礼》《乐》，序《周易》，作《春秋》。公元前479年，孔子去世，享年72岁。他的弟子辑录其言论，编成《论语》一书，保留了孔子生平、思想学说的重要材料，尤其是教育思想和教学活动的重要材料。作为儒家经典，《论语》虽然没有详尽、具体的描写，但从孔子和其他人的对话中，却生动地显现出了孔子的形象。他正直、乐观向上、积极进取，一生都在追求真、善、美，追求理想的社会。他不靠金钱，不靠强力，也不用宗教的力量，而门人三千，贤人七十二，心甘情愿地追随着他，因为他"学而不厌，诲人不倦"地追求大道，然后把精神的力量传给别人。孔子求实的精神，群贤毕至的教育成果以及一整套的教育理论，对中华民族教育的形成、发展起到了不可估量的作用。

- ◆改变世界的 16 本书之一
- ◆1985 年美国《生活》杂志评选的人类有史以来的最佳图书之一
- ◆影响中国近代社会的经典译作

《物种起源》

杰出作品的不同之处就在于它们的影响并不仅限于它们所处的那个时代，而是更远。它们就像一座座敞开大门的宝库，只要你翻阅它们，就会有所收获。《物种起源》就是前人留给我们的众多杰作之一……

1859 年 11 月 24 日，英国伦敦众多市民涌向一家书店，争相购买一本刚出版的新书。这本书的第一版 1250 册在出版之日即全部售罄，许多读者因买不到它而悻悻然。原先不愿意承印它的出版商见此商机，立即又再版了 3000 册，也很快卖光了。欧洲各国不少读者还要求邮购。这在当时是十分罕见的。这部深受读者喜爱的被誉为“源自生物学领域却影响了全人类思想的巨著”就是《物种起源》，它是进化论的奠基人达尔文呈献给世人的一部巨著。

《物种起源》第一次把生物学建立在完全科学的基础上，犹如一道惊雷划破长空，震醒了人们长期被宗教神学禁锢的思想，以全新的生物进化思想彻底推翻了上帝造物论和物种不变论，在生物学、思想界以及农业生产等诸多领域中都产生了划时代的巨大影响，标志着进化论的正式确立。它是科学领域中的一场大革命，以致直到现在人们还是把全部生物学的历史分为达尔文以前和达尔文以后两个时期。一百多年前，达尔文的思想改变了人们对世界的看法，一百多年来，他的思想影响了一代又一代的人。他用《物种起源》将旧有的神学理论敲得粉碎，以至后人将《物种起源》称为“一部将上帝驱逐出生物界的伟大著作”。作为思想史上的一颗巨星，达尔文把人类从神学的束缚中解脱出来，从而成为西方思想史上继牛顿之后将上帝驱逐出自然界的第二位杰出人物，而他所著的《物种起源》也成为人类认识长河中极具思想价值的珍品，在人类思想发展史上留下了不可磨灭的印记。

一个伟大的灵魂

《物种起源》的成功源于达尔文的勤奋。我们可能不止一次对《物种起源》丰富的内容发出由衷的赞叹，然而这只不过是达尔文为完成这部论著所作努力的冰山的一角。为建立自己的物种理论，达尔文准备了二十多年，而在《物种起源》中，只运用了其中很少一部分。因此达尔文只把《物种起源》看做是自己物种理论的一个摘要。它虽然向世人宣告了他的学说，但是，达尔文仍然感到，一个理论的摘要总是不丰满的，要让自己的学说有更强大的说服力，需要用更多的事实作更透彻的阐述，因此自己要作更多的努力。正是凭借这种精神，才造就了《物种起源》这部不朽的经典之作，而这种百年如一日的勤奋精神又恰恰为生活于当今时代的我们所缺少的。

《物种起源》所阐释的进化理论是严谨的。在《物种起源》中，你简直找不到令人不可接受的纰漏，这是因为书中每个论点都是达尔文在大量观察基础上得出的，有丰富的现实例证作为基础。而且，在《物种起源》发表前，达尔文已对自己的理论反复思考了二十年，并且写出了两个理论概要，直到经过莱伊尔、胡克的再三敦促和在华莱士论文的刺激下，达尔文才将其勉强发表。而达尔文在发表自己理论的时候，也丝毫不掩饰它还存在的问题。像《物种起源》一书这样的写法是很少有的，达尔文用了专门的一章来写自己学说的疑难，极坦诚地摆出自己的学说还没有解决的问题。尽管这些疑难对进化理论来说，并不带有根本的性质，但达尔文还是认为，严肃的科学著作应该告诉读者，它解决了什么问题，还存在着什么问题。达尔文这样做，虽然为当时反进化学说的人提供了口实，但是对一切有着科学良心的人来说，无疑使他们感受到了达尔文理论是真正严肃的科学理论。而且，那些反达尔文学说的人只能用达尔文著作中摆出的疑难问题来攻击达尔文，因而也使人看到了他们的虚弱。

尊重事实是《物种起源》的显著特点，这部书所引用的材料都是有根据、有出处的。哪怕引用反对自己观点的材料，也是忠实于别人的原意，决不随意地把自己的想法强加于人。达尔文说：“我从很小的时候起，就有一种最强烈的要求去理解或解说我所

我完全相信，物种不是不变不灭的，那些所谓同属的物种都是另一个已经灭绝的物种的后裔，正如任何一个物种的世所公认的变种乃是那个物种的后裔一样，而且，我还相信自然选择是变异的最重要的途径，尽管不是唯一的途径。

观察到的事物，就是说，把所有的事实综合在一些一般法则之下。”他进行科学研究，始终遵循着一条基本的指导原则，就是一切假说、理论都要建立在可靠的事实之上。

在自己的回忆录中，达尔文说：“我出版过的书，就是我一生的里程碑。”对科学事业的无限热爱，是达尔文获得成功的思想基础和前提，而严谨踏实的科学态度和科学作风，则是他成功的根本保证。《物种起源》是他勤奋劳动的成果，既留下了他对科学事业的卓越贡献，也记录了他对科学事业的一颗赤诚的心。更重要的是，作为后人的我们，可以从对这部书的阅读中去瞻仰一个伟大的灵魂。（李振元）

自然选择的作用，只在于聚集轻微的、连续的、有益的变异，所以不能产生巨大的或突然的改变，它的步骤是短暂的、渐缓的，所以“自然界没有飞跃”的格言，为每次新增加的知识所证实。

达尔文的微笑

人类的历史是一个不断地从必然王国向自由王国发展的历史，自然科学史也是如此。在《物种起源》发表之前，许多古生物学家认为地球的生命史是以一系列灾变的大灭亡为标志的。在他们看来，物种是固定不变的，种的性质是生来具有的。有很多人曾对这一理论表示反对，例如阿德森在他的《植物家族史》一书中就反对绝对的固定论；而布丰更致力于填平种间的鸿沟——将狼驯化为狗，把野兔培育成家兔。然而，这并不是新思想发表的吉祥时刻。威尔斯的论文《一个白人女性部分皮肤像黑人》，特别是劳伦斯的《人的自然史》提出“欧洲的皇室家族加上精神贫乏的腐朽贵族，能够通过‘种系繁殖’而得到改良”的观点，冒犯了欧洲的统治者，面临被查禁的命运。但是真理是无法被压制的，经过半个世纪的沉默和冷漠，达尔文伟大的著作——《物种起源》，如同火山爆发一样震撼了全世界。

《物种起源》的自然选择理论是自然科学史划时代的里程碑，也是生物学进化论的奠基之作，它不仅开创了生物学发展史上的新纪元，使进化论思想渗透到自然科学的各个领域，在克服机械唯物主义自然观上起了巨大的作用，而且引起了人类思想领域的重大变革，在世界历史进程中有着广泛而深刻的影响。由于它既提供了生物进化的充足证据，又合理地阐明了生物进化的机制，且用自然选择的学说合理和科学地说明了生物的多样性和适应性，从而有力地打击了唯心主义的特创论和目的论利用生物的多样性和适应性长期宣扬的上帝有目的地创造生物的论点，这是唯物主义世界观的伟大胜利。从18

世纪起，进化论经历了整整一个世纪的曲折发展之路，只有到了《物种起源》发表之日，才使这一理论上升为科学的定律。在其后的日子里，各种思想接踵而至，各种假定和学说不断问世，但无一不是在达尔文所建造的大舞台上进行的。

伟大的著作源于伟大的思想，《物种起源》的成功并不是偶然获得的，它首先得力于达尔文超前的思想，这也是每个给人类思想带来巨大变化的杰出人物的共同品质。在19世纪的欧洲，尽管资本主义有了相当的发展，人们的思想也早已因文艺复兴的兴起而向前迈了一大步。然而，在生物特别是人类自身的起源上，当时的欧洲人仍处在原始的蒙昧水平，神学依然在这一问题上占有绝对的统治地位，因为只有它能给这个问题提供完整的答案。然而达尔文却跳出了神学的束缚，在神学之外寻找到了解释物种起源的另一个答案。

历史虽然曾经辉煌，但它却早已属于过去。《物种起源》给那个时代所带来的震动，已无法在我们身上重演。有些人甚至站在《物种起源》的反面去批判它。岁月无声，早已逝去的达尔文已无法再站起来去为自己辩解，然而这并不意味着《物种起源》的死亡。在达尔文的背后，还有千千万万的支持者在进化论的道路上坚定地走着。也许，在达尔文看来，这一切早已变得不重要，因为他发表《物种起源》的最初目的就是将人们引出神学的圈子，在更广阔的领域中对人类自身进行更深刻的反思。事实证明，达尔文成功了，无论是过去还是现在，人们都在《物种起源》所开拓出的道路上向前迈进，为进化论的正确与否争论得不可开交，而天堂中的达尔文正在微笑。（吴晓清）

作者生平

达尔文（1809-1882），英国博物学家，出生在英格兰西部希鲁普郡一个世代行医的家庭，他的父亲瓦尔宁曾把他送到爱丁堡大学学医，希望他将来也能成为名医继承家业，但达尔文从小就热爱大自然，进到医学院后，他仍然经常到野外采集动植物标本。父亲认为他“游手好闲”、“不务正业”，一怒之下于1828年又送他到剑桥大学，改学神学，希望他将来成为一个“尊贵的牧师”。达尔文对神学院的神创论等谬说十分厌烦，在校期间他仍然把大部分时间用在听自然科学讲座上，对神秘的大自然充满了浓厚的兴趣。几年后，达尔文从剑桥大学毕业，但他却放弃了待遇丰厚的牧师职业，依然热衷于自己的自然科学研究。1859年，达尔文将他经过二十多年研究所积累的大量的笔记整理成《物种起源》一书发表。

进行科学研究是达尔文生活的最大乐趣，因此，他一生都无比勤勉地进行观察和搜集事实，为后人留下了无比宝贵的精神财富。1882年4月19日当达尔文逝世后，人们为了表达对他的敬仰，把他安葬在另一位科学界伟大人物牛顿的墓旁，使其获得了一个自然科学家的最高荣誉。

◆现代社会的“资治通鉴”
◆当代世界史编纂的一个新起点
◆影响世界历史的 10 本书之一

《全球通史》

近年来，在全球观点或包含全球内容重新进行世界史写作的尝试中，最具有推动作用的那些著作恰恰是由历史学家个人独立完成的，其中以斯塔夫里阿诺斯的《全球通史》最为著名。

世界史自从作为一门独立的学科问世以来，就一直被西方垄断着，它的研究对象一直以西方为中心。直至世界进入 20 世纪 70 年代以后，第一部由历史学家运用全球观点囊括全球文明而编写的世界历史才得以问世。这部被誉为代表了一个时代的历史著作，就是美国历史学家斯塔夫里阿诺斯撰写的《全球通史》。

《全球通史》一书关注了地球上所有的民族和文明，已经走出了狭隘的“西方民族文明中心”史观。作者想达到让读者仿佛栖身月球俯瞰我们所在的巨大的地球的效果，让每一位居住在地球上不同地方的读者得出的观点尽可能客观一致。正是作者的这一不同凡响的立意使得《全球通史》在 1970 年出版的时候，就格外引人注目，这部由历史学家运用全球观点编写的世界历史，被誉为当今社会的“救世箴言”和现代社会的“资治通鉴”。

翻开这本书，人类的过去就有如一幅由远及近的画卷，一幕幕地展现在读者的面前。这里有人类的起源，文明的嬗变；有帝国的更迭，宗教的扩散；也有对人类历史上诸多灾难的渊源的忧虑与警示。不同于那种把自己的观点和观念强加给读者的历史学作品，这本书有强烈的现实感，没有教育人的口吻，却把读者引入到一种求索的境界。无论你对不同的文明抱有怎样的态度，更无论你是钟情于 1500 年前的历史还是 1500 年后的世界，《全球通史》都能给你带来最大的收获。读完这本书，我们会有这样一种感觉：好像知道自己今天所处的是什么样的世界和它的来龙去脉，但也更加陷入了对这个世界去向何方的深思。

从全球视野看历史

阅读历史，特别是通史类的教科书，不是一件轻松的事，但斯塔夫里阿诺斯的《全球通史》一书却可以让读者比较轻松地读下来。作者并未用艰涩的文字来解释过去，也未用主观的情感来评判现实，他只是用通俗、客观的文笔向读者展示一个真实的世界，一段并不复杂却又发人深省的历史。这部书问世30多年来一直畅销不衰，不断再版，不仅为英语国家读者所喜欢，而且还被翻译成多种文字，成为在全世界拥有最多读者的通史类作品，可见其在读者心目中的地位。作为历史教科书，能够享受到这样的“殊荣”是非常难能可贵的，恐怕也是出乎许多人意料的。

《全球通史》分为《1500年以前的世界》和《1500年以后的世界》两部。《1500年以前的世界》共有4编20章的内容，它全面详尽地介绍了从人类起源到欧洲扩张前夕的世界各地区、各民族独立发展的历史。《1500年以后的世界》共4编30章，作者以1500年是人类历史上一个重要的转折点为依据，提出研究世界历史应从1500年开始的观点。作者认为在此以前，只有各民族相对平行的历史，而在1500年后，随着哥伦布、麦哲伦远航成功，发现新大陆起，世界各国、各地区之间才有了真正的直接的交往。

《全球通史》不是简单地对人类文明进程加以概括总结。它把过去同现在联系了起来，以一种对现在有意义的方式去分析过去。作者像一位沉着而富有智慧的导航者引领我们沿着历史长河逆流而上，去找到今日世界的注解。每一编后附有一篇“历史对我们今天的意义”的短文，很像一篇篇思想随笔，让人跟着一同思考历史。作者不仅把史学著述与现在联系起来，而且还把现在同未来联系在一起。正如作者所说，历史学不能像水晶球那样用来预言哪个政党获胜、哪个国家领导人遭到暗杀、哪个国家会发生一场革命或哪个地方会爆发一场战争。但是，历史若得到适当的研究，就能表明各种条件和政策的什么样的结合在过去导致了暗杀、革命和战争。如果我们不研究过去，现在就会显得很神秘，而未来则会显得很可怕。有鉴于此，全书显得气势磅礴，抒写的是一种大历史，却又让读者感到强烈的现实感。

本书跨越数千年的人类历史，除囊括政治、经济外，还涉及军事、文化、教育、宗教、科学技术、人口、移民、种族关系、道德风尚、思想意识等各个方面，可与任何一

人类自身所取得的技术上的成就并没有让人类对自身文明所产生的严重的社会问题进行深刻的反思。

部历史百科全书相媲美。作者采用全新的史学观点和方法，即将整个世界看做一个不可分割的有机的统一体，从全球的角度而不是从某一国家或某一地区的角度来考察世界各地区人类文明的产生和发展，把研究重点放在对人类历史进程有重大影响的诸历史运动、诸历史事件和它们之间的相互关联和相互影响上，努力反映局部与整体的对抗以及它们之间的相互作用。这种全球史已不是汤因比式对各种文明兴衰意义的探讨，也不是保罗·肯尼迪式对诸大国的兴衰的考察，而是对人类进化越来越由自己决定的今天人类所面临的共同问题与前景的思考与分析。

从文字内容来看，作者对庞杂的史料取舍恰当，对各种历史事件着笔简要，边叙边议，文字生动；从编写技巧来看，每章前冠以简明提要，承上启下，便于掌握线索，全书条理清晰，结构完整，可与一部小型的世界史百科全书相媲美。《全球通史》这本书初版问世以来，赞誉如潮，被译成多种语言流传于世，可谓经典之中的经典。后经作者多次修订增补，现已更新至第7版，在保留原文精华的基础上，又融入了更新的研究成果，使这部名著在内容和体系上更加完善。尤其值得一提的是，作者文笔隽永、笔力深厚、才思横溢，整部著作前后一贯。让读者在颇具历史韵律的行文中思接千载，视通万里。（佚　名）

人们十分自然地欢迎和采纳那些能提高生产率和生活水平的新技术，但是人们却拒绝接受新技术所必需的社会变化。

历史、科学与文化

历史是什么？历史学是工具吗，对个人或世界有什么意义？这个问题估计学历史的人都应扪心自问一番。当初我是凭着一种对史实的好奇以及不堪工科烦琐功课所扰而转学历史的。岁月变迁，如今的想法已然大为不同了。至少，对于历史的思考有些深入了。历史学除了让我增长见闻、开拓视野外，更主要的是可以作为参照系加深我对现实社会的理性认知，甚至帮助确立自我的价值意蕴，大致标示出人生的方向。其实，斯塔夫里阿诺斯的想法未尝不是如此。《全球通史》有两个特点很突出，一是用全球视角看历史，另一个就是贯彻历史研究中的现实认知与关照。历史学对于作者而言应该不只是历史而历史，乃是历史而现实；不只是对历史的求真，也是对历史的求善。这一点可以从作者自序、书的结构和内容中得到确证。最后，历史学必然要处理和其他人文学科、自然科学的关系。20世纪后半期，不少学者意识到了学科之间细分的趋势，意识到了科学和文化上“后设传述”的局限，李奥泰、理达等人掀起了一股“后现代主义”的思潮。不少学者也强调各自专业的独立性，但过度地拘泥于本专业就如同一种职业病，走向有意无意地排斥其他学科或自然科学的结合。

斯塔夫里阿诺斯很注重科学对于历史的意义，并采取了一种乐观的态度。他在《全球通史》一书中提到：科学本身包含了无限进步的可能性。如果我们记住过去数世纪的科学成就和它现今日益加快的发展速度，那么，我们对科学的惊人的可能性和意义即使不了解，也可以正确评估。此外，科学是人类全体的；由于科学以客观的研究法为基础，关于科学的种种提议已为人们所普遍赞同。科学是非西方民族所尊重和追求的西方文明的一个产物。实际上，正是科学及与它有关的技术，使 19 世纪欧洲对世界的支配成为可能。因此，从前的从属民族如今正力求通过弄清楚西方对人类作出伟大而独特的贡献的秘密来矫正不平衡状态。这自然与其所处的现实世界的变化是息息相关的。但是，斯塔夫里阿诺斯对科学的主张仍然是一种“主—客”对立的框框。因此，他认为“科学与社会的联合、科学家与匠人的联合，大大促成科学在西方世界的空前繁荣”，“科学使欧洲在技术上对世界的霸权成为可能，并在很大程度上决定了这一霸权的性质和作用”。此间虽不乏真知灼见，也表明了数百年来世界的一个现状。不过历史的张力远非局限于科技的视野，而科学也并非从历史研究中表现其全部意义。历史研究的基础乃是对历史事实的考证、分析和叙述。所以，史学提供了丰富多彩的微观历史现象可供文化研究所用，并且历史研究中自然呈现出的社会变迁也提供给文化研究一个动态视界。不过，文化研究也有其优势，尤其在对人类文化的横向比较上，对各种族、各民族现实生活的调查和分析，无疑对理解历史有很好的启发。（佚　名）

作者生平

斯塔夫里阿诺斯是美国当代著名历史学家，1913 年生于加拿大温哥华，于不列颠哥伦比亚大学毕业后，在克拉克大学获文科硕士学位和哲学博士学位，现在是美国加利福尼亚大学的历史学教授、西北大学的荣誉教授和行为科学高级研究中心的研究员。斯塔夫里阿诺斯博士曾因杰出的学术成就而荣获古根海姆奖、福特天赋奖和洛克菲勒基金奖。他的著作很多，主要有《1815-1914 年的巴尔干各国》、《巴尔干联盟：现代巴尔干统一运动史》、《1453 年以来的巴尔干各国》、《现代人的史诗》、《希腊：美国的困境和机会》、《全球分裂：第三世界充分发展》等。他的代表作《全球通史》打破了世界史研究领域的“西欧中心论”和“欧洲中心论”，第一次把世界史的研究对象放在全球而不是某一个国家和地区，它吸取了当代世界史研究的最新成果，客观地论述了各民族对世界历史所作出的贡献，充分体现了作者从全球文明的宏观角度研究历史的观点，使本书成为当代世界史编纂的一个新起点。

◆影响世界历史的 10 本书之一
◆欧洲历代君主的案头书
◆一本毁誉参半、不可不读的奇书
◆政治家的最高指南

《君主论》

今天，我们的世界仍然笼罩在一个 500 多年前的佛罗伦萨人的阴影之下。他是第一个，也是最为详尽地把冷冰冰的政治思维介绍给我们这个世界的人。他的名字是马基雅弗利。

16 世纪正是欧洲的文艺复兴时期，人类经历了一次以前从来没有过的最伟大、最进步的变化，这是一个需要巨人的时代，而马基雅弗利正是这个伟大时代的巨人之一，他的思想绝非政治学或者断代历史学的狭窄领域所能概括，他与他之前的所有政治哲学家都毅然地决裂，并开创了思想史的新时代，因此西方学者称其为“政治学之父”。

历史上有为数不少的思想家，他们的思想超前于他们所处的时代，但是像马基雅弗利这样在身后几百年里声名不坠的却并不是很多。马基雅弗利以一部《君主论》一举成名，享誉后世。此书颇具传奇色彩，在人类思想史上，还从来没有哪部书像它这样，一面受着无情的诋毁和禁忌，另一方面却获得了空前的声誉。全书看似薄薄一册，实则内容深奥，玄机四伏。马基雅弗利以源自经验的理念为基础进行逻辑推演与概括，彻底斩断了与当时还占统治地位的古典政治学、伦理学与基督教传统的联系，从而奠定了近代西方政治学的基本原则，扭转了政治思想的发展方向。

数百年来，《君主论》一直被誉为人类历史上三部具有永恒价值的处世智慧奇书之一，这一有史以来对政治斗争技巧和为君之道的最独到、最精辟的“验尸”报告，被许多君主视之为宝典，成为历代君主和统治者的案头书。从西方到东方，这本书在宗教界、政界、学术领域和社会上引起了各种强烈的反响，拿破仑、克伦威尔、希特勒等都深受它影响，即使是现在也有很多政治首脑从中汲取治世的精髓。只要人们对于政治的思考必须要以现实为基础，《君主论》的深度和风范就永远不会退色。

小书大作

1513年，马基雅弗利从美第奇家族的监狱获释后，回到了他父亲留下的佛罗伦萨城外的一小块薄产上。在那里，为了深入探究和思考他过去的丰富经历并取得成果，也为了能博得美第奇家族的赏识，重返政坛，马基雅弗利完成了他的“小书”——《君主论》。马基雅弗利被马克思称为“政治家、历史学家、诗人，同时又是一个值得一提的近代军事著作家”。在他的《君主论》中，渗透着强烈的现实主义精神。他清楚地知道“人们实际上怎样生活同人们应当怎样生活，其距离是如此之大，以致一个人要是为了应该怎么办而把实际上是怎么回事置诸脑后，那么他不但不能保存自己，反而会导致自我毁灭”。由此出发，马基雅弗利使政治理论摆脱神学和道德观念的束缚，把权力作为政治的基础，把政治科学的研究建立在对人和人的经验的考察上，从而为近代资产阶级政治学奠定了理论基础。

马基雅弗利总结了历代政治斗争的经验教训，在此基础上提炼升华，上升为某种政治理论体系，为统治者进行统治提供借鉴。他的这部名著《君主论》就是为当时佛罗伦萨的统治者美第奇家族撰写的。在马基雅弗利看来，发生在过去、现在和将来的事件具有某种相似性，相似性的基础就是人的不变的本性。他对人性的数落非常尖刻，在《君主论》中，他说人是忘恩负义、容易变心的，是伪装者、冒牌货，是逃避危难、追逐利益的。因此，作为一个统治者，就必须学会利用人性的弱点，用强权来实行统治。也许我们会觉得马基雅弗利对于人性的判断过于消极，也许我们会认为马基雅弗利在处理社会关系上过于冷酷，也许我们会因此而指责他，但是，我们的指责是不是因为马基雅弗利揭掉了我们套在政治身上的美丽花环？是不是因为他直截了当地道出了我们正在想着做着却不敢说的事情？在指责之余，我们是否能够真正用心去了解马基雅弗利所处的那个弱肉强食的动乱时代背景和马基雅弗利的政治生涯？《君主论》是那个时代的产物，在这本书里留下太多的时代和个人的印记，而在这一切背后，隐藏着马基雅弗利那颗渴望统一祖国的赤子之心。

统治国家的另一个重要因素就是统治者本人的政治素质。马基雅弗利在《君主论》中提出，对一个统治者来说，最重要的不是具有各种美德，而是保持自己的地位和国家

对人们应当加以爱抚，要不然就应当把他们消灭掉；因为人们受到了轻微的侵害，能够进行报复，但是对于沉重的损害，他们就无力进行报复了。

的安全。一个君主由于具有美德被人称赞固然是好事，但在必要的时候，他完全可以不择手段地实现自己的目的。对君主来说，吝啬比慷慨更有利；让人恐惧比受人爱戴更有利，必要时甚至还可以行使诡计、言而无信。一个聪明的君主应该猛如狮子，狡猾如狐狸。他必须显得具有美德，但又千万别拘泥于道德。不必用常人的道德来约束君主，政治没有道德。他在《君主论》中还反复奉劝君主们，要主动出击，不要听任命运的安排，而应该运用自己的意志，运用实力和技术制伏命运。他承认，命运女神的力量是相当大的，她至少是我们半个行动的主宰。但是别忘了，“其余一半或者几乎一半归我们支配”。人们只有采取积极的措施，学会与命运密切合作，安抚它，制伏它，才能取得成功。

马基雅弗利的政治非道德论给我们一个重要启示：道德有它的适用范围，它的作用和有效性并不是无限的，道德是有条件的、具体的。一切道德依一定的条件才能够成立，一旦离开了这个条件它就要失去作用。正是因为这一点，尽管他的这本书“揭开了新一页”，他本人和他的著作可能还在同时代的人们中获得过高度的尊敬，但几百年来，他和他的著作却一直是备受指责，谤满天下，却又影响了一代又一代人。（佚　名）

如果一个人是受民众的拥戴而成为君主的，他应该时刻也不能忘记他们，并和他们保持联系……否则，轰他下台的也是民众。

权力斗争的教科书

15世纪后期，以意大利为发源地，掀起了疾风暴雨般的文艺复兴运动，并迅速席卷整个欧洲。在这个伟大的时代中，涌现出许多狡诈凶残的政治阴谋家——如路易十四，也诞生了达·芬奇、马基雅弗利这样艺术上和思想上的巨人；他们如彗星般滑过冥暗的天空，为后人留下了无法估量的丰厚的精神遗产。《君主论》是其中最为引人注目的一部杰作。

《君主论》问世以后，对整个世界的政治思想和学术领域都产生了极为巨大的影响，然而毁多于誉，对这部书及作者的攻击几乎一直没有间断过。只是到20世纪后期，人们才逐渐地能够以平静的心情和科学的态度来予以研究。

《君主论》最主要的特点就是将政治与伦理学分家，为了良好的目的可以采取一切手段，即手段至上。马基雅弗利生活的时代，意大利半岛上已处于四分五裂的状态。意大利人民渴望稳定安全的生活，意大利的有识之士盼望祖国统一，马基雅弗利就是其中一员。那么，到底何种力量能完成统一大业，驱逐出外国诸强呢？马基雅弗利开始深刻地思考这个问题，他认为，在现有条件下，君主倘能运用他强大而不受制约的权力，动用一切公开的或隐蔽的手段，方能拯救意大利于水火之中。这样，为了国家主权与民族尊严的良好目的，马基雅弗利认为，实行君主制也未尝不是一件令人向往的事。其实，马基雅弗利崇尚共和制度，这可从他的经历及其他著作中看出来，如《论李维》就集中了他全部的共和政治的思想精华。为了消除意大利的内忧外患，他牺牲了自己的理想，选择了强力而独裁的君主制加以炫耀。这样，似乎那些君主们的所作所为便能找到可以让人接受的理由了，而不管他在主观上是多么的贪婪和自私。

马基雅弗利分析的君主国的具体形式，有世袭的和新奠基缔造的两种。针对这两种及新奠基缔造中的具体情况，马基雅弗利给出了详尽的阐述，提出了自己的见解："作为一个世袭王国的君主，只要他的所作所为不过分出格，亦即不犯天理难容的罪恶，那么他就可以为自己的臣民们所深深地拥戴。"当我们抛却伪善的帽子，对照历史上的人与事，发现马氏的分析是如此的正确与大胆，一切道貌岸然者，在马氏面前，将因羞愧而低头。其实，马基雅弗利并不是一个天生的君主专制的拥护者，他只是针对当时意大利的现实而更推崇强力的君主制而已。事实上，他还具有强大而丰富的共和思想。我们只有结合他的共和主义倾向，才能比较正确地理解他这个人，以及《君主论》这一鸿篇巨制。不可否认的是，《君主论》作为一本著名的政治学名著，对我们现代的研究及实践都有很大的帮助，仁与智虽然会因时间地点的不同而出现差异，但它应有的积极意义是不可掩盖的。（蔡惊雷）

作者生平

马基雅弗利是文艺复兴时期意大利著名的政治思想家和历史学家，1469年出生于意大利半岛上的佛罗伦萨的一个没落的贵族家庭。马基雅弗利自幼家境贫寒，父亲是一名律师，母亲有一定的文学功底。在父母严格教育和家庭的熏陶下，马基雅弗利从少年时代起就阅读了西塞罗、贺拉斯等名家的书籍，养成了独立思考和崇尚自由的精神品质，获得了良好的教育。成年以后，受当时的人文主义思潮的影响，他参与了佛罗伦萨的共和革命，投身政治，1498年，被任命为佛罗伦萨共和国"十人委员会"秘书，显示了他的政治才华。在共和国遭到颠覆，君主制复辟的时候，他遭到逮捕后又被释放，在佛罗伦萨近郊的乡间过着隐居的生活。多年的政治生涯，使他积累了丰富的政治和外交经验，为人类留下了一部巨著——《君主论》。他的传世之作包括《君主论》、《论战争艺术》、《论李维》、《佛罗伦萨史》，还有大量的戏剧作品、诗歌、传记等。他一生孜孜以求的公职没有为他带来什么，反而是他排遣寂寞的"副业"为他奠定了不朽的声名。

- 一部治国安邦、立身处世的最佳教科书
- 影响历史进程的 100 本书之一
- 构建中国文明阶梯的重要典籍

《史　记》

司马迁那渊博的学识、深邃的思想、不朽的人格，以及挥洒自如的神来之笔，令后代文人仰慕不已。他将自己的心血和全部的激情都融入到《史记》之中，今读《史记》可知王侯将相兴衰之道，先哲圣贤治世之方，更可以推陈出新，古为今用。

汉代著名史学家司马迁所著的《史记》是我国第一部纪传体通史，记载了上起轩辕、下至汉武初年共三千多年的历史变迁，全书共 130 篇，分为《本纪》12 篇，记述历代最高统治者的政迹；《世家》30 篇，主要记载贵族王侯的史实；《列传》70 篇，是官吏、名人以及部分下层社会人物的传记，少数列传还记载了一些当时国内少数民族和外国的历史；《表》10 篇，把错综复杂的史实用简明表格列出来；《书》8 篇，分别叙述天文、历法、水利、经济、文化、艺术等方面的发展和现状。《史记》的这种以本纪和列传为主体，各体裁互相配合的体例成为以后纪传体历史著作的典范。

从历史的角度讲，《史记》开了我国古代历朝“正史”的先河；从文学的角度讲，它第一次运用丰富多彩的艺术手法，向人们展示了一道栩栩如生的人物画廊，以如椽之笔绘黄帝、炎帝、老子、孔子等百十位传奇人物于一体，在纷繁驳杂的世相下，演绎出一幕幕人生智慧与生存谋略。其资料来源有经传典籍，又有档案资料；有官方记录，又有民间口碑，成为跨文史学界的不朽巨著。此外，《史记》对我国后代传记文学以及小说、戏剧的创作产生了巨大影响，书中的诸多人物以及故事情节，都为后世的小说、戏剧提供了素材。可以说，《史记》一书，几乎囊括了当时人类社会政治、经济、军事、文化思想活动的全部内容，并附以人情理趣、世态百相的如诗描述，为后世提供了一座取之不尽、用之不竭的艺术宝藏，实为国人所必读之书，民族精神之砥柱。

史家之绝唱

西汉王朝到汉武帝时期臻于鼎盛，文学创作也出现空前繁荣的局面。在政论散文和辞赋得到长足发展的同时，历史散文也出现了里程碑式的杰作，这就是由司马迁撰写的《史记》。《史记》代表了古代历史散文的最高成就，鲁迅称它是“史家之绝唱，无韵之离骚”。其作者司马迁是汉代成就最高的文学家，他渊博的学识、深邃的思想、不朽的人格，以及挥洒自如的神来之笔，令后代文人仰慕不已，千载之下依然可想见其雄风。

司马迁认为撰史应该“究天人之际，通古今之变，成一家之言”。作为第一部综合性的纪传体通史，《史记》在史学史上取得了很高的地位，它不局限于某个历史时期，使历史的发展有清晰的脉络可循，记录面要比封建社会中其他的“正史”要宽广得多。《史记》可谓包罗甚广，体大思精。它不仅写了远古、近古，也写了现代、当代；不仅写了中原、华夏，也写了边疆、外国；不仅写了政治、军事，也写了经济、文化；不仅写了帝王将相、英雄豪杰，也写了下层社会各色人等。这种熔古今各类知识、各家各派文化于一炉而加以融会贯通的气魄，是前无古人的。

《史记》的文学成就主要表现在对历史人物形象的塑造上。其中有鲜明性格特征的不下八九十人，有一部分具有典型性。这些历史人物形象，不仅凝聚着丰富的历史经验，而且有很强的艺术感染力，能给人以美的享受。有震古烁今的帝（霸）王，如秦始皇、项羽、刘邦、汉武帝；有家喻户晓的朝臣，如管仲、晏婴、萧何、张良；有骁勇善战的名将，如白起、韩信、卫青、霍去病；有改革家，如吴起、商鞅、赵武灵王；节烈型的有屈原；善辩型的有张仪、苏秦、郦食其；侠义型的有鲁仲连、荆轲、朱家、郭解；滑稽型的有淳于髡、优旃等。他们千姿百态，能给读者留下深刻印象的大约有一百多人。这些人物各有各的风貌，各有各的性格，同时，他们身上还表现出许多带有普遍性的东西，即得到社会广泛认可，并对后代产生深远影响的某些共性。这是《史记》在刻画人物方面取得的重要成就，最容易引起读者的共鸣。

《史记》的影响是极其深远的，它为后来文学的发展提供了丰富的营养和强大的动力。司马迁作为伟大的历史学家和文学家，在《史记》一书中大力弘扬人文精神，为后代作家树立起一面光辉的旗帜。（佚　名）

酒酣，高祖击筑，自为歌诗曰：“大风起兮云飞扬，威加海内兮归故乡，安得猛士兮守四方！”

我国的第一部“正史”

汉武帝时期，经济发展，政权稳固，学术文化空前繁荣，是我国封建社会的第一个鼎盛时期。因此，按照封建地主阶级的需要编写一部历史著作，已成为时代的需要。在这种情况下，司马迁继承父志，承担起撰写《史记》的重任。他20岁时，曾不畏艰险，出游祖国的大江南北，沿途考察了许多名胜古迹，访问了大量的历史遗事，为以后编写《史记》积累了众多的第一手资料。汉武帝元封三年（公元前108年），司马迁任太史令，开始阅读皇室所藏典籍，搜集史料。当他开始撰写《史记》时，因替投降匈奴的李陵辩解，获罪入狱，惨遭腐刑。“人固有一死，或重于泰山，或轻于鸿毛，用之所趋异也。”司马迁蒙受奇耻大辱后在《报任安书》中讲的这句名言，表明他置生死于度外，立志修史的决心。此后，他不顾残疾的身体和巨大的精神创伤，忍辱发愤，把全部的心血都放在撰写《史记》上。汉武帝征和二年（公元前91年）前后，司马迁终于写成了“究天人之际，通古今之变，成一家之言”的《史记》。这部体大思精的史书的贡献和特点主要有这样几个方面：

一、开创了“纪传体”体例。何谓纪传体呢？纪，指本纪，即皇帝的传记；传，指列传，是一般大臣和各种人物的传记。历史人物是丰富多彩的，历史现象是纷繁复杂的。怎样才能把大千世界的各种人和事都包容在一部书里呢？司马迁在前人的基础上，在《史记》中以本纪、世家、列传、表、书五体结构，创造性地探索了以人物为主体的历史编纂学方法。“本纪”按年代顺序记叙帝王的言行和政迹；“世家”载述诸侯国的兴衰和杰出人物的业绩；“列传”记载各种代表人物的活动；“表”按年代列出各个时期的重大事件；“书”记录了各种典章制度的沿革。司马迁创造性地把这五种体裁综合起来，形成一个完整的统一体系。

二、《史记》开创了政治、经济、民族、文化等各种知识的综合撰史方法。全书共130篇，52万多字，成为我国第一部规模宏大、贯通古今、内容广博的百科全书式的通史。在《史记》中，司马迁第一个为经济史作传，如《平准书》、《货殖列传》；司马迁又第一个为少数民族立传，如《匈奴列传》、《西南夷列传》等；他还第一个为卑微者列传，如《刺客列传》、《游侠列传》等。《史记》第一次把政治、经济、文化各个方

屈平行正，以事怀王，瑾瑜比洁，日月争光。忠而见放，谗者益章。赋骚见志，怀沙自伤。百年之后，空悲吊湘。

面都包容在历史学的研究范围之内，从而开拓了历史学研究的新领域，推动了我国历史学的发展。由于纪传体可以容纳广泛的内容，有一定的灵活性，又能反映出封建的等级关系，因而这种撰史方法，为历代史家所采用，影响十分深远。

三、秉笔直书是我国宝贵的史学传统，司马迁的《史记》对此有很好的发挥。所谓秉笔直书，就是史学家必须忠于历史史实，既不溢美，也不苛求，按照历史的本来面貌撰写历史。《史记》明确表示反对那种“誉者或过其失，毁者或损其真”的做法。在《史记》中，既有战国七雄的世家、萧丞相（萧何）、留侯（张良）的世家、孔子的世家，同时也有陈涉世家。司马迁也很重视物质生产活动在历史上的作用，把经济状况同政治上的治乱兴衰紧密地联系在一起。他还强调总结历史经验，提出以史为镜、鉴往知来的思想。由于司马迁在历史编纂学上的伟大创造精神，他进步的史学思想和严谨的治史方法，使《史记》成为我国史学史上一座巍峨的丰碑，司马迁也赢得了“中国史学之父”的美名。

四、《史记》也是一部形象生动的历史著作，它的文采历来为我国文学界所称颂，开创了我国传记文学的先河。司马迁像一个出色的画家，以他那十分传神的画笔，为我们勾画出一个个栩栩如生的人物画像；又像一位善于捕捉瞬间的雕塑家，以他那锋利的刻刀，为我们塑造了一个个风采各异的雕像。在《史记》这座人物画廊里，我们不仅可以看到历史上那些有作为的王侯将相的英姿，也可以看到妙计藏身的士人食客、百家争鸣的先秦诸子、已诺必诚的游侠、富比王侯的商贾，以及医卜、俳优等各种人物的风采，给人以美的享受和思想上的启迪。司马迁创造性地把文、史熔铸于一炉，为我们写下了一部形象的历史。所以，鲁迅先生称赞《史记》为“史家之绝唱，无韵之离骚”。正因为如此，在我国浩瀚的史著中，《史记》拥有的读者量是首屈一指的。（肖　黎）

作者生平

司马迁，字子长，夏阳人（今陕西韩城县南），约生于汉景帝中元五年（前145年）或汉武帝建元6年（前135年）。他父亲司马谈为汉武帝的太史令。司马迁在他父亲死后的第三年（汉武帝元封三年），继任父职，成为汉武帝的太史令，这使他有机会阅读宫廷图书馆中大量的文献典籍。与此同时，在司马迁的主持下，于太初元年（前104年）与邓平、落下闳等共订太初历，对历法进行改革。同年，司马迁开始撰写巨著——《史记》。天汉二年（前99年），司马迁因为李陵投降匈奴事进行辩护，触怒了汉武帝，被下狱受了宫刑。出狱后任中书令，继续发愤著书，于征和二年（前91年）完成了《史记》。司马迁的著作除《史记》外，《汉书·艺文志》尚著录有赋8篇，今存《悲士不遇赋》一篇，是汉武帝时期众多赋作中最有社会意义的一篇。此外，司马迁所著的《报任安书》一文不仅是我国古代散文中不朽的名篇，而且是研究其生平、思想的重要资料。

◆兵家韬略之首，人类智慧之源

◆百世谈兵之祖

◆中国古典军事文化遗产中的璀璨瑰宝

《孙子兵法》

两千多年过去了，《孙子兵法》这部被后人奉为“兵学圣典”的古老兵书，不仅启迪了中国历史上一代又一代谋臣将帅，而且跨越时空，流传海外，成为美国西点军校的必修教材，成为日本知名大企业员工的必读之书，成为全世界的精神财富。

春秋时期是我国学术思想的开创期，在这一时期，出现了老子、孔子、墨子等思想家，但他们的思想大多不合时宜，因此被当时的统治者所排斥，而著名军事家孙武则以其卓越的军事思想备受当时及后世的帝王、军事家及现代中外企业家们的青睐。孙武一生战功赫赫，从“养城之战”初露锋芒到公元前510年大破越军再展风华，从吴楚豫章之战到中国历史上以少胜多的著名战例“柏举之战”，每一场战役都显示了其超凡的军事思想和卓越的军事指挥才能。他留下的《孙子兵法》一书是中国古典军事文化遗产中的璀璨瑰宝，其内容博大精深，理论体系完备，逻辑缜密严谨，自问世以来，对中国古代军事学术的发展产生了巨大而深远的影响，被人们尊奉为“百世谈兵之祖”，曾造就了一批批伟大的军事家和政治家。

《孙子兵法》一书共13篇，各有侧重，见解独到，实用性强，在短短六千余字里把人类的智慧淋漓尽致地展现在我们的面前，书中的“兵者诡道”、“攻其无备，出其不意”、“知彼知已者，百战不殆”等名言至今仍具有十分重要的指导意义，因此，国内外许多军政要员都把《孙子兵法》视为克敌制胜的法宝。《孙子兵法》是一部理论体系完备的军事学术名著，但其意义又远远超过了兵法本身，其超越时代的理论价值是它至今仍受到人们重视的根本原因，书中提出的多种战争谋略不仅被广泛应用于军事作战中，在经济领域的竞争中亦被中外商家奉为制胜的法宝。历经千年，这部经典之作早已超越时空的局限，在各个领域、各个国度放射出越来越耀眼的光芒。

兵学圣典

公元前514年，吴国公子光在伍子胥的辅佐下夺得吴国王位，称阖闾。阖闾胸怀大志，礼贤下士，任用贤能。在发展生产、增强国力的同时，他还广泛网罗人才，立志要称雄天下。伍子胥便借这个机会向阖闾推荐了隐居的孙武。孙武见到吴王后，把自己撰写的兵法呈献给了吴王，深得阖闾赞赏，被任为将军。孙武得以有用武之地，并立下了赫赫战功。

《孙子兵法》全书共分13篇，有六千余字，是我国现存最早的一部兵书，也是世界上最早的兵书。这部书基本上是以权谋为经线，以战争的一般进程为纬线来组织的，使兵法各篇既能各自独立成章，又是一个有机整体。

《孙子兵法》13篇遵循着十分鲜明的逻辑顺序，即由总体到部分，由全局到局部，由战略到战术，由一般到个别，各有侧重，波澜起伏，分析透彻，见解精到，实用性强。在中国和世界军事史上，孙武率先论述战争全局和战略全局问题，最早揭示出“知彼知己者，百战不殆”、“先胜而后求战”、“制人而不制于人”、“因敌而制胜”等指导战争的普遍规律，深刻总结出“以正合，以奇胜”、“攻其无备，出其不意”、“我专而敌分”、“避实而击虚”等一系列至今仍有科学价值的作战指导原则。孙武以其卓越的见识深深影响了后世，受到古今中外军事家的广泛推崇，由此确立了他在春秋末期思想界中与孔子、老子并列的地位，以“兵圣”之誉而名垂千古。

《孙子兵法》作为揭示竞争规律的顶尖之作，展现出引导人们走出现代竞争迷宫的“理性之光”。这种“理性之光”，通过一系列“以智克力”、“以柔克刚”、“不战而胜”等深刻的战略理念展示出来，通过蕴涵在其中的“以德服人”、“天人合 ”等深刻的哲学理念展示出来。这部名著的影响力已经远远跨出了国门，让许许多多著名的国外战略家陶醉沉迷于博大精深的中国传统战略文化之中。正如英国空军元帅约翰·斯莱瑟在《中国的军事箴言》一文中所言：“孙子的引人入胜的地方是他的思想多么惊人的‘时新’——把一些词句稍加变换，他的箴言就像是昨天刚写出来的。”据有关资料报道，美国自20世纪70年代末以来，在国防部官员和美军军官中举办了上千次《孙子兵法》讲座。美军陆战队指挥官凯利将军认为《孙子兵法》是所有机动战的基础。他将该书列为部队的年度读物，要求每个陆战队员必须阅读。这部书的出版商在向西方读者介绍此

攻其无备，出其不意。此兵家之胜，不可先传也。

书时，称《孙子兵法》是军事理论上的一把“瑞士军刀”，足以应对任何局面。

今天，《孙子兵法》已经不是简单意义上的战争著作，而成为政治、经济、外交各个领域领导者的必读书。孙子的思想不仅在现代军事领域而且在政治、经济、外交、体育等各个领域都得到广泛的应用。在这种广泛的应用中，人们不仅在古人深邃的思想中获得启迪，同时又为《孙子兵法》注入了新时代的活力。据《史记·货殖列传》记载，最早将《孙子兵法》引入经营管理的是战国魏文侯时的白圭。他将孙吴兵法和商鞅之法的原理，用于生产经营，善观时变，采取“人弃我取，人取我与”的策略，取得了成功。目前，有许多企业家和经济学家对《孙子兵法》的商战应用价值有深刻的体会。古今中外，无数的军事家把此书作为制胜的法宝，自不必说；令人惊叹的是，众多的政治家、外交家、文人学者以及体育专家纷纷把它作为智慧的宝库，从中寻求启迪；特别是经济界、企业界人士更把它作为企业经营之道、生财之路。据有关媒体报道：《孙子兵法》在西方被译做 The Art of War，在世界较大的网上书店里，可以看到多达一百多种与“孙子”相关的书目。经常出国的朋友会发现，许多机场的书店柜台上摆满了《孙子兵法》，在候机或候车的场所也能够看到许多人在翻阅《孙子兵法》。随着中国经济的蓬勃发展，美国商界人士对中国千年的《孙子兵法》越来越好奇，如何利用《孙子兵法》成了西方人探讨商场必胜的另一秘诀。（佚　名）

是故百战百胜，非善之善者也；不战而屈人之兵，善之善者也。

《孙子兵法》为何魅力无穷?

美国研究《孙子兵法》的学者詹姆斯·克拉维尔在他 1981 年版《孙子兵法》一书的序言中说：“我深信，如果我们现代的军事和政治领袖们研究过这本天才的著作，那么，越南战争可能不会弄成那个样子，我们也许不会输掉朝鲜战争……英帝国也许不会肢解，而且两次世界大战很可能得以避免……”克拉维尔的论断可能带有过多的理想主义或浪漫主义色彩，因为作为历史现象，越南战争、朝鲜战争、英帝国的肢解，更不用说两次世界大战，都由一系列不以军事政治领袖的意志为转移的客观因素所决定。但是，他强调《孙子兵法》对当代战争与和平的重大意义，这一点是完全正确的。

在中国历史上，许多帝王将相和学者都曾热衷于研究《孙子兵法》。自从这本书于法国大革命前夕率先被译成法文（后来又被译成其他西方文字），西方人破天荒第一次

“发现”了古代中国震撼人心的兵法智慧。

当世界进入20世纪时，西方人“重新发现”了孙子。例如，第一次世界大战后，杰出的英国军事思想家利德尔·哈特就发现，“孙子的现实主义和中庸之道”与克劳塞维茨的“绝对”战争观念截然相反，而后者曾统治西方军事思想，并且在战争中，特别是在第一次世界大战中，造成了不必要的流血。利德尔·哈特这位“大战略”和“间接路线战略”的倡导者说，他在二十多年中论述的战略战术原则几乎全部体现在孙子的13篇兵法之中。接着，第二次世界大战后，或者更确切地说在所谓的“核时代”，西方某些战略家再一次“重新发现”了孙子，把他的思想看做解决核冲突的最佳出路，于是有了“孙子核战略”之名，指的是核威慑，而不是所谓“克劳塞维茨核战略”所提出的打核战争。

与此同时，许多企业家，如“财富五百强”的老总们，惊喜地发现《孙子兵法》是赢得当今激烈商战的强大武器。于是，人们看到近些年来在日本等地有关这个主题的文献如潮水般涌来，使读者眼花缭乱。随着冷战的结束和国际舞台上经济竞争的加剧，这一趋势必将得以持续。

为什么孙子的书至今仍保持着长盛不衰的生命力和新鲜感？那是因为他的书浓缩了中国古代最优秀的战略智慧的精华，它是战争的经典，但又不局限于战争，而是涉及政治学、经济学、地理学、心理学，以及凌驾于这一切之上的哲学。它以高度概括的形式，总结放诸四海而皆准的规律和原则。换句话说，它包含着一系列普遍适用于任何形式、任何层次的竞争和冲突的真理。简言之，《孙子兵法》是克敌制胜的艺术、创造奇迹的科学。从这个意义来说，《孙子兵法》不仅属于中国，如今已光耀世界。（佚　名）

作者生平

孙武是春秋末年吴国名将，字长卿，齐国乐安人。孙武在世时适逢齐乱，齐景公三十一年（公元前517年）左右，孙武长途跋涉，投奔吴国，他的毕生事业从此在吴国展开。到吴国后，孙武结识了楚国名将伍子胥，并与之结为密友。公元前514年，吴王阖闾即位，他礼贤下士，任用伍子胥等一批贤臣；又体恤民情，注意发展生产，积蓄粮食，建筑城垣，训练军队，因而大得民心。阖闾即位三年后，吴国国内稳定，仓廪充足，军队精悍，向西进兵征伐楚国的准备工作已经基本就绪。伍子胥向阖闾提出，这样的长途远征，一定要有一位精通韬略的军事家筹划指挥，方能取胜，他推荐了正在隐居的孙武。孙武的精心训练军队和制定军事谋略，为吴王建立霸业作出巨大贡献。

孙武成名于春秋、战国之交，后世诸史对其记载内容甚少，只有其所作《孙子兵法》留传世间，受到古今中外军事家的广泛推崇，孙武也由此确立了其在春秋末期思想界中与孔子、老子并列的地位，以“兵圣”之誉而名垂千古。

◆中国四大古典名著之一
◆1986 年法国《读书》杂志推荐的理想藏书
◆构建中国文明阶梯的重要典籍

《三国演义》

大人物以史为鉴，俨然把《三国演义》当成一本教科书，在老百姓茶余饭后，《三国演义》又是一份消遣的佳品、聊天的谈资。这部书可以说常读常新，不同的人都可以在阅读中获益。

元末明初，我国的小说创作进入了一个新的时期，《三国演义》的出现，为我国长篇章回历史演义小说与白话小说的写作开创了先河。这部小说将近百年的历史高度浓缩，描绘了一幅波澜壮阔的历史长卷，从时间上，它涵盖了三国时期近百年的斗争历史；从空间上，它从辽阔中原，写到东吴、西蜀，乃至南方蛮荒之地；从事件上，它反映了三国兴亡的重大史实；从人物上，它叙及各个阶层的人物，包括封建帝王、文臣武将、平民百姓、医家隐士等一大批犹如历史浮雕般的人物，可谓中国长篇历史小说的开山之作。

时势造英雄，三国时局的动荡和战争的连绵不断，造就出曹操、刘备、孙权三支地方劲旅；曹、刘、孙三方又皆以全力网罗智谋之士，一时间造就了许多出类拔萃、可歌可泣的谋臣武将。这些史诗般的英雄，以他们的卓越才能创造了史诗般的英雄业绩。《三国演义》以艺术的笔法再现了这一历史。作为中国四大古典名著之一，《三国演义》一经问世，就立刻引起人们的普遍关注。政治家读它的权谋，军事家读它的韬略，士农工商被它的传奇故事所吸引，道学家则抓住了它的仁义道德大做文章，底层社会视桃园结义为千古楷模，至今仿效不绝。

从明代开始，《三国演义》便有许多刻本在民间流传，并且被广泛改编为戏曲或说唱文艺，在全国城乡各地频繁上演，历朝历代的平民百姓、文人墨客、商人、政治家，无不对其耳熟能详。这部小说在运筹帷幄、星移斗转的多种描写后面显示了先人的无限智慧，以致今天的很多企业家都把它当案头的必备之物，并将其智谋用到经营中。

第一才子书

在中国的古典小说中，《三国演义》享有崇高至极的地位，没有任何一部小说比得上它，近三百年来，向来被称之为“第一才子书”或“第一奇书”。《三国演义》的社会影响，远远超过了它的文学价值。虽然，就文学而论，它的人物塑造功夫也确是第一流的，中国后世的小说家都从其中吸取了营养。它的布局和气氛安排也是高明至极，例如刘备三顾茅庐，一步一步把主角诸葛亮从喧天的锣鼓声中引出场来；又例如“草船借箭”的写箭，“借东风”的写风，一步逼一步地扣得极紧。

凡是伟大的作品，总带给读者许多的想象，《三国演义》在现代也同样发挥着作用，给予读者们各种各样思索的精神食粮。《三国演义》写人物不直接叙述其内心，单凭言语动作，人物精神自出，这是戏剧的手法。戏剧和电影只表现角色的言语及动作，其内心生活是自然而然地显露出来。这是中国古典小说的高度技巧。

《三国演义》中的故事成了中国大众精神生活的一部分，人民从其中接受道德教育与价值标准。应当像刘备、关羽那样重视对朋友的义气，要爱护人民，决不可像曹操那样忘恩负义，为了自己的利益而做奸诈毒辣的事。刘备与关羽的道德模范比孔子、孟子更加普及、有效而重要。香港的警察以及黑社会人物都要设神坛拜关公，而不拜孔子，也不拜耶稣、不拜如来佛。小说人物成为大众宗教式崇拜的对象，这是全世界任何文学作品都做不到的。

中国各地到处都有关帝庙，洛阳附近的关帝庙规模很大，当年我见到之后印象很深。其实历史上真正的关羽没有什么特别了不起，个人勇力不过和张飞、赵云、马超差不多，曹操部下的勇将张辽、徐晃、许褚等大概和关羽都可打成平手。吕布当然强过他。说到用兵打仗，关羽肯定不及曹操、诸葛亮、司马懿、周瑜、吕蒙、陆逊、羊祜、陆抗、赵云。关羽受后人尊崇，全靠《三国演义》夸张了他的重义。中国民间最重视的道德，第一是孝，第二就是义。一部小说把一名武将捧成了神，不但缘于小说的魅力，也缘于中国人传统的性格。

《三国演义》事实上真正对中国的历史发展产生了重大影响。满清女真民族向明朝进攻时，还是关外没有什么文化的粗野民族，自然不会阅读《孙子兵法》之类的艰深书籍。他们的将领带领军队，行军打仗，方法和技术全靠从《三国演义》中学习。据说，

龙能大能小，能升能隐；大则兴云吐雾，小则隐介藏形；升则飞腾于宇宙之间，隐则潜伏于波涛之内。方今春深，龙乘时变化，犹人得志而纵横四海。龙之为物，可比世之英雄。

清太宗皇太极使用“反间计”，骗得明朝的崇祯皇帝杀了大将袁崇焕。这计谋就是照抄《三国演义》中周瑜骗得曹操杀了水军都督蔡瑁、张允的计策。袁崇焕如果不死，吴三桂不会把守山海关，后金军队不可能这么容易地打进北京。（金　庸）

给我影响最大的一本书

给我影响最大的一本书究竟是什么书？我一时说不出来。要是问我最早给我以较大影响的书是哪一本，那我倒可以立即回答说：是《三国演义》。

我已经记不真切第一次读《三国演义》是在哪一年了，大约是在小学五年级前后。因为我记得很清楚，我读《水浒传》、《施公案》、《彭公案》、《金台平妖传》等书都是在读《三国演义》以后，而这些书都是在小学里就读过的，所以大致可以肯定开始读《三国演义》不会迟于小学五年级时候。当时自然并不能完全读懂它，大都只是似懂非懂。但对里面的故事情节却是大体了解的，并且深深受到吸引。在这以前，我也读过一些文学作品，如郑振铎翻译的泰戈尔的诗篇、叶绍钧写的童话等等。虽然也觉得喜欢，但并不怎么激动，看过也就算了。读《三国演义》情况就不一样，拿上手就有点儿放不下。尽管这是部章回体小说，每回结束就告一个段落，写着：“欲知后事如何，且看下回分解。”这时你就不妨放一放，该吃饭就去吃饭，该睡觉就去睡觉。可我总还是不肯放手，仍急着要继续看下去，真可以说是废寝忘食，所以经常受到家里大人的责骂。也正是在读过《三国演义》以后，我才对小说产生了莫大的兴趣。先是尽量把家里所有的小说找出来看，接着就向图书馆和熟识的亲友去借。虽然我在小学时期所读的小说（差不多都是旧小说）除了《水浒传》等少数几部以外，价值都不高，不是很值得读的，但它们却培养了我读小说的兴趣，以后我之所以会走上学文学的道路，跟这些书本给我的影响也是分不开的。而《三国演义》则是引起我这方面的兴趣的第一本书，给我的影响尤其大。

首先，它给我的一个明显的好处，就是使我初步学会了写作浅近的文言文。当然，这种所谓“文言文”，无非是把“的了吗呢”换成“之乎者也”的半文半白、不文不白的东西而已。但仅这一点就已经使我受益良多，使我能够安然渡过初进中学时面临的一个难关了。我初中是在故乡常州读的。这所学校原来是一所国文专修馆，里面的教师大都是些前清秀才之类的老派人物，都不喜欢白话文。我的一个哥哥比我早一年进这个学

夫处世之道，亦即应变之术，岂可偏执一端？用兵之道，亦然如此，皆贵在随机应变。

校，当我考取以后还没有跨进校门时，我哥哥就多次吓唬我说：中学不比小学，哪里还能写白话，作文都要写文言文的！我听了不免感到有些紧张。但进校以后，每次作文居然都顺利通过了，有时还受到老师的表扬。原因就在于我读过《三国演义》，多少摸索到了一点儿写作文言文的技巧。现在的中学语文课本中都选有相当数量的文言文，但学生如果只依靠语文课本，那么即使读到初中毕业，恐怕也不一定能够写作浅近的文言文，甚至也不一定能够读懂唐宋以后的文言散文。单就培养学生阅读和写作文言文的能力这一点来说，恐怕把语文课本中的所有文言文加在一起，也及不上一部《三国演义》的作用。所以，我认为即使撇开其他方面的作用不说，仅此一点，也很值得把《三国演义》这部书郑重地推荐给中学生朋友了。

《三国演义》之所以吸引我，主要当然不是因为它的文字，它所给我的最大的影响，同样也并不是在于文字上。它之所以吸引我，是因为里面有许许多多或可爱或可恨的十分有趣的人物，是因为里面充满着许多紧张而又生动的故事情节。它所给予我的最大的影响，主要也是在于思想感情和人生态度这方面，文字方面虽也给了我不小的影响，但毕竟是次要的。书中的许多人物，都性格鲜明、富有魅力，如曹操的奸诈、刘备的仁慈、诸葛亮的智慧，张飞的鲁莽，等等，一个个写得是那样生动形象，活灵活现，仿佛他们就站立在我们眼前一样。而魏、蜀、吴三国之间的或联合或斗争的复杂多变的形势，它们相互间为了克敌制胜而钩心斗角、巧施计谋的紧张情况，又是那样地惊心动魄，引人入胜，使我们不能不被它紧紧地吸引住，在思想感情上和在对社会和现实人生的理解方面受到影响。（钱谷融）

作者生平

罗贯中的生平不见史传，一些零星记载也互相抵牾。现在一般据贾仲明的《录鬼簿续编》（或谓无名氏作）等书提供的材料，认为他名本，字贯中，号湖海散人，祖籍太原，在杭州生活过。贾仲明说他“与余为忘年交，遭时多故，各天一方，至正甲辰复会。别来又六十余年，竟不知其所终”。据此，可以知道他在元末至正二十四年（1364）还活着。另外，明人王圻说罗贯中是“有志图王者”（《稗史汇编》），清人徐谓仁说他曾客于张士诚幕中（《徐炳所绘水浒一百单八将图题跋》），均不知何据。《水浒传》一书，有说是施耐庵作，罗贯中编著（高儒《百川书志》）；也有说是罗贯中著（王圻《续文献通考》）。此外，他还是一位杂剧作家，剧作存目三种，今传《赵太祖龙虎风云会》，传世的《隋唐志传》、《残唐五代史演传》和《三遂平妖传》也署罗贯中名。

◆奠定了近代西方资产阶级军事学的基础的杰作
◆改变世界的 16 本书之一
◆19 世纪军事理论的巅峰之作

《战争论》

事物的意义从时间角度来看，分现时和长远两部分，意义越是久远，其价值就越大。《战争论》是西方近代军事理论奠基者克劳塞维茨对战争的观察、研究、分析的结晶，对 19 世纪的影响是毋庸置疑的，随着时光的流逝，其长远价值也开始凸现。

战争由于它本身具有的暴烈与残酷，使人的智力在激烈的对抗中得以激发、升华，而兵法是对这一成果的抽象、总结，可以说是用鲜血和生命换来的智慧。中国的《孙子兵法》由于自身包含博大精深的思想和巧妙绝伦的谋略为世人所推崇，而西方的《战争论》是可以与《孙子兵法》相媲美的经典之作。

非军事界的人可能没有系统地读过《战争论》，但相信对“战争是政治关系的延续”这一名言大都耳熟能详，这一名言即出自《战争论》。《战争论》是西方近代军事理论奠基者克劳塞维茨对战争的观察、研究、分析的结晶。他先后研究了 1566–1815 年间所发生的一百三十多个战例，总结了自己所经历的几次战争的经验，在此基础上写出了这部体系庞大、内容丰富的军事理论著作。《战争论》既是一部军事理论著作，又是一部哲学著作，全书共三卷八篇，涉及军事领域各方面，其精髓是对战争性质的论述。克劳塞维茨运用德国古典哲学辩证法对以往战争加以总结，并在此基础之上对战争理论进行了深入的分析考察，从而提出了诸多跨时代的军事理论观点，引发了一场军事理论界的革命。

《战争论》一经出版即在世界范围内广为流传，受到各国军事界的高度重视，被推崇为军事理论的经典著作，成为研究军事理论人员的必读书。19 世纪以来的德国名将大多是《战争论》的忠实读者。这部著作不仅奠定了近代西方资产阶级军事学的基础，而且也是马克思主义军事科学重要理论来源之一，克劳塞维茨本人也因此被视为西方近代军事理论的鼻祖。

铸成纯金属的小颗粒

克劳塞维茨的《战争论》是一部居于19世纪军事理论顶峰的伟大之作，其贡献可简单概括为一句话：对西方世界18、19世纪的战争现象进行了从宏观到微观尽可能全面而细致的考察，从而使军事理论在其深度上达到了所处时代的巅峰，而且是前所未有的巅峰。因为，自哥伦布发现新大陆后，欧洲新兴的资本主义文明逐渐领先于世界诸文明，因而《战争论》作为资本主义文明体系孕育的产物，也是那个时代极少数的最先进的军事思想成果。

只要人类社会还存在着战争，《战争论》中那些闪烁着智慧之光的思想就绝不会过时。当代西方许多国家军事战略的制定，主要来自于克劳塞维茨的思想。美国的军事理论主要是根据克劳塞维茨的《战争论》，其次参考若米尼的《战争艺术概论》。

对于当代战争指导而言，克劳塞维茨在宏观战略层次上的思想仍然具有极强的生命力。例如，他认为要打垮敌人必须在实力上保证三个条件：一、使我们能够对敌人军队获得一次决定性的胜利；二、使我们能够经受得起必要的兵力消耗，可以把胜利发展到敌人不再能恢复的程度；三、我们在政治上的处境必须能保证：这样的一次胜利不致招来新的更强大的敌人，不致为了对付他们而丢开原来的敌人。这一原理今天对于国家战略计划的制定仍具有指导意义。再如，当实力处于绝对劣势时，克劳塞维茨认为：即使自己没有获胜的可能性，也不应该认为采取行动是不可能的或者是不理智的。如果我们没有更好的办法，而且兵力很少，那么，尽可能地把一切安排妥当，就始终是理智的。这一论述对今天小国或弱国同大国对抗时战略的制定，仍是一种正确的态度。类似这样精辟的观点，《战争论》中可谓珠玑满盘，比比皆是。

克劳塞维茨是一位饱学之士，他的研究往往潜入战争的深层，并细致地考察与战争相关的领域。他在探讨军事问题的同时，对其他专业领域常有独到的见解。他的许多结论，不仅对从事战争的人们具有指导意义，而且对从事非军事活动的其他行业的人们极富启迪，具有超越纯军事专业的价值。他是一位洞察人类心理的大师，对“胆量”、“坚忍”、“勇气”、“果断”等精神品质所作的分析简直达到了心理学专业水平。“要想不断地战胜意外事件，必须具有两种特性：一是在这种茫茫的黑暗中仍能发出内在的

战争中一切情况都很不确实，这是一种特殊的困难，因为一切行动都仿佛是在半明半暗的光线下进行的，而且，一切往往都像在云雾里和月光下一样……

微光以照亮真理的智力；二是敢于跟随这种微光前进的勇气。”这是生活的哲理，可成为所有从事各种工作的人们的座右铭。

克劳塞维茨对“理论”的构建独具慧眼，“任何理论一接触精神因素，困难就无限增多”、“理论应该是一种考察，而不是死板的规定”。这些见解对那些试图在自己专业领域建筑理论的学者以及人们如何识别理论的优劣极有启示。当代人文社会科学中，引进自然科学的理论和方法已是一种时尚，各种机械的数学模型纷纷在人文社科领域亮相，虽然这些模型有一定的参考价值，但与现实相去甚远，原因就在于它们不考虑人类的情感问题。而置身于19世纪的克劳塞维茨却能对此一眼洞穿，他自己在建筑着军事理论，但同时机警地避免坠入其中的陷阱，体现了非凡的睿智。

克劳塞维茨是一位能够准确把握概念并以准确的概念进行严谨推理的逻辑大师，“坚强是指意志对猛烈打击的抵抗力，顽强则是指意志对持续打击的抵抗力”、“刚强是指在最激动或热情奔放的时候也能够听从智力支配的一种能力”、“战略就是为了达到战争目的而对战斗的运用”。这种准确把握事物要点的能力显然是一切卓越成效的研究的基础，这种能力使人们的认识在向未知的领域推进时不至于迷失方向。

克劳塞维茨精通政治，“我们只能把政治看做是整个社会的一切利益的代表。”这对苦苦思索政治定义的政治学家不也提供了一种思路吗？

克劳塞维茨具有极其深厚的哲学素养，是一位深谙知识价值的人，“知识必须变为能力”。他借助哲学的翅膀，时而翱翔于战争的“形而上”的天空，时而着落在“形而下”的陆地，对战略、战术一系列问题给予深刻的哲学透视，使他在许多见解上达到了见微知著的地步，并将军事理论推进到一个前所未有的境界。

与同时代的另一位军事学大师若米尼的《战争艺术概论》相比，《战争论》在学术体系的完整性方面，缺陷是明显的，仅在此意义上，《战争论》不是“一整块没有杂质的纯金属铸块”，而是“铸成纯金属的小颗粒”的汇集，但这一形式上的缺陷并不影响《战争论》作为伟大的军事著作而流芳后世。（倪乐雄）

一本值得一读的好书

《战争论》是普鲁士的军事理论家克劳塞维茨所著，他目睹了拿破仑战争所表现出的巨大力量，而力主改革陈旧的体制和落后的思想，并深入研究战史，编写军事理论以

战争是一种真正的政治工具，是政治交往的继续，是政治交往通过另一种手段的实现。

支持军事改革。《战争论》正是在这种情况下编写的，它反映了资产阶级初期在军事思想上的进步倾向和革新精神，对战争本质等问题提出了许多独到的见解，对后来军事思想的发展的影响是极为深远的。

克劳塞维茨在《战争论》中对意志品质的描述是精确而深刻的，可以指导我们对意志品质的培养。意志品质是一种抽象的东西，它无形而有质，难于描绘，许多书籍在论及意志品质时往往是一种空洞无物的同义反复，并不具备指导意义。克劳塞维茨在论及坚忍精神时指出："在实现自己的企图时，只要还没有充分的理由可以否定这个企图，就十分需要有坚忍精神的意志力来同各种感受相对抗，何况在战争中，任何丰功伟绩几乎没有一件不是经过无限的劳累、艰辛和困苦才取得。"当我们遭遇困境而彷徨犹豫时，应当知道自己是因为有了充分的理由可以去放弃，还是因为自己的怯懦与惰性等弱点使我们屈服。如果是后者，那么我们应当告诉自己要坚强，因为这正是我们用坚忍不拔的意志战胜困难的时刻。在说到战胜困难应当具备的品质时，克劳塞维茨指出："在茫茫的黑暗中能发出内在的微光以照亮真理，并有敢于跟随这种微光前进的勇气。"在险恶的处境中，唯有用信念之火点燃希望之灯以照亮前行的道路，并以勇毅来支持这种信念而努力向前。克劳塞维茨在果断、坚强、顽强、坚定等许多品质上都有类似的非常精彩的论述。

克劳塞维茨研究问题的方法是独特的，《战争论》中到处都能看到他辩证的思维、批判的精神和严谨的态度。克劳塞维茨在许多问题上能够深入地探讨，直到把握事物内在的本质，这是十分值得我们学习的。他不仅提出了战争是政治另一种手段的继续这一著名的论断，而且在战略问题、集中兵力原则、有生力量的消灭等许多方面都有许多深刻的见解，足以启发我们的思考。总之，《战争论》是一本值得一读的好书。（海东青）

作者生平

克劳塞维茨是普鲁士的著名军事理论家，西方近代军事理论奠基者，1780 年 6 月出生于普鲁士马格德堡附近布尔格镇的一个贵族家庭，少年时即进入军队，并历经沙场，积累了深厚的实践功底。在普鲁士军官学校受训期间，他撰写了一些军事文章，提出自己独到的见解，25 岁即以军事理论天才而扬名普鲁士军界。1818 年，克劳塞维茨被任命为柏林军官学校校长，并晋升为将军。从此，他在 12 年中致力于著述工作。他根据自己二十余年的战争实践，陆续研究了一百多个战例，整理了亲身经历的战争经验。1830 年春，克劳塞维茨奉命调到炮兵部门任职。1831 年秋，克劳塞维茨因患霍乱去世，并没能完成《战争论》最后的定稿工作。他的妻子玛丽将他的三千多页遗稿整理出版了《卡尔·冯·克劳塞维茨将军遗著》共十卷，其中前三卷合称《战争论》。这本巨著自 1832 年问世以来，已经再版二十多次，并被译成各种世界通用语言的译本，广为流传。

◆中国四大古典名著之一

◆中国白话文进入成熟阶段的标志

◆一部常读常新的英雄传奇

《水浒传》

"天下之乐，第一莫若读书；读书之乐，第一莫若读水浒。"有些书，可以常读常新，百读不厌，《水浒传》就是其中之一。

北宋末年，宋江带领三十六人在水泊梁山起义的故事，以强烈的反抗意识和传奇色彩在民间广泛流传。经过二百多年的演进，施耐庵、罗贯中在广泛流传的民间故事、话本、戏曲的基础上，进行了综合性的再创造，写就了中国第一部长篇白话小说《水浒传》。该书问世以后，一时间各种简本、繁本好似雨后春笋在社会上大量出现，当时名公贵胄之家，案头都置一部以示时髦。

《水浒传》在我国文学发展史上具有里程碑的意义，是我国已有数百年历史的白话文进入成熟阶段的标志，以后的章回体小说基本沿用的都是《水浒传》的套路。明末清初著名文学批评家金圣叹将《水浒传》、《西厢记》、《庄子》、《离骚》、《史记》及杜甫诗相提并论，合称为"六才子书"。

《水浒传》可以说是一部"奇书"。说它"奇"，不仅因为书中的人物生动、故事有趣、文字优美，而在于它的取材，在古今中外著名的小说中，《水浒传》是第一部以封建统治者视为"盗贼草寇"的起义农民做主角，而且是把他们当做"忠义"的正面人物，给予了充分的肯定。正因为如此，《水浒传》出版四五百年来，有人说它好，也有人说它坏：说它好的，把宋江等人捧成英雄，连书名都改成《忠义水浒传》、《京本忠义传》等；说它坏的，认为它颠倒黑白，把为非作歹的恶霸匪徒吹捧为行侠仗义的豪杰，甚至曾被列为禁书，不许出版发行阅读。即便解禁以后，民间也有"少不读水浒"的说法。然而，随着时间的流逝，这部著作的经典价值日益凸显出来，对后世的文学创作有着相当巨大的影响。

英雄气气贯长虹

有些书，可以常读常新，百读不厌，《水浒传》就是。这是一坛酒，从明至今，浇着天下人的块垒。难怪金圣叹这样说："天下之乐，第一莫若读书；读书之乐，第一莫若读《水浒》。"轻轻地，轻轻地翻开，便有电掣雷鸣，瞠目震耳。

一、佛性

佛，不管是作为哲学还是作为信仰，都离不开"慈悲"二字。《水浒传》一回回读下来，便觉得八百里水泊上有佛性弥漫着。那些看似杀人喝酒吃肉的英雄，哪一位不是尝尽了人间的苦头，又对弱者苦者难者善者怀着感情之人？哪一位不是惺惺相惜、生命相倾之人？谁能说在阶级情、民族情之外就没有一种一以贯之的人类之情？梁山英雄身上的义气所包括的牺牲精神，不也是一种高尚与博大吗？

在这佛性弥漫的水泊梁山上，鲁智深是特别突出的一个。

鲁智深救了流落异地的金翠莲，救了赵员外的女儿，因为朋友林冲妻子受辱，他又要打不可一世的高衙内三百禅杖。全不要报答，也压根儿不想报答，甚至不计较生命的得失，只管"遇酒便吃，遇事便做，遇弱便扶，遇硬便打"（金圣叹语）。他对待林冲的情义，尤其让人铭记。野猪林里，从薛霸风声飒飒的水火棍下救起林冲之后，鲁智深有一段向林冲叫着（久蓄于胸，迫不及待）说出的话，话中有几个字，催人泪下："兄弟，俺自从和你买刀那日相别之后，洒家忧得你苦……见酒保来请两个公人……以此洒家疑心，放你不下……洒家见这厮们不怀好心，越放你不下"；及至林冲问他今投何处，鲁智深又说："洒家放你不下，直送兄弟到沧州。"一个"忧得你苦"，连着二个"放你不下"，其情如瀑，凿石裂空。

二、一百单八将之外

在那样的社会，好人，贤能，一个个屈在小人、庸才团弄之中，报国无门，没有生路，突然有一个可以藏龙卧虎的八百里水泊，突然有一位知冷知热、怜才惜才的"及时雨"，怎能不引得天下英雄风云际会于此？眼看着好汉们越聚越多，真是让人痛快，让人叫好。痛快之后，叫好之后，有时也会神凝水泊，抚卷长思：八百里水泊，毕竟小了

人问他求钱物，亦不推托。且好做方便，每每排难解纷，只是周全人性命。如常散施棺材药饵，济人贫苦，缓人之急，扶人之困，以此山东、河北闻名，都称他作及时雨。却把他比作天上下的及时雨一般，能救万物。

点儿，一百单八人，也嫌少了点儿。为什么非要局限于一百单八人呢，不是应该多多益善吗？后来众英雄的风吹云散，招安固然是其主要原因，而一百单八人的局限，不能不说是悲剧结局的重要原因。

第六十六回，有几行闲笔，却不能等闲视之。有一位叫韩伯龙的好汉，积极要求投奔梁山，让旱地忽律朱贵引见宋江。书上说，“因是宋公明生发背疮，在寨中又调兵遣将，多忙少闲，不曾见得。”起事创业时盼英雄如旱苗望云霓、巴巴结结、吐哺握发的“及时雨”，一旦粗具规模、兵强马壮，竟也渐渐忙得没空“接见”前来投奔的新兄弟了。这真是让人悚然心惊！更让人痛惜不已的是这位前来投奔梁山的好汉，不仅没见上“公明哥哥”，反落个被李逵一板斧砍掉脑袋的下场……

不可否认，《红楼梦》、《水浒传》真是中国文学史上空前绝后的双峰。一个是美女成群，儿女情情透千古；一个是好汉如云，英雄气气贯长虹。（李木生）

《水浒传》究竟是一部什么书

梁山泊一百单八将的故事，借助文学艺术的力量，在中国早已经家喻户晓、老幼皆知了。但是其中只有三十六个人物是历史上曾经有过的，其余七十二个，大都是创作出来的“子虚”加“乌有”。单说人物，就已经是三分真七分假了；再加上三十六个人的故事当时并没有客观具体的记录，大部分是根据传说编造出来的，这样一算，岂不就只有一分真、九分假了？然而这样一部小说多年来却被广大人民群众所喜爱、被封建统治者所痛恶，这与它的积极主题分不开。这个积极的主题，一言以蔽之，就是“官逼民反”四个字。

《水浒传》的作者非常明白：古往今来，凡是造反大业，绝不是依靠几个满口仁义道德、会念诗云子曰却手无缚鸡之力的书生写几篇妙笔生花的诗词歌赋所能完成的。造反是真刀真枪、赤膊上阵、白刀子进去红刀子出来的勾当。尽管历史上的造反大军中都不乏几个手摇鹅毛扇、运筹于帷幄之中的谋士，但是“秀才造反，三年不成”，真正冲锋陷阵、过关斩将的，还要靠武将，靠英雄。

要想读懂《水浒传》，首先必须了解一个前提：《水浒传》故事，包括《大宋宣和

山前山后，共有七八百人，都来厅前参拜了，分立在两下……自此梁山泊十一位头领聚义，真乃是交情浑似股肱，义气如同骨肉。有诗为证：古人交谊断黄金，心若同时谊亦深。水浒请看忠义士，死生能守岁寒心。

遗事》、元人杂剧中的许多水浒戏，以及《水浒传》的成书，都在元代。元代是个异族统治中原的朝代。我们不是狭隘的民族主义者，中国有五十六个民族，对于由哪个民族来当统治者，应该一视同仁，无可厚非；但是倒退六百年，当时的统治者蒙古人，却是狭隘的民族主义者，他们视自己为高贵的民族，对包括汉人和各少数民族在内的“南人”，采取的却是残酷统治和武力镇压政策。民间传说：当时每十家人家要养一个蒙古人，十家人只许用一把菜刀，还要由这个蒙古人保管，所有的“南人”衣服上都要缝一块写有“南人”字样的标签，以表示自己低人一等的身份。“南人”与蒙古人、色目人之间，没有平等可言：评理必输，打官司必败。

在当时的社会背景下，施耐庵写作《水浒传》的社会意义，首先在于它真实、深刻地揭露了封建社会的黑暗和腐朽以及统治阶级的罪恶，说明老百姓之所以要起来造反，根本原因就在于日子过不下去，是“官逼民反”。小说固然说的是宋朝的故事，但是任何一个小说作家在写书的时候都会把现实生活中的素材糅合进去，读者和听众也会把它和现实生活联系起来。这就是《水浒传》的积极因素所在，也是封建统治者要把它列为禁书的主要原因。

《水浒传》的成功，在于它不是某一个人坐在书斋里冥思苦想写出来的，而是千百个民间文艺家集体创作的结果。如果《水浒传》的确是施耐庵根据前人的成果整理成书的话，施耐庵的最大功劳就是没有阶级偏见，没有遵从封建士大夫的正统观念对这些素材进行歪曲和篡改。（吴　越）

作者生平

关于《水浒传》的作者，明人大致有三种说法：施耐庵作、罗贯中作和施、罗合作。哪一种说法最可靠或比较可靠呢？第一种说法不见于现存的任何版本的题署，以第二种说法为题署的版本大多出现于明代的嘉靖、万历年间，第三种说法的两种版本则出现于明末的崇祯年间。第三种说法，以施耐庵、罗贯中为共同的作者，有一定的道理。但缺憾在于，它没有交代清楚他们是什么样的合作关系：二人之中，谁为主，谁为次？要比较准确地理解他们的合作关系，目前唯一的途径便是考察明代有关《水浒传》作者的题署。高儒《百川书志》：“施耐庵的本，罗贯中编次”；“嘉靖本”、天都外臣序本、袁无涯刊本：“施耐庵集撰，罗贯中纂修”。所谓“的本”，是宋、元、明时代的常用语，即“真本”。“集撰”含有“撰写”之意。这表明，施耐庵是作者，是执笔人。所谓“纂修”，可解释为“编辑”，和“编次”是同样的意思。这等于说，罗贯中是编者，或整理者、加工者。因此，第一，施耐庵的著作权应该得到毫不含糊的确认；第二，罗贯中参与了创作的过程，他是施耐庵的合作者，应该得到公正的对待。基于上述认识，从狭义上说，施耐庵是《水浒传》的作者；从广义上说，《水浒传》是施耐庵、罗贯中二人合作的作品。

◆文学史上的奇书
◆一首世界文学中最美的诗
◆19世纪浪漫主义文学的先兆

《忏悔录》

在历史上多得难以计数的自传作品中，真正有文学价值的显然并不多，而成为文学名著的则更少。至于以其思想、艺术和风格上的重要意义而奠定了撰写者的文学地位——不是一个普通的文学席位，而是长久地受人景仰的崇高地位的，也许只有《忏悔录》了。

如果说牛顿完成了外界自然的科学，第一次在纷繁复杂的自然现象中发现了秩序和规律，那么卢梭则完成了人的内在宇宙的科学，在纷繁复杂的社会现象中发现了人的内在本性和规律。卢梭生活的时代距今已有两个多世纪的历史了，在这二百多年的漫长岁月里，世界在变化，时代在前进，人类在发展，但社会与人生的本质永不改变，卢梭在人类思想文化史上留下的宝贵遗产，也值得我们去思考和借鉴。

《忏悔录》是卢梭晚年遭到诬蔑、诽谤后被迫写的自传，他大胆地把自己的隐私公之于众，承认自己产生过卑劣念头，有过下流的行为，把他着手写这本书之前的五十年的经历如实道来，结果书中的主角便成为世界上绝无仅有的一幅完全依据本来面目和全部事实描绘出来的人像。人能够坦诚至此，仅此一点，便抓住了读者。何况卢梭是写作的高手，书中对自然美景的描绘，对坎坷经历的述说，对内心世界的剖析，使这部自传成为极富思想性和艺术性的文学作品，被后人看成是一首世界文学中最美的诗，成为文学史上独树一帜的标志。

卢梭这个不论在社会政治思想上，还是在文学内容、风格和情调上都开辟了一个新时代的人物，通过这部自传推动和启发了19世纪的法国文学，使其“获得最大的进步”。全书充满一种震撼人心的力量，它是激进的平民思想家与反动统治激烈冲突的结果，它使后人看到了一个思想家的成长，看到一个站在下面指导时代潮流的历史人物所具有的强有力的方面和他精神上、道德上所发出的某种诗意的光辉。

文学史上的奇书

提到法兰西，我们必定会联想到那轰轰烈烈的1789年大革命，我们当然更不会忽略那站在革命背后的掀起浪潮的思想文化巨人们，正是他们用思想的火炬照亮了法国乃至人类的前进之路。让·雅克·卢梭便是其中的一位，他教导父母们教育子女要不拘陈规，因材施教；他深化了友谊和爱情中的情感表现而不受拘谨礼让的束缚；他使人们睁开双眼，面对自然的绚丽多姿；他使自由成为一个几乎是人们普遍渴望的目标。他的思想标志着理性时代的终结和浪漫主义的诞生，他把政治思维和伦理思维推向新的方向，他在音乐上和其他艺术上的变革都具有革命性。

这位法国启蒙运动的思想家、哲学家，以其卓越的智慧与思想不仅给笼罩在法国大地上的漫长黑夜带来了曙光，也给人类的思想宝库留下了珍贵的遗产，甚至于拿破仑也不得不承认卢梭在法国革命史上的地位，认为如果没有卢梭便没有法国革命。

1762年，卢梭50岁时，刊印他的著作的书商——阿姆斯特丹的马尔克·米歇尔·雷依，建议他写一部自传，遭到他拒绝。直到1765年，当卢梭的生活因被迫流亡而再次陷入颠沛流离的状态时，他才怀着一种悲愤的心情开始写作他的自传，到1770年11月方才完成，就是现在这部《忏悔录》。卢梭的《忏悔录》达到了与奥古斯丁《忏悔录》同样经典的地位。在这部被称为“文学史上的奇书”的作品中，卢梭把自己作为人的标本来剖析，他把自己的灵魂真诚地、赤裸地呈现给读者，其坦率程度是史无前例的。由于作品中所体现出的个性自由的精神，该作品被视为19世纪浪漫主义文学的先兆。

《忏悔录》通过卢梭自己的坎坷一生反映社会对人的某种残害和压迫。在作品中，卢梭讲述自己“本性善良”，古代历史人物又给了他崇高的思想，但是社会环境的恶浊以及人与人之间关系的不平等，使他受到了浸染和损害。卢梭回忆了他孩童时代所受到的遭遇，入世后社会对他的虐待和他耳闻目睹的种种黑暗与不平，指出社会存在着“强权即公理”的不平等现象。可以说，《忏悔录》就是卢梭悲惨的晚年的产物，如果要举出他那些不幸岁月中最重要的，甚至是唯一的内容，那就是这一部掺杂着辛酸的书了。这样一部在残酷迫害下写成的自传，一部在四面受敌的情况下为自己的存在辩护的自

万能的上帝啊！我的内心完全暴露出来了，和你亲自看到的完全一样，请你把那无数的众生叫到我跟前来！让他们听听我的忏悔，让他们为我的种种堕落而叹息，让他们为我的种种恶行而羞愧。

传，怎么会不充满一种逼人的悲愤？卢梭的坦率是其他作家所不具有的，他不仅仅将人性第一次提出来，而且将自己的人性第一次完完全全地解剖给世人，他的纯、他的真足以让任何作家汗颜！

《忏悔录》前六章1781年第一次公之于世，后六章在1788年面世时，卢梭已经不在人世。几年以后，在资产阶级革命高潮中，巴黎举行了一次隆重的仪式，把卢梭的遗体移葬在伟人公墓。当年，卢梭在写这部自传的时候，无论如何也不会想到有一天他会获得这样巨大的哀荣。他并不想把自己打扮成历史伟人，但他却成了真正的历史伟人，他的自传也因为他不想打扮自己而成了此后一切自传作品中最有价值的一部。（佚　名）

当时我是什么样的人，我就写成什么样的人：当时我是卑鄙龌龊的，就写我的卑鄙龌龊；当时我是善良忠厚、道德高尚的，就写我的善良忠厚和道德高尚。

敢于解剖自己的卢梭

这是世界上绝无仅有，也许永远不会再有的一幅完全依照本来面目和全部事实描绘出来的人像。

卢梭在种种责难和攻击后仍深信布衣之下有着比绣金之后更有力量的身躯，主要体现在《忏悔录》中自我形象的描绘。无论是精神还是节操上，他都把淳朴自然视为贫贱生活中最为可贵的财富。在充满温情的家庭中获得真情实感，从农村生活中得到不可估量的好处，在友情与功利之间选择前者，卢梭骄傲地展示了平民的自信与骄傲，在流浪与疾病中他仍坚持读书，“死亡的逼近不但没有削弱我研究学问的兴趣，似乎反而更使我兴致勃勃地研究起学问来。”经过不懈的奋斗，他在数学、天文学、历史、地理、哲学和音乐等各个领域积累了广博的学识。“一生中的任何时候，从没有因为考虑贫富问题而令我心花怒放或忧心忡忡。”他的洁身自好与人格独立在18世纪的贵族社会尤为难能可贵。他重视感情的高尚和纯洁，认为“它不是基于情欲、性别、年龄、容貌，而是基于人之所以为人的那一切，除非死亡，就决不能丧失的那一切”。他与封建贵族阶级对奢侈豪华、繁文缛节的爱好完全相反，他的生活趣味健康而美好，他喜欢抄乐谱、哼小调，热爱绘画，对喂鸽养蜂颇感兴趣，善于感受自然气息、田园风光。

由于作者的经历，使我们有幸目睹了18世纪的女仆、听差、农民、小店主、下层知识分子，作者的笔不断渗入精神境界中一切有价值之物。他亲密的伙伴，华伦夫人的男仆阿奈，平民乐师勒麦特尔，聪明的巴克勒，女仆玛丽永在那里焕发出清新的气息。而对于贵族后裔德彭维尔先生及巴黎权贵，卢梭则进行了不加掩饰的无情贬责。法国人圣勃夫说过，没有一个作家能像卢梭这样善于把穷人表现得卓越不凡。

圣勃夫曾说，“没有可憎的缺点的人是没有的”，认识这一点并不困难，但要在认识之上公开承认披露自己的缺点，却需要莫大的勇气。在卢梭之前，文学史上还没有出现过这样一个有勇气的作家。他说过谎，行过骗，调戏过妇女，偷过东西，在他身上，交织着坚强与怯懦、真诚与虚假，这种真实的复杂也正是《忏悔录》的另一个价值所在。它的价值还在于卢梭深刻的思想动机和哲学理论。

卢梭是资产阶级人道主义体系发展的一个环节，但却引发了作品中那种充分的“自我”意识和强烈的个性解放精神所产生的文学突破，成为资产阶级文学的特有财产。总之，个性自由与个人主义、个性解放与感情放纵，《忏悔录》里的一切既表现了反封建反宗教的积极意义，又暴露了资产阶级意识形态的本质。

由于触怒封建统治阶级的《社会契约论》和《爱弥儿》的出版，卢梭被当做“疯子”遭到紧追不舍的迫害，在1765年开始了边流亡边写自传的辛酸生活。在莫蒂埃，他仅仅写了第一章，1767年后完成五、六章，中断两年后继而完成第二部，断断续续直至1770年，他在孤独与艰难的颠沛流离中为世人留下了这部长久受人景仰的著作——《忏悔录》。（佚　名）

作者生平

卢梭出生于1712年6月28日，这个钟表匠的儿子，当过学徒、仆人、伙计、随从，从事过音乐教师、秘书等职业，这些生活经历使他有条件把自己所处阶层的情绪、愿望和精神带进18世纪的文学。他第一篇引起全法兰西瞩目的论文《论科学与艺术是否败坏或增进道德》中那种敢于反对“人人尊敬的事物”的战斗精神和傲视传统观念的叛逆态度，显现出对封建文明一笔否定的勇气；他的《论人类不平等的起源和基础》奠定了他在整个欧洲思想史上崇高的地位；他的《社会契约论》是对社会不平等和奴役的批判，对平等、自由的歌颂，体现了18世纪平民阶层在政治上的要求和理想。当卢梭登上了18世纪思想文化的历史舞台的时候，他也就填补了那个在历史上长期空着的平民思想家的席位。

1762年卢梭的论教育的专著《爱弥儿》刚一出版，由于书中触犯了天主教会，被反动当局当众查抄并烧毁，卢梭不得不逃亡瑞士，直到1770年法国当局宣布对他的赦免后，他才回到巴黎定居。

卢梭晚年靠抄乐谱糊口，过着孤独凄凉的生活，并怀着悲愤的心情完成了他的自传体著作《忏悔录》。1778年7月2日，这位18世纪最杰出的民主主义思想家病逝。1794年卢梭的遗骨在隆重的仪式下被迁葬到巴黎的先贤祠，得到了世人永远的崇敬。

◆一本包含了多种善与美的道德律令手册
◆塑造现代文明的 111 本书之一
◆美国历史上里程碑式的 32 本书之一
◆自传家族的先知

《富兰克林自传》

读一本好书就是与一个伟大的心灵对话。《富兰克林自传》是世界享有盛名的伟人传记，书中所倡导的通过不懈努力取得非凡成就的奋斗精神，也因本书的广为流传而改变了无数年轻人的命运，在世界上影响广泛而深远。

世界上恐怕没有人会在富兰克林的名字前无动于衷，因为，即使你不是美国人，没有享受到富兰克林对美国民主所作的贡献，你总会享受到避雷针的恩惠，它的发明者就是富兰克林。富兰克林在科学上的成就与在政治上的作为都赢得了世人的敬意。作为美国财富和智慧的代表者，美国人把他的头像印在 100 美元钞票的正面。二百多年来，这位智者的思想一直被那些希望增进美德并过上富足生活的人们所遵循和实践着。

可以毫不夸张地说，富兰克林造就了一个属于他的时代，富兰克林以自身的努力创造了一个不朽的神话。富兰克林不仅从空中扼住雷电的咽喉，不仅将专制殖民者的权力归还给了人民，而且还将一本训诫人生的自传传诸后世。《富兰克林自传》被誉为“震撼心灵的美国精神读本”，这部自传不仅是富兰克林个人心路历程的真实回顾，而且也是一本包含了多种善与美的道德律令手册。正如英国历史学家莱克基所说：“富兰克林属杰出非凡人物中的一位，这类人能给生活增添真正有价值的东西。对于生活中的成功因素，极少数作家能留下如此众多的深刻观察和对培育心智的最佳方法的独到见解。”

《富兰克林自传》是一座富含人生哲理与幽默感的思想宝库，自出版以来，相继被译成多种文字，成为世界各国家喻户晓的文学经典，被迄今为止的几代人当做人生修养的范本，富兰克林所倡导的种种美德一直激励、教育、影响着世人，改变了无数年轻人的命运，在世界上影响广泛而深远。

自传家族的先知

富兰克林是美国历史上最为重要的开国元勋之一，他于1771年开始动笔写自传，1788年完成，前后历时17年之久。一经问世，立刻被翻译为法文，被一抢而光。《富兰克林自传》作为一部18世纪的文学代表作及一份属于新时代的革命文献，一直为世人所赞颂。

富兰克林是一个有多种才华的人，作家、政治家、科学家、哲学家、媒体人，这些评语都不足以涵盖他的全部才华，他没有受过太多正规教育，却能成为许多人学习的老师。他一生著述颇丰，《富兰克林全集》有40卷，但最负盛名的是他的自传。而他的自传则可以说是智慧的结晶，该书以幽默风趣的笔触叙述了富兰克林具有传奇色彩的一生，详尽地介绍了他创业、奋斗、成功的历程和为人处世的原则。富兰克林律己的道德风范、刻苦的自学精神、谦和的为人之道、扶危济困的高尚情怀，激励了不同时代不同国家的人。

世界上许多专家对富兰克林不平凡的一生产生了浓厚的兴趣，他们认为一个人能有如此之多的成就，肯定有特殊之处。经过研究，富兰克林的传记作家卡尔·范·多林终于揭开了这个秘密。他从富兰克林的日记中发现：在1728年，也就是富兰克林22岁时，他为自己制定了十三项做人原则。富兰克林自从制定好十三项原则后，一生矢志不渝地坚持着，也正是这十三项做人原则造就了他伟大而辉煌的一生。在他的自传中，他道出了这样的真谛：谁具有这些原则，谁就一定会在生活中获得成功。这十三项做人原则是他年轻时制定的，为了获得这十三种美德，并养成习惯，他专门设计了一个记录表，每一个美德占去一页，画好格子，在反省时若发现当天未达到的地方，就用笔做个记号。当富兰克林79岁时，在自己的自传中，花了整整15页纸特别记叙了他的这一伟大发明，因为他认为他的一切成功与幸福受益于此。

与那些大学学究们为取悦批评家而用华丽词藻堆砌的作品相比，《富兰克林自传》有其独到之处。《富兰克林自传》向我们展示了这位伟人难以置信的多才多艺、经久不衰的能力、完善自我与改进社会的热情、精明睿智的头脑、和蔼可亲的性格、与任何人

在我们天生的各种感情中，恐怕没有一样比骄傲更难以驯服的了。尽管你把它改头换面，跟它拼命，把它打入十八层地狱，把它镇压下去，尽管你尽量把它压制克服，你还是消灭不了它，它还会不时地钻出头来显露原形。

都能愉快相处的本领、甘于平凡的品质以及随机应变的天赋。还有富兰克林父亲与兄长詹姆斯的形象生动真切，跃然纸上；与凯默争吵的再现恰似巴尔扎克、马克·吐温的绝妙描写；对教友会教友们反对战争的叙述，是对这些诚实的人们的明智处理；对人物和场景的描写如《天路历程》一样绘声绘色，像莎士比亚、沃尔特·司各特一样得心应手——这些，人们在富兰克林的自传中均可领略到。

这部传记首先是因为写了富兰克林这个传奇人物而受到世人青睐的。青年人都希望学习富兰克林成功的秘诀，他们把这部书当成“人生指导”读物；其次，富兰克林写出了“美国梦”，“到美国去发财致富”成了影响力很大的口号；第三，这部书在美国文学史上有举足轻重的影响，它打破了当时的写作常规，成为一部自传体小说，被誉为清教徒的《奥德修纪》史诗和世界上最优秀的自传之一。富兰克林是“民主主义的神话英雄”，而他的自传也成了自传家族的先知，它的出版具有划时代的意义。（佚　名）

谈话的主要目的无非是教诲人，或是被别人教诲，使人高兴或是说服人，因此我奉劝善良的聪明人，为了不削弱他们行善的能力，切勿采取一种独断式的、自以为是的态度。

完美品质的化身

毋庸置疑，富兰克林是美国历史上最为重要的开国元勋之一，而且，在那批真诚又令人难忘的开国元勋中，他是仅有的一位国人无须仰目而视者。其他几位元勋——华盛顿、杰弗逊、佩恩、亨利、汉密尔顿、麦迪逊——或使人敬而远之，或让人望而生畏，他们都居高临下地俯视着我们。只有富兰克林的眼里闪烁着和蔼的光芒，显得那样平易近人。

美国人渴望英雄，却又对英雄满怀狐疑。人们景仰华盛顿，敬佩杰弗逊，崇敬林肯，但是对于富兰克林，人们却只能以其本色去考察他，将他看成是人民中的一分子。在他面前，芸芸众生丝毫不感到拘束，他的处世之道影响了无数人。

富兰克林的自传作为一部18世纪的文学代表作及一份属于新时代的革命文献，一直为世人所赞美。富兰克林工作辛苦，他推动改进，调解不和，他促进实施大众需要的且对他们有利的公益事业。他在自传中记录下这些成就、作用及一些可被效法的行为方式，旨在告诉我们，在一个新的革命的大铸模里，一代杰出的伟人是如何运用自己的聪明才智来创造生活的。

《富兰克林自传》向我们展示了这位伟人难以置信的多才多艺、经久不衰的能力、完善自我与改进社会的热情、精明睿智的头脑、和蔼可亲的性格、与任何人都能愉快相处的本领、甘于平凡的品质以及随机应变的天赋，这些都是值得读者借鉴的。

富兰克林的处世之道是彻底的实用主义的，把富兰克林放在20世纪美国的任何地方，他肯定都能生存下去。作为政治家，他不宣称信仰任何政治理论；作为科学家，他不为人性或天性而烦恼，而是将二者兼收并蓄。他性情温和，心态宁静，脾气极好。他的道德准则主要在于行善。他极力颂扬了诚实、自制、勤勉、宽容、节俭等十三项朴素的做人原则，并道出了这样的真谛：谁具有这些原则，谁就一定会在生活中获得成功。

富兰克林主编过最成功的一份殖民地报纸，出版过年历，当过州议会的零活儿的印刷商，他能够轻而易举地制订出一项图书馆收费计划，也能够轻而易举地制订出一项殖民地联合计划；他能够组建成一个有利可图的邮局，也能够建立一个国际联盟；闲暇的时候他能够做风和海潮的实验，绘制海流图，让闪电俯首听命。从根本上说，任何一个人只要有其中一项成就，就可以在人类历史上永垂不朽了。富兰克林以一人之身，在多个领域创造了非凡成就，实为历史所罕见。

“假设你不欣赏富兰克林的自传，我将剥夺你的继承权。”英国杂文家西德尼·史密斯曾经对他的女儿这样说。西德尼的要求是有些过高，但是我们无法否认：世世代代的读者对富兰克林的十三项做人原则的赞美与喜爱，绝不会很快消失；富兰克林的十三项做人原则中那些丝毫不加修饰地展现出来的优秀品质，在未来的年代里仍将是弥足珍贵的。（亨利·斯蒂尔·康马杰）

作者生平

1706年1月17日，本杰明·富兰克林出生在波士顿，他的一生在多个领域创造了非凡成就，实为历史所罕见。在数学方面，他创造了8次幻方和16次幻方，至今尚为学者称道；在热学方面，他改良了取暖的炉子，可以节省四分之三的燃料，被称为“富兰克林炉”；在光学方面，他发明了老年人用的双焦距眼镜；他还做过风和海潮的实验，绘制海流图，也能让闪电俯首听命。

富兰克林不仅是一位优秀的科学家，而且还是一位杰出的社会活动家。从1757到1775年他几次作为北美殖民地代表到英国谈判。独立战争爆发后，他参加了第二届大陆会议和《独立宣言》的起草工作。1776年，已经70岁高龄的富兰克林又远涉重洋出使法国，赢得了法国和欧洲人民对北美独立战争的支援。1787年，他积极参加制定美国宪法的工作，并组织反对奴役黑人的运动。这位波士顿肥皂制造商的儿子，以他的智慧和勤奋，在科学上和政治上都取得了令人瞩目的成就，赢得了世人的敬意。

1790年4月17日夜里11点，富兰克林溘然逝去。4月21日，费城人民为他举行了葬礼，两万人参加了出殡仪式，并为他的逝世服丧一个月以示哀悼。虽然他的墓碑上只刻着“印刷工富兰克林”，但是他光辉的一生却永远留在后人心中。

◆第一部被译成中文的美国小说
◆美国南北战争的导火线之一
◆美国历史上里程碑式的 32 本书之一

《汤姆叔叔的小屋》

一百多年来，近代西方史学家都将《汤姆叔叔的小屋》一书看做是美国南北战争的导火线之一。林肯总统后来接见斯陀夫人时戏谑地称她是“写了一本书，酿成了一场大战的小妇人”，这一句玩笑话充分反映了《汤姆叔叔的小屋》这部长篇小说的巨大影响。

1832 年，斯陀夫人随家迁往距南部蓄奴州（肯塔基州）一河之遥的辛辛那提市，在那里住了 18 年。在这期间，她经常接触从南方逃亡过河的奴隶，并多次到肯塔基州访问，亲眼目睹了无数黑奴在奴隶主的残酷迫害和压迫下的悲惨遭遇以及他们不堪忍受压迫而进行的斗争，这为她以后创作《汤姆叔叔的小屋》奠定了坚实的基础。1850 年，国会为了缓和蓄奴制在南方引起的地区性矛盾，通过了《逃亡奴隶法案》，允许南方奴隶主到北方自由州追捕逃亡的奴隶，结果引起了北方进步人士的强烈愤慨。这时，斯陀夫人出于对黑奴命运的同情和对迫害黑奴行为的义愤，决定用笔来揭露蓄奴制的落后与反动。

1851 年，斯陀夫人在丈夫体弱多病、家境极其贫寒的情况下写成其生平最有影响的作品《汤姆叔叔的小屋》。该书通过对汤姆叔叔、乔治夫妇等黑奴们曲折经历的描述，揭发和控诉了黑暗的奴隶制度，说明了汤姆的死是所有未觉醒的落后奴隶的必然命运，告诉人们：要想摆脱这种命运，就必须选择乔治夫妇的道路——奋起抗争、自我拯救、自我解放、做自己命运的主人。小说首先以连载的形式在《民族时代》报纸上发表，立即引起了强烈的反响，受到了读者热烈的欢迎，仅第一年就在美国国内印了一百多版，销了三十多万册。评论界认为该书在启发民众的反奴隶制情绪上起了重大作用，被视为美国内战的起因之一。

《汤姆叔叔的小屋》是享有盛誉的世界文学名著，自问世至今已一个半世纪，但今天读来依然那么发人深思、催人泪下，足见作品的深刻内涵和艺术魅力。

发动一场战争的小说

时势造英雄，也造就震撼人心的杰作。美国独立战争以后，北部的资本主义迅速发展，南部却依然实行灭绝人性的奴隶制度。反对蓄奴还是拥护蓄奴，形成了尖锐的南北对立。这时候，斯陀夫人的长篇小说《汤姆叔叔的小屋》应运而生了。

《汤姆叔叔的小屋》又译做《黑奴吁天录》，故事从一个奴隶主与一个奴隶贩子的讨价还价开始。美国肯塔基州的奴隶主谢尔贝在股票市场上投机失败，为了还债，决定把两个奴隶卖掉。一个是汤姆，他是在谢尔贝的种植场出生的，童年时就当伺候主人的小家奴，颇得主人欢心，成年后当上了家奴总管，忠心耿耿，全身心维护主人利益。另一个要被卖掉的奴隶是黑白混血女奴伊丽莎的儿子哈利，伊丽莎不是一个俯首帖耳死心塌地听任主人摆布的奴隶，当她偶然听到主人要卖掉汤姆和自己的儿子哈利后，就连夜带着儿子在奴隶贩子的追捕下跳下浮冰密布的俄亥俄河，逃到自由州，再往加拿大逃奔。她丈夫乔治·哈里斯是附近种植场的奴隶，也伺机逃跑，与妻子会合，他们带着孩子，历经艰险，终于在废奴派组织的帮助下，成功地抵达加拿大。

汤姆却是另一种遭遇。他知道并支持伊丽莎逃走，但是他自己没有逃跑。由于他从小就被奴隶主灌输敬畏上帝、逆来顺受、忠于主人这类的基督教说教，对主人要卖他抵债，也没有怨言，甘愿听从主人摆布。他被转卖到新奥尔良，成了奴隶贩子海利的奴隶。在一次溺水事故中，汤姆救了一个奴隶主的小女儿伊娃的命，孩子的父亲圣·克莱从海利手中将汤姆买过来。汤姆当了家仆，为主人家赶马车，并和小女孩建立了感情。不久小女孩突然病死，圣·克莱根据小女儿生前愿望，决定将汤姆和其他黑奴解放。可是当还没有来得及办妥解放黑奴的法律手续时，圣·克莱在一次意外事故中被人杀死。圣·克莱的妻子没有解放汤姆和其他黑奴，而是将他们送到黑奴拍卖市场。从此，汤姆落到了一个极端凶残的“红河”种植场奴隶主雷格里手中。雷格里把黑奴当做“会说话的牲口”，任意鞭打，滥用私刑。汤姆忍受着这非人的折磨，仍然没有想到要为自己找一条生路，而是默默地奉行着做一个正直人的原则。这个种植场的两个女奴为了求生，决定逃跑，她们躲藏起来。雷格里怀疑汤姆帮助她们逃走，把汤姆捆绑起来，鞭打得皮开肉绽，死去活来。但是汤姆最后表现出了他对奴隶主的反抗，什么都没有说。

世界上有这样一些有福的人：他们把自己的痛苦化做他人的幸福；他们挥泪埋葬了自己在尘世间的希望，它却变成了种子，长出鲜花和香膏，为孤苦伶仃的苦命人医治创伤。

在汤姆奄奄一息的时候，他过去的主人、第一次卖掉他的奴隶主谢尔贝的儿子乔治·谢尔贝赶来赎买汤姆，因为汤姆是小谢尔贝儿时的仆人和玩伴，但是汤姆已经无法接受他过去的小主人的迟来的援手，遍体鳞伤地离开了人世。乔治·谢尔贝狠狠地一拳把雷格里打翻在地，就地埋葬了汤姆。回到家乡肯塔基后，小谢尔贝就以汤姆叔叔的名义解放了他名下的所有黑奴，并对他们说："每当你们看见汤姆叔叔的小屋时，就应该联想起你们的自由。"

《汤姆叔叔的小屋》既描写了不同表现和性格的黑奴，也描写了不同类型的奴隶主嘴脸。它着力刻画了接受奴隶主灌输的基督教精神、逆来顺受型的黑奴汤姆；也塑造了不甘心让奴隶主决定自己生死的具有反抗精神的黑奴，如伊丽莎和她的丈夫乔治·哈里斯。同时，也揭示了各种类型的奴隶主的内心世界和奴隶主不完全相同的表现。这本书通过对汤姆和乔治·哈里斯夫妇这两种不同性格黑奴的描述，告诉读者：逆来顺受、听从奴隶主摆布的汤姆难逃死亡的命运，而敢于反抗敢于斗争的乔治夫妇得到了新生。因此，《汤姆叔叔的小屋》对社会发展起到了积极作用，特别是对美国废奴运动和美国内战中以林肯为代表的正义一方获得胜利，产生了巨大的作用。作为一本文学作品，美国著名诗人亨利·朗费罗说它是"文学史上最伟大的胜利"。（佚　名）

任何管理制度都难免有严厉的地方，一般规则不见得对具体问题个个都适用。

黑奴的血与泪

《汤姆叔叔的小屋》是斯陀夫人的一部现实主义杰作，这部小说布局独具匠心，采用穿插轮叙的方式，沿着两条平行线索描述了两种黑奴不同的遭遇，塑造了忠诚友善但逆来顺受的汤姆和勇于抗争的伊丽莎夫妇等典型形象，并通过人物和场景描绘显示了一个时期的美国社会生活面貌。主人公汤姆善良、能干，他身为奴隶，备受磨难，仍虔诚地信奉宗教，相信上帝掌握着人们的言行，主宰着人们的命运，富有早期清教徒的牺牲精神。他虽渴望自由，但由于不愿因为自己而连累其他奴隶和善良的主人，几次放弃逃跑的机会，最后为掩护两个女奴，惨死在奴隶主鞭下。作者在这条主线上倾注了她所有的同情和义愤，并运用广博的社会知识，尤其是南部奴隶社会的种种生活细节，使小说人物形象丰满，情节引人入胜。与此平行的另一线索，描写乔治、伊丽莎夫妇机智、勇敢地与奴隶主和人贩子作斗争，终于挣脱锁链，获得自由。由于这条线索较多地来自于作者的理想以及对奴隶解放问题的认识，因而人物形象略显单薄，但它却如黑暗王国里的一线曙光，为奴隶解放指出了一条光明的出路。

人物性格的个性化和现实主义的细节真实，使小说透出“真”与“美”的魅力。小说中除上述人物之外，还有黑奴孤儿托普西，她在恶劣环境里形成了含有狡黠的机智，带有报复意味的反抗的人格特征；整日侈谈“人道主义”的人贩子海利那奸诈无耻的嘴脸；奴隶主雷格里的惨无人道；一心想用贵族教育感召奴隶的奥菲莉亚小姐……都具有鲜明的个性，构成了色彩瑰丽的人物画廊。斯陀夫人通过文学的手段，将当时司空见惯的虐待黑奴的种种骇人听闻的罪行，集中地真实地形象地再现了出来。

作者在故事叙述中，间有直接议论、抒情，造成发人深思、引人共鸣的艺术效果。亨利·詹姆斯说此书是“搅动表面的艺术”，它“顿时引起一场骚动”，“宣告一个特殊时代来临”。小说的发表如一声霹雳，震撼了整个美国社会，激化了南北两方矛盾，激发了以废除蓄奴制为口号的美国南北战争。1851 年，《汤姆叔叔的小屋》终于写成，1852 年出版后立即产生了“爆炸”效应，一年内就发行了 30 万册。它震撼了美国社会，激起了人们对惨无人道的奴隶制的极大公愤。它问世后，在美国引起了巨大的反响，后来被译成了几十种文字，在世界上广为流传，对社会的发展起到了积极的作用，特别是对美国废奴运动和美国内战中以林肯为代表的正义一方获得胜利，产生了巨大的作用。

《汤姆叔叔的小屋》不仅在美国风靡一时，而且很快被译成几十种文字，在世界各国广为流传，引起了空前热烈的反响。根据小说改编的剧本，在世界各地连年演出；据此拍摄的电影多达 10 部，对亚非拉被压迫民族的觉醒产生了积极的影响。1901 年，我国清末古文大师林琴南先生流着泪将这部小说译成中文，取名叫《黑奴吁天录》出版，一时销路颇广。1907 年 6 月，我国戏剧团体春柳社在东京改编并演出了《黑奴吁天录》，这是我国编创的第一个完整的话剧剧目。《汤姆叔叔的小屋》是时代的产物，又反过来推动了时代的发展，它确实是一部不朽的名作。（佚　名）

作者生平

哈丽叶特·伊丽莎白·比彻·斯陀夫人 1811 年生于美国康涅狄格州，父亲是牧师。1832 年她随父亲迁往辛辛那提市担任教员，这座城市与南部蓄奴州仅一河之隔。他们一家曾积极参与援助逃亡奴隶的活动。斯陀夫人对黑人奴隶的遭遇十分同情，对奴隶制深恶痛绝。1852 年，她创作了揭示美国南部种植园奴隶制的残暴和黑奴的痛苦的长篇小说《汤姆叔叔的小屋》。1856 年根据黑奴起义领袖德雷德·司各特的事迹创作了另一部长篇小说《德雷德，阴暗的大沼地的故事》。此外，斯陀夫人还发表过一些描写新英格兰风土人情的小说，如《奥尔岛上的明珠》、《老镇上的人们》等。

◆19 世纪卓越的政治小说
◆19 世纪欧洲文学史中第一部批判现实主义杰作
◆一首“灵魂的哲学诗”

《红与黑》

司汤达生前默默无闻，作品不被世人理解，而在死后却因其在作品中对他的时代的深刻表现和对人物心理的揭示而被公认为 19 世纪法国最有个性的作家之一。司汤达的著作不多，《红与黑》毫无疑问是其中最有魅力的作品。

批判现实主义文学是 19 世纪法国文学的最杰出成就，这一时期涌现出的巴尔扎克、福楼拜、梅里美是其优秀代表，而司汤达则因在小说中对人的内心世界的出色描写而被称为“现代小说之父”。他生前默默无闻，作品不被世人理解，而在死后却被公认为 19 世纪法国最有个性的作家。

司汤达的著作不多，《红与黑》毫无疑问是其中最有魅力的。小说通过描写主人公于连个人奋斗的经历，展现了当时的时代风云和社会现实。该书自 1831 年问世以来，赢得了世界各国一代又一代读者的心，特别为年轻人所喜爱。作品所塑造的“少年野心家”于连是一个具有高度典型意义的人物形象，已成为个人奋斗的野心家的代名词。司汤达是心理描写大师，他善于在情节中用细致入微的笔法，并结合独白和联想的笔法来挖掘人物的心理活动，这种新颖的写法，开创了欧美现代派文学意识流小说的先河。

《红与黑》之所以如此经久不衰，并非只因为该作品体现出的政治和社会意义，书中主人公于连充满着无限矛盾与反差的各种思想和行为，足以让每位读者看得目瞪口呆却又如痴如醉，足以让每一位研究者分析成千上万次。一百多年来，《红与黑》被译成多种文字广为流传，并被多次改编为戏剧、电影，主人公于连也成了世界人民熟知的一个名字。即使在今天，《红与黑》仍被公认为是世界文学史上描写政治黑暗最经典的著作之一，被誉为欧洲文学皇冠上的一颗最为璀璨精致的艺术宝石。

法国批判现实主义文学的奠基之作

司汤达的长篇小说《红与黑》是奠定其在文学史上重要地位的巨著，这部小说一直是读者和文学评论界关注的一个焦点。司汤达在这部小说中成功地塑造了主人公于连的形象，使他笔下的这个人物成为时代精神的高度概括，深刻地反映着法国社会新旧交替时期的观念更新，显示出司汤达作为一位现实主义作家所具有的深刻性。

1827年，司汤达在《法院公报》上看到了一个名叫贝尔德的青年家庭教师开枪射击自己女主人的情杀案件的详细报道。不久，他就在这个素材的基础上加工改编，构成了巨著《红与黑》的基本情节。

《红与黑》起初的标题为《于连》，1830年定名为《红与黑》，并有副标题：1830年纪事。小说标题的“红”，是指红色军装，代表了拿破仑时代；“黑”指教士的黑袍，象征了教会恶势力猖獗的复辟时期。故事发生在复辟时期。主人公于连虽然只是一个小业主的儿子，但有着出人头地的决心。他从小就崇拜拿破仑，然而生不逢时，无法凭其才华立功疆场而获得远大的前程。

在复辟时期，做教士是平民走入上层社会的唯一途径。于连根本不相信上帝，但是为了摆脱卑微的地位，他开始发奋攻读神学。他首先跟随本地西朗神甫学会了拉丁文，并把拉丁文《圣经》背得滚瓜烂熟。凭着这点儿本领，于连得到神甫的信任，被推荐到维立叶尔城的市长德·瑞那先生家当家庭教师。不久他与市长夫人发生了暧昧的关系，事情败露后被迫离开市长家。之后于连又由西朗神甫介绍，到贝桑松神学院学习。在这里，他投靠了神学院院长彼拉神甫，卷入了教会内部的宗派斗争。彼拉神甫受教会特务组织耶稣会排挤而离开神学院时，把于连介绍给巴黎极端保王党的重要人物德·那·木尔侯爵当私人秘书。于连的聪明才干很快又深得侯爵的赏识，并且他在侯爵策划的政治阴谋中充当了忠实的工具。与此同时，他与侯爵的女儿玛特尔又有了私情。玛特尔怀孕后，侯爵不得不承认既成事实，准备给他一块地产使他成为贵族。正当于连踌躇满志之时，由教会特务一手策划的告密信揭发了从前他和市长夫人的不正当关系，使他的飞黄腾达毁于一旦。他气愤之下开枪打伤被教会特务逼迫写了那封告密信的市长夫人，最后

我并不请求你们的宽恕，我已没有任何幻想，死亡在等着我。它是公正的，我有罪，我企图杀死值得尊敬和钦佩的女人。德·瑞那太太一直像母亲一样待我。我的罪是残暴的，而且是蓄谋已久的。因此我是应该获得死罪的。

被捕入狱并被判处死刑。

《红与黑》整部小说描述的是主人公于连的个人奋斗史，作者司汤达对他表现出充分的同情。以此为主线，司汤达广泛地表现了波旁王朝后期从外省到巴黎的尖锐的阶级斗争，赋予小说更深刻的社会意义，使《红与黑》成为一部反映复辟与反复辟斗争的历史的书。小说发表后，当时的社会流传“不读《红与黑》，就无法在政界混”的谚语，许多国家将其列为禁书。

无疑，《红与黑》是一部充满着魅力的作品。小说将19世纪上半叶法国风起云涌的各方斗争和矛盾都展现得淋漓尽致，贵族、大小资产阶级、教会人士一个个粉墨登场，潜伏在表象下的实力的交战刻画了当时整个社会的腐朽和虚伪，成为法国批判现实主义文学的奠基之作。然而1831年《红与黑》出版发行，却立即遭到文学界的讥讽。当时法国大名鼎鼎的作家兼批评家福楼拜说：“依我看来，这部作品写得很坏，无论在性格或者构思方面都是不大容易理解的。”大文豪雨果则十分轻鄙地评论道：“我试着读了一下，但是不能勉强读到四页以上。”

当时的文学家们虽然承认司汤达富有才智，有时也写出了一些有趣的短评，但普遍认为他不大可能写什么长篇小说，因为他缺乏写长篇的想象力，更没有幻想与趣味。面对自己的作品受到的冷遇甚至攻击，司汤达说：“三十年后人们将要读我的作品。”事实正如司汤达的预言，经过时间的淘洗，他的《红与黑》这部经典之作的金子般耀眼的光泽逐渐为人们所“发现”了，被视为最具法国现代气质的著作，受到世界各地读者的喜爱。（佚　名）

小说好比沿途搬运的镜子，而展现在诸位面前的，有时是蓝天，有时是泥泞。然而，背负这面镜子的人，却遭受不道德的谴责。

《红与黑》的魅力

小说《红与黑》出版至今已有近二百年的历史了，为什么在这风云变幻的一个多世纪中仍可以经久不衰？原因在于小说不仅十分成功地塑造了于连这个极富时代色彩，又具有鲜明个性的艺术形象，而且通过主人公的经历，展示了法国复辟王朝时期广阔的时代画卷，触及到当时许多尖锐的社会问题。

小说《红与黑》的主人公于连一生的经历和遭遇反映了当时广大小资产阶级青年的普遍命运。他生性聪颖、高傲、热情、坚毅，但又自私、多疑。在僧侣贵族当政、门阀制度森严的封建社会，因出身平民而备受歧视。这种受压迫的地位使他滋生了对现实的不满情绪：启蒙思想和拿破仑的影响，培养了他的反叛性格。他立志要像拿破仑那样靠个人才智建立功勋，飞黄腾达。但是在复辟时期，拿破仑式的晋升之道已被贵族阶层堵死了，想要出人头地，必须要另寻出路。

就在这样的社会底层，在岩石底下，一株小树弯弯曲曲地生长。于连为了博取贵族的赏识，明知毫无价值，却还把拉丁文的《圣经》背得滚瓜烂熟。他那惊人的背诵能力让他跨进了维立叶尔市长家，当起家庭教师来。在那段时期，他与德·瑞那夫人发生了暧昧关系，大部分是为了反抗和报复贵族阶级对他的凌辱。但是，纸醉金迷、利欲熏心的上流社会也腐蚀了于连的灵魂，助长了他向上爬的欲望和野心。

于连进入阴森恐怖的神学院后，亲眼目睹了钩心斗角、尔虞我诈的丑恶内幕，于是他便要起了两面派手法，这种表里不一的行为居然得到了院长的青睐和宠幸。神学院的生活进一步扭曲了于连的性格，强化了他向上爬的野心和虚伪的作风。于连给木尔侯爵当私人秘书后虽然还不时流露出平民阶级的思想意识，但在受到侯爵重用，征服玛特尔小姐后，于连的“平民阶级叛逆心”已消失。他成了复辟王朝的忠实走卒。正当于连一步步走向他所向往的“光明”时，因枪击德·瑞那夫人而彻底断送了自己的前程，把自己送上了断头台。

作为一部优秀的批判现实主义小说，《红与黑》并没有从概念出发，将主人公于连图解成一个追求功利的符号。相反，作者却给予了他深切的同情，通过人对欲念的执著追求与追求不到的痛苦来批判那个时代特定的社会现实，这也是《红与黑》流传至今魅力长存的原因。（郭宏安）

作者生平

司汤达本名马利-亨利·贝尔，1783 年 1 月 23 日生于格勒诺布尔城一个资产阶级家庭。早年丧母，父亲是一个律师，信仰宗教，思想保守。司汤达从小深受家庭的压制和束缚，而他唯一敬爱的外祖父则是一位启蒙思想的信仰者，在他的影响下，司汤达对启蒙思想和文学有着浓厚的兴趣，并阅读了法国启蒙思想家的作品，对卢梭尤其崇拜。他从 1822 年开始发表文章对法国社会进行剖析，后来结集出版《英国通讯集》。1822 年至 1823 年，他先后出版了心理分析论著《论爱情》和音乐家评传《罗西尼传》。1827 年，他的第一部小说《阿尔芒斯》问世。在积累了丰富的社会经验和创作经验后，司汤达于 1829 年开始写作长篇小说《红与黑》，并于 1831 年出版。

司汤达的一生并不长，不到六十年，而且他在文学上起步很晚，三十几岁才开始发表作品。然而，他却给人类留下了巨大的精神遗产：数部长篇，几十个短篇，数百万字的论文、随笔和散文、游记。1842 年，司汤达因中风去世，被安葬在蒙马尔特公墓。

◆中国古今第一奇书

◆中国封建社会的百科全书

◆中国四大名著之一

《红楼梦》

“开谈不说《红楼梦》，读尽诗书也枉然”，《红楼梦》是一本不读就是人生极大遗憾的书，是一本常读常新的书，是一本从任何角度和眼光去读都可以有所得的书。

《红楼梦》是中国古典小说的集大成之作，自从付梓问世后，便在民间广为流传，获得了各个时代读者的喜爱，具有历久不衰的艺术魅力。作者曹雪芹把经学、史学、诸子哲学、散文骈文、诗赋词曲、平话戏文、绘画书法、八股对联、诗谜酒令、佛教道教、星相医卜、礼节仪式、饮食服装以及各种风土人情等包罗万象地安插在《红楼梦》里，其结构庞大，人物众多，是古今中外文学著作中罕见的。

《红楼梦》是中国古今第一奇书，被誉为“中国古典小说的‘金字塔’”，风行后其评论之盛在中国文学史上也是空前绝后的，迄今为止，研究《红楼梦》的著述已超过一千多万字，是《红楼梦》本身的10倍多。国外学者把“红学”与“甲骨学”、“敦煌学”一起列为关于中国的三门世界性的“显学”，国内则把“红学”与“易经”一起称为两门“玄学”，甚至有学者认为“在中国够得上专学之格的，仅一部红学而已”。中国文学作品中，《红楼梦》是不可超越的，其作者曹雪芹的名字则已被选入大英百科全书世界名人录。

在历史的长河中，《红楼梦》俨然成为中国古典文学创作的巅峰之作。它犹如一面明镜，映照出封建社会的世俗风情、人间冷暖的点点滴滴，耐人寻味，让人百读不厌。可以这么说，品读《红楼梦》，实际上是与五千年中华文化打交道。据不完全统计，《红楼梦》迄今已有六十多种译本，在世界各国发行，在国外形成这样的看法：不了解《红楼梦》，就几乎等于不了解中国的文化和社会。这部世界文学第一流的珍品，获得世界各国人民的欣赏和赞扬。

十年辛苦不寻常

《红楼梦》是清代小说家曹雪芹呕心沥血的一部著作。通过《红楼梦》，可以了解康乾盛世时期以及上溯明清时期的面貌，对研究中国社会、文学发展有着重要的意义。作者曹雪芹继承和发扬了古典小说的优秀传统，把高度的思想性和艺术性完美地结合起来，使《红楼梦》达到了我国古典小说现实主义艺术的高峰。在中国文学史上，乃至世界文学史上都是罕见的。

《红楼梦》是一部天才的，又是精心构撰的巨作。“字字看来皆是血，十年辛苦不寻常”，在艺术上，它达到了中国小说前所未有的成就。这部小说规模宏大、结构新颖而奇巧、首尾连贯、浑然一体。它是章回体小说完美、成熟的标志。全书是以贾、史、王、薛四大家族为背景，以宝黛争取爱情自由、婚姻自由和个性解放的思想同封建制度、封建礼教之间的矛盾为线索，以宝黛最后对封建制度和封建礼教的彻底背叛和爱情的悲剧结局而告终。

贾宝玉、林黛玉、薛宝钗三人的感情和婚姻纠葛，是小说的中心线索，由此扩展，大观园是小说人物活动的主要场所，贾宝玉与林、薛及园中其他诸多女性的命运，是小说的基本内容。大观园作为贾府的一部分，这里发生的一切，又与整个贾府即宁国府、荣国府的种种活动密切联系，贾府由盛到衰的过程，以及贾府中复杂的家族矛盾、贾府中其他人物的命运，同样是小说的基本内容，且贾府中的男性与大观园这一女性世界具有对照意味。而贾家与薛家、史家、王家的所谓“四大家族”又构成了一个社会阶层。虽然除薛家外，其余两家在小说中很少出现，但这种以贾家为主、薛家为辅，带及史、王两家的结构方法，足以反映出这一特殊阶层的面貌；再由此扩展，以贾家为主、薛家为辅的贵族世家，又与外界发生广泛的牵连，上至皇宫，下至市巷乡野，时近时远地反映出整个社会的状况。在这一切之上，又有一个隐隐绰绰的虚幻的神话世界，它不断暗示着“红楼梦”的宿命，使小说始终在花团锦簇的景象中透着幽凄的气息。

《红楼梦》在艺术上也取得了辉煌的成就。作者善于通过日常生活细节和各种生活事件，多方面刻画人物性格，全书描写了不同阶级和阶层、不同年龄和性别、不同姿容和性格的几百个人物，贾宝玉、林黛玉、史湘云、尤三姐、晴雯、王熙凤、薛宝钗等人

两弯似蹙非蹙罥烟眉，一双似泣非泣含露目。态生两靥之愁，娇袭一身之病，泪光点点，娇喘微微。闲静时如姣花照水，行动处似弱柳扶风。心较比干多一窍，病如西子胜三分。

物无不个性鲜明，跃然纸上。《红楼梦》最值得称道的，是人物形象的塑造，而在这方面同样表现出写实的特征。《红楼梦》中的人物形象，具有鲜明的艺术特色，可以排列成一条很长的五光十色的人物画廊。

作者对于他笔下的人物，当然是有喜有憎，但他完全避免了肤浅的夸张和概念化的涂饰，而以深入的体察和天赋的灵感为凭借，表现出人性的丰富蕴涵及其在不同生活状态中的复杂情形。在八十回的篇幅中，有上百个来自社会不同阶层、具有不同文化背景的人物在活动，而无不具有一种个性、具有一种特别的精神光彩。此外，小说的语言优美生动，它的叙事文字既是成熟的白话，又简洁而略显文雅，或明朗或暗示，描写人情物象准确生动；它的对话部分尤能切合人物的身份、教养、性格以及特定场合中的心情，活灵活现，使读者似闻其声、似见其人，显示了我国古典文学语言的最高成就。

另外，《红楼梦》行文中还杂有不少诗、词、曲、骈文，这是中国古代小说的一种传统。在《红楼梦》中，这一形式的运用，与小说的情节以及贵族生活的气氛结合得比较密切；诗词之类的质量也比较高，显示了作者的古典文化修养。（佚　名）

冤冤相报实非轻，分离聚合皆前定。欲知命短问前生，老来富贵也真侥幸。看破的，遁入空门，痴迷的，枉送了性命。好一似食尽鸟投林，落了片白茫茫大地真干净！

我们应该怎样读《红楼梦》

《红楼梦》在中国小说中是一部空前伟大的作品，它高度的艺术性久已被一百多年来的每一个读者肯定了。但它的伟大不仅仅在于它的结构的庞大严整，人物的典型生动，语言的流利传神等艺术方面的成就上，更重要的，是在于它有着决定这些艺术性成功的高度思想性。它是以一个爱情悲剧为线索来写出一个封建大家庭的由盛到衰的经过，从而真实地刻画了封建家庭、封建制度的黑暗和罪恶，成为反映封建社会的一面最忠实的镜子，成为中国古典文学中现实主义的巨著。

《红楼梦》是一部空前伟大的小说固当之无愧，但读《红楼梦》却并不是一件简单的事。因为它的真假虚实，轻重隐显，变化多端，使我们不容易抓住，而且稍一疏忽，就会步入迷途，误解到作者原意的反面去。

《红楼梦》的作者曹雪芹出身于富贵百年的满洲正白旗的家庭，因此他的思想就不可能完全是进步的，总要打上他本阶级的烙印。他的思想是进步的与落后的、革命的与封建的纠缠在一起，自相矛盾着。这种矛盾就使他虽然处处刻画了封建大家庭的罪恶，但对这大家庭的崩溃又每每流露了伤悼与追怀。这种既痛恨又追怀的矛盾思想，就形成了既暴露又掩饰的曲折的笔法。作者不让我们痛快地知道，却又使我们可以感觉到，凡这些地方都是微词曲笔。形成这种微词曲笔的原因，除作者自己的思想有着矛盾以外，还有许多不得已的缘故：《红楼梦》真实地反映了封建家庭、封建社会的黑暗，作者虽然不曾完全背叛了那个阶级，却已大大开罪了那个阶级，就难免成为众矢之的，小则“百口嘲谤，万目睚眦”，大则指为挟私报怨，有所影射，况且作者生于清雍正初年，雍正即位，大诛异己，而曹家所依附的皇族正好是雍正的冤家对头，于是被弄到抄家罢职。当时曹家处境的狼狈恐怖，可想而知，作者自不能畅所欲言，只好采取了迂回的方式，说一半留一半了。

不但如此，这种微词曲笔还有它本身的意义，就是艺术上的处理问题。《红楼梦》把大观园、十二钗表面上写得那么漂亮、美丽，自有它的必然的因素。他有这么写的必要。它透过封建家庭的表面的繁华和尊严的礼法来反映这腐朽淫靡行将崩溃的真实情况。这样写来才能使人了解封建家庭的本质，而不为其表象所迷惑。因此作者不愿意把这丑恶都给表面化了。以色欲而论，假如明显地去写，使人厌恶之有余，回头猛醒则不足。在这方面，《红楼梦》的确超越了以前任何小说。不过，这种迂回的写法在某种程度上未尝不阻碍了读者对《红楼梦》的正确了解。《红楼梦》一百多年来之所以被人曲解、误解，与它本身的隐晦是有关系的。从前人骂它“诲淫”，现在或诋为“黄色书”，的确，也有人发过红迷，掉过红泪。这都为它表面上的现象所迷惑，而不曾看透它的本质之故。用作者自己的话，他在书中屡屡提出“真”“假”的观念。明显地写出来的是假的，相反的，含而不露的才是真的书的本旨。我们读《红楼梦》，假如能够掌握上面的这种看法，自然就不会步入迷途了。（俞平伯）

作者生平

曹雪芹（约1715–约1763或1764），名霑，字梦阮，号雪芹、芹圃、芹溪。曹雪芹的先世本是汉人，后加入满洲旗籍，成了爱新觉罗氏的皇家“包衣”（奴仆）。随清人入关后，逐渐晋升为皇家亲信的官吏，但是在曹雪芹少年时代，继承康熙皇位的雍正皇帝把曹家的第四任织造曹兆从江宁革职抄家，遣回北京。到了乾隆时期，曹家又遭天灾人祸，彻底结束了曹雪芹无忧无虑的贵公子生活。但是这段不同寻常的经历，对他创作《红楼梦》产生了重要的影响。

《红楼梦》前八十回名为《石头记》，是曹雪芹在他生命的最后十年，和着血泪，“批阅十载，增删五次”写成，后终因穷困潦倒，没有最后写完这部著作，便“泪尽而逝”。后来，乾隆时进士高鹗根据原书线索，续写了后四十回，使小说成了一部结构完整的文学巨著。一百二十回本的《红楼梦》问世以后，出现文人雅士“案头必有一本《红楼梦》”的风靡景象。

- ◆哈佛大学教授推荐的最有影响的书
- ◆1985 年美国《生活》杂志评选出的人类有史以来的 20 本最佳图书之一
- ◆不同时代、不同国度的读者不断造访的一块艺术胜地

《悲惨世界》

时间可以湮没小丘和山冈，但湮没不了高峰，人类遗忘的大海湮没了多少 19 世纪的作品，而雨果的作品像群岛一样，傲然挺立在大海之上，露出它们那千姿百态的尖顶。

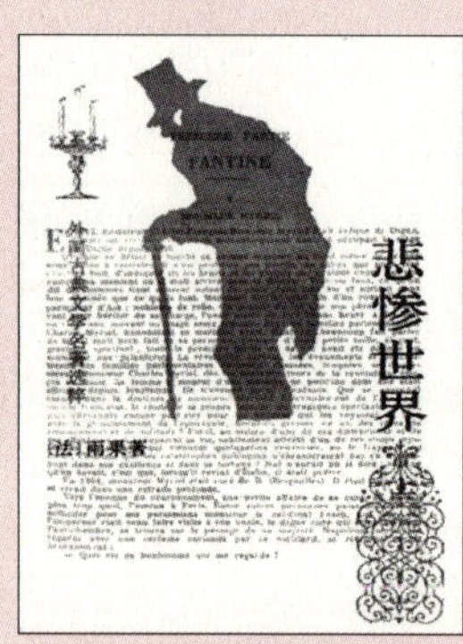

19 世纪的法国文坛人才辈出，群星灿烂，其中有一位与巴尔扎克、左拉并驾齐驱的巨人，以他多产的作品蜚声世界，他就是兼有小说家、诗人、剧作家及政治家多种盛誉的维克多·雨果。雨果是文学史上雄踞时空的王者。在诗歌领域中，他上升到了法兰西民族诗人的辉煌高度，其长达几十年的整个诗歌创作道路都紧密地结合着法兰西民族 19 世纪发展的历史过程，他的诗律为这个民族的每一个脚步打下了永恒的节拍；在小说创作方面，他是唯一能把历史题材与现实题材都处理得有声有色、震撼人心的作家。他的小说中丰富的想象、浓烈的色彩、宏大的画面、雄浑的气势，显示了某种空前的独创性与首屈一指的浪漫才华。在戏剧舞台上，雨果结束了一个时代也开创了一个时代，是他完成了从古典主义戏剧到浪漫主义戏剧的发展。雨果不仅是伟大的文学家，而且是伟大的社会斗士，像他这样作家兼斗士的伟大人物，在世界文学史上寥若晨星，屈指可数。

《悲惨世界》是最能代表雨果的思想艺术风格的作品，小说发行的当天清晨，争相购买的人把书店围得水泄不通，首印的 5 万册书不久告罄，在社会上引起了轰动。就《悲惨世界》在内容上的丰富、深广与复杂而言，它无疑在雨果数量众多的文学作品中居于首位，即使是在 19 世纪文学中，也只有巴尔扎克的巨著《人间喜剧》的整体可与之媲美。这部小说多次被拍成电影，在世界上广为流传。雨果以他的这部跨越地域、超越时空的经典著作，吸引着全世界的读者，与 21 世纪乃至更为久远的人们心气相通、血脉相连。

人类苦难的“百科全书”

捧读《悲惨世界》，最突出的感觉当是厚重之感。这种厚重之感不是压在手上，而是压在心头，感到的是人类的苦难厚厚而沉重的积淀。不是写苦难深重的书，都能当得起这“厚重”二字。而《悲惨世界》独能当得起，只因这部大书压在作者心头达三十年之久。

历时三十余年，从1828年起构思，到1845年动笔创作，直至1861年才终于写完全书，真是鬼使神差，这在雨果的小说创作中也是绝无仅有的。这部小说的创作动机来自这样一个真实的事件：1801年，一个名叫彼埃尔·莫的穷苦农民，因饥饿偷了一块面包而被判五年苦役，刑满释放后，持黄色身份证讨生活又处处碰壁。到1828年，雨果又开始搜集有关米奥利斯主教及其家庭的资料，酝酿写一个被释放的苦役犯受圣徒式的主教感化而弃恶从善的故事。在1829年至1830年间，他还大量搜集有关黑玻璃制造业的材料，这便是冉阿让到海滨蒙特伊，化名为马德兰先生，从苦役犯变成企业家，开办工厂并发迹的由来。此外，他还参观了布雷斯特和土伦的苦役犯监狱，在街头目睹了类似芳汀受辱的场面。到了1832年，这部小说的构思已相当明确，但是雨果当时写了许多小说、诗歌与戏剧，唯独没有动手写压在他心头的这部作品。直到1845年11月，雨果才终于开始创作，同时还继续增加材料，丰富内容，顺利写完第一部，定名为《苦难》，书稿已写出将近五分之四，不料雨果又卷入政治旋涡，于1848年2月21日停止创作，一搁置又是12年。《苦难》一书遭逢苦难的命运，在“胎儿”中也要随作者流亡了。

如果说1830年，在剧本《欧那尼》演出所发生的那场斗争中，雨果接受了文学洗礼，那么1848年革命，以及1852年他被“小拿破仑”政府驱逐而开始的流亡，则是他的社会洗礼。流亡，不仅意味着离开祖国，而且离开所有的一切，包括文坛领袖的头衔、参议员的地位等；流亡，不仅意味着同他的本阶级决裂，而且也同他所信奉的价值观念、文学主张决裂；流亡，给了他一个孤独者的自由：从此他再也无所顾忌了，不再顾忌社会、法律、权威、信仰，也不再顾忌虚假的民主、人权和公民权，甚至不再顾虑自己的成功形象和艺术追求。流亡，把他置于这一切之外，给他一个大解脱，给他取消了一切禁区，从而也就给了他全方位的活动空间，使他达到历史、现实和未来所有视听

有思想的人很少用这样的短语：幸福的人和不幸的人。人类的真正区分是这样的：光明中的人和黑暗中的人。

的声音。

雨果在盖纳西岛过流亡生活期间，就是从这种全方位的目光、全方位的思想，重新审视一切，反思一切。在此基础上，他不仅对《苦难》手稿作了重大修改和调整，还大量增添新内容，终于续写完全书，定名为《悲惨世界》。整部作品焕然一新，似乎随同作者接受了洗礼，换了个灵魂。这是悲惨世界熔炼出来的灵魂，它无所不在，绝不代表哪个阶层、哪些党派，也不代表哪部分人，而是以天公地道、人性良心的名义，反对世间一切扭曲和剖割人的生存的东西，不管是多么神圣的、多么合法的东西。

世间的一切不幸，雨果统称为苦难。因饥饿偷面包而成为苦役犯的冉阿让、因穷困堕落为娼妓的芳汀、童年受苦的珂赛特、老年生活无计的马伯夫、巴黎流浪儿伽弗洛什，以及甘为司法鹰犬而最终投河的沙威、沿着邪恶的道路走向毁灭的德纳第，这些全是有代表性的人物，他们所经受的苦难，无论是物质的贫困还是精神的堕落，全是社会的原因造成的。雨果作为人类生存状况和命运的思考者，能够全方位地考察这些因果关系，以未来的名义去批判社会的历史和现状，以人类生存的名义去批判一切异己力量，从而表现了人类历史发展中的永恒性矛盾。正是在这个意义上，《悲惨世界》可以称做人类苦难的“百科全书”。

1862年7月初，雨果的《悲惨世界》一书刚出版，就获得巨大成功，人们如饥似渴地阅读，都被一种不可抗拒的力量所征服了。持否定态度的人则从反面证实这部作品的特殊分量。时间和历史作出了判断，《悲惨世界》作为人类思想产生的一部伟大作品，已为全世界所接受，作为文学巨著的一个丰碑，也在世界文学宝库中占有无可争议的不朽地位。（李玉民）

世间有一种比海洋更广大的景象，那便是天空，有一种比天空更辽阔的景象，那便是人的胸怀。

一部动人的史诗

从生前到20世纪，雨果经历了各种新思潮的冲击，任何曾强劲一时的思潮与流派均未能动摇雨果岿然不动的地位，一个多世纪漫长的时序也未能削弱雨果的辉煌。《悲惨世界》既是雨果思想的总结，更是19世纪的历史发展和社会现实生活的产物，全书通过对冉阿让一生传奇经历的描绘，刻画了从拿破仑滑铁卢失败到反对七月王朝的人民起义这一历史阶段，描绘了一幅规模庞大的社会和政治生活的图画。

《悲惨世界》这部作品的思想意义主要体现在对资本主义社会制度和法律的深刻批判，从中可以看出作者雨果对新兴的资产阶级制度有非常深刻的认识，能够看透资本主义社会的本质。这部作品另一个思想意义就是对下层苦难的劳动人民的同情。这种思想贯穿整个作品，使之成为一部感情充沛、正义感强烈的书，也正是这一点才吸引了不同时代、不同国度的广大读者。

雨果的《悲惨世界》一书为我们展示了整整半个世纪的法国历史的宏伟画卷，真实地描绘了漫长历史过程中广阔的社会生活画面，塑造了冉阿让、沙威、芳汀、珂赛特等那个时代、那个阶层最为丰满、最具活力的形象，而这一个个栩栩如生的人物又深刻、细腻地再现了当时法国社会的全貌。这一漫长浩大的画轴中每一个场景无不栩栩如生，其细部也真切入微，而画幅的形象又是那么鲜明突出，色彩是那么浓重瑰丽，气势是那么磅礴浩大，堪称文学史上现实主义与浪漫主义结合的典范。难怪有评论家揶揄史学家道："法国巴黎革命时期的历史只要从《悲惨世界》中去寻找就好了，无须再去研究与探讨。"

全书情节曲折跌宕，有舒有缓，有张有弛，读来令人心神俱震，呼吸急促。这一个个出人意料的故事构成了本书伟大的成就之一。雨果的语言有交响乐一般宏伟壮丽的特征，其语言的哲理性吸引着年轻人把他的好句子摘抄在笔记本上。同时，雨果在完成这部时间跨度三十余载的作品时，在重大历史事件的穿插及故事地点的转换上，具备了写实主义作品的特质，而在表现这些充满戏剧化的故事时，雨果无疑又使自己的浪漫主义手法得到了极致的发挥，无愧于文坛巨匠的称号。（佚　名）

作者生平

维克多·雨果 1802 年出生于法国东部的贝桑松省的一个军人家庭，父亲是拿破仑军队的将领，母亲却是一位波旁王朝的忠实拥护者。在这样的政治观点对立的家庭中成长起来的雨果，自然也对政治颇为敏感，但对文学的挚爱使他把一生的精力和时间都贡献给了艺术。1827 年，雨果发表了《克伦威尔》，成为当时一篇反古典主义的檄文和浪漫主义运动的纲领。1830 年，他的《欧那尼》上演成功，彻底击败了古典主义。七月革命后，雨果一度拥护君主立宪制，但 1848 年的革命使他又转向了共和主义。他因反对拿破仑三世而被放逐达 19 年之久，其间完成了长篇名著《悲惨世界》、《海上劳工》、《笑面人》等。

雨果的一生几乎跨越了整个 19 世纪，他经历了当时法国社会的风云变幻，也经历了自身创作风格从古典主义向浪漫主义的转变。在长达六十多年的文学创作生涯中，雨果勤奋创作，留下了诗集、戏剧、小说和散文等诸多珍贵作品。1885 年雨果逝世，法国人民为他举行了国葬，从此他长眠于专门安葬伟人的巴黎先贤祠。

◆魔幻现实主义文学的高峰
◆拉丁美洲社会生活的巨幅画卷
◆20 世纪最杰出的长篇小说之一

《百年孤独》

作为一个赢得广泛赞誉的小说家，加西亚·马尔克斯将现实主义与幻想结合起来，创造了一部风云变幻的哥伦比亚和整个南美大陆的神话般的历史。

在 20 世纪现代主义文学中，盛行于拉丁美洲的魔幻现实主义是盛开于其中的一朵奇葩，它的领军人物加西亚·马尔克斯是哥伦比亚当代最伟大的作家，为确立拉丁美洲文学在世界文坛的重要地位作出了突出贡献，被誉为“继西班牙黄金时代的天才们之后，继巴勃罗·聂鲁达之后最伟大的天才”。马尔克斯有着非凡的想象力，他以锐不可当之势闯入了南美小说领域，并使其摆脱了令人乏味的叙事状物的呆板陈旧模式。《百年孤独》是马尔克斯的代表杰作，也是魔幻现实主义文学的高峰。作品问世后即引起了一场强烈的“文学地震”。1982 年，马尔克斯因在小说中“把幻想和现实融为一体，勾画出一个丰富多彩的想象中的世界，反映了拉丁美洲大陆的生活和斗争”而荣获了诺贝尔文学奖。

《百年孤独》一书近 30 万字，虚构了一个叫做马孔多的小镇，描绘了在这个奇特的地方生活的布恩迪亚家族百年的盛衰史，全书内容庞杂，人物众多，情节曲折离奇，再加上神话故事、宗教典故、民间传说以及作者独创的从未来角度来回忆过去的新颖的倒叙手法，把读者引入了一个不可思议的奇迹和最纯粹的现实相互交错的生活之中。该书出版之后被译成数十种文字出版，印数达 1000 万册。各国文学评论界也不断发表文章评价这部作品，智利诗人聂鲁达称赞它是“继塞万提斯的《堂吉诃德》之后最伟大的西班牙语作品”，美国文学评论家约翰·巴思说它是 20 世纪下半叶“给人印象最深的一部小说”，如今，马尔克斯的《百年孤独》仍旧受到世界各国人民的喜爱。

《百年孤独》与魔幻小说

《百年孤独》虽然正式出版于1967年6月，但早在1965年，便为幸运的拉丁美洲读者所称道了。是年初，当时已经蜚声拉丁美洲文坛的墨西哥著名作家卡洛斯·富恩特斯读到了《百年孤独》一书的前三章原稿。读罢，富恩特斯大为赞赏，欣然提笔，写道："我读完了《百年孤独》前75页手稿，精彩至极……其中，虚构的故事与'实际'的故事、梦幻与现实交织融合，而由于运用了民间传说、杜撰、夸张、神话……马孔多变成了一块世界性的土地，变成了一个缔造者以及他们的兴衰的《圣经》般的故事，变成了一部有关人类保存或毁坏自己的渊源和命运以及梦想和愿望的历史。"数月之后，小说的部分章节便开始在波哥大的《回声》、巴黎的《新大陆》、墨西哥的《对话》、利马的《阿马鲁》等世界各大期刊披露，并立即受到同样的好评，为此书的辉煌前途创造了成功的条件。

1966年初，马尔克斯收到布宜诺斯艾利斯南美出版社一封来信，提议出版他的作品，马尔克斯把他刚撰写完的这部《百年孤独》提供给出版社。1967年6月，《百年孤独》便问世了。小说取得了轰动的效应：第一版于几天之内即告售罄；第二版、第三版以及后来的数版，情况也是如此。在三年半的时间内，小说出售了近50万册；而与此同时，作家以前的作品也一版再版，在西班牙语世界同样取得了异乎寻常的高额印数。批评家几乎毫无例外地一致大加赞扬，于是，这部小说的声誉很快便越过了语言的障碍，传到了外国出版商的耳边，他们竞相购买版权出版。短短的几个月内，便签订了18个翻译出版合同，而最初的几种外文版版本，也获得了种种荣誉：1969年获意大利基安恰诺奖，同年获法国最佳外国作品奖，1970年被美国文学评论家列为12部世界优秀作品之一……这时候，哥伦比亚、拉丁美洲乃至世界文坛，才真正承认了这位已届不惑之年的作家。

《百年孤独》是加西亚·马尔克斯的代表作，作者运用魔幻现实主义手法，通过革命军总司令奥雷良诺·布恩迪亚上校一家七代人的经历，描绘了加勒比海沿岸某国小城镇马孔多从荒漠的沼泽地上兴起到最后被一阵旋风卷走，布恩迪亚家族的最后一代被蚂蚁吃掉，以致完全消亡的一百年历史演变过程。该书描写的历史长、人物多、场面大，

这个家庭的历史是一架周而复始无法停息的机器，是一个转动着的轮子，这只齿轮，要不是轴会逐渐不可避免地磨损的话，会永远旋转下去。

堪称再现拉丁美洲历史社会图景的世界文学巨著。

加西亚·马尔克斯花了18年的时间创作了这部长篇小说，并且在篇名上煞费了一番苦心。“百年”是什么意思？作家说，那是为了表示年代的久远。也就是说，拉丁美洲人民被压迫、被剥削的苦难岁月是漫长的。“孤独”又作何解释？作家没有正面回答，只是说了这样一句话：“孤独的反义词是团结。”

加西亚·马尔克斯遵循魔幻现实主义创作原则，经过巧妙的构思和想象，把触目惊心的现实和源于神话、传统的幻想结合起来，形成色彩斑斓、风格独特的图画，使读者在“似是而非，似非而是”的形象中，获得一种似曾相识又觉陌生的感受，从而激起寻根溯源去追索作家创作真谛的愿望。值得注意的是，《百年孤独》一书凝重的历史内涵、犀利的批判眼光、深刻的民族文化反省、庞大的神话隐喻体系是以一种让人耳目一新的神秘语言贯穿始终的。有的评论家认为这部小说的叙述语言仿佛出自一个八岁儿童之口，这是很深刻的评判目光。因为这种直观的、简约的语言确实有效地反映了一种新的视角，一种落后民族（人类儿童）的自我意识。当事人的苦笑代替了旁观者的眼泪，“愚者”自我表达的切肤之痛取代了“智者”貌似公允的批判和分析，更能收到唤起被愚弄者群体深刻反省的客观效果。（林一安）

他们相信，即使他俩变成鬼魂，即使虫子从人手中夺走，其他动物又从昆虫口中夺走这座贫困的乐园，他们还会长久地相爱下去。

注定孤独

在读过的所有作品里，《百年孤独》给我的震撼最大。马尔克斯那冷静沉着的笔调描绘出一个魔幻般的拉丁美洲，刻画了那么多形形色色的孤独者们，让我在郁悒中又带着一点点讶异，同他们热烈地交谈，慢慢感到幸运和渴望，慢慢感受悲怆和荒凉，在酷烈的悲剧力的撞击下，灵魂战栗不已。

穿越350年的光阴，作者虚构了一个叫做马孔多的小镇，描绘了在这个奇特的地方生活的布恩迪亚家族百年的盛衰史。他把读者引入到这个不可思议的奇迹和最纯粹的现实交错的生活之中，感受许多血淋淋的现实和荒诞不经的传说，同时体会到最深刻的人性和最令人震惊的情感。正如一个最初向我推荐这本书的朋友所言，书中的每一个人物都是深刻得让你觉得害怕的。

在我读来，全书的脉络非常的清晰。一口气读下去，读到奥雷良诺上校冷静地对准

《百年孤独》与魔幻小说

《百年孤独》虽然正式出版于1967年6月，但早在1965年，便为幸运的拉丁美洲读者所称道了。是年初，当时已经蜚声拉丁美洲文坛的墨西哥著名作家卡洛斯·富恩特斯读到了《百年孤独》一书的前三章原稿。读罢，富恩特斯大为赞赏，欣然提笔，写道："我读完了《百年孤独》前75页手稿，精彩至极……其中，虚构的故事与'实际'的故事、梦幻与现实交织融合，而由于运用了民间传说、杜撰、夸张、神话……马孔多变成了一块世界性的土地，变成了一个缔造者以及他们的兴衰的《圣经》般的故事，变成了一部有关人类保存或毁坏自己的渊源和命运以及梦想和愿望的历史。"数月之后，小说的部分章节便开始在波哥大的《回声》、巴黎的《新大陆》、墨西哥的《对话》、利马的《阿马鲁》等世界各大期刊披露，并立即受到同样的好评，为此书的辉煌前途创造了成功的条件。

1966年初，马尔克斯收到布宜诺斯艾利斯南美出版社一封来信，提议出版他的作品，马尔克斯把他刚撰写完的这部《百年孤独》提供给出版社。1967年6月，《百年孤独》便问世了。小说取得了轰动的效应：第一版于几天之内即告售罄；第二版、第三版以及后来的数版，情况也是如此。在三年半的时间内，小说出售了近50万册；而与此同时，作家以前的作品也一版再版，在西班牙语世界同样取得了异乎寻常的高额印数。批评家几乎毫无例外地一致大加赞扬，于是，这部小说的声誉很快便越过了语言的障碍，传到了外国出版商的耳边，他们竞相购买版权出版。短短的几个月内，便签订了18个翻译出版合同，而最初的几种外文版版本，也获得了种种荣誉：1969年获意大利基安恰诺奖，同年获法国最佳外国作品奖，1970年被美国文学评论家列为12部世界优秀作品之一……这时候，哥伦比亚、拉丁美洲乃至世界文坛，才真正承认了这位已届不惑之年的作家。

《百年孤独》是加西亚·马尔克斯的代表作，作者运用魔幻现实主义手法，通过革命军总司令奥雷良诺·布恩迪亚上校一家七代人的经历，描绘了加勒比海沿岸某国小城镇马孔多从荒漠的沼泽地上兴起到最后被一阵旋风卷走，布恩迪亚家族的最后一代被蚂蚁吃掉，以致完全消亡的一百年历史演变过程。该书描写的历史长、人物多、场面大，

这个家庭的历史是一架周而复始无法停息的机器，是一个转动着的轮子，这只齿轮，要不是轴会逐渐不可避免地磨损的话，会永远旋转下去。

堪称再现拉丁美洲历史社会图景的世界文学巨著。

加西亚·马尔克斯花了18年的时间创作了这部长篇小说，并且在篇名上煞费了一番苦心。“百年”是什么意思？作家说，那是为了表示年代的久远。也就是说，拉丁美洲人民被压迫、被剥削的苦难岁月是漫长的。“孤独”又作何解释？作家没有正面回答，只是说了这样一句话：“孤独的反义词是团结。”

加西亚·马尔克斯遵循魔幻现实主义创作原则，经过巧妙的构思和想象，把触目惊心的现实和源于神话、传统的幻想结合起来，形成色彩斑斓、风格独特的图画，使读者在“似是而非，似非而是”的形象中，获得一种似曾相识又觉陌生的感受，从而激起寻根溯源去追索作家创作真谛的愿望。值得注意的是，《百年孤独》一书凝重的历史内涵、犀利的批判眼光、深刻的民族文化反省、庞大的神话隐喻体系是以一种让人耳目一新的神秘语言贯穿始终的。有的评论家认为这部小说的叙述语言仿佛出自一个八岁儿童之口，这是很深刻的评判目光。因为这种直观的、简约的语言确实有效地反映了一种新的视角，一种落后民族（人类儿童）的自我意识。当事人的苦笑代替了旁观者的眼泪，“愚者”自我表达的切肤之痛取代了“智者”貌似公允的批判和分析，更能收到唤起被愚弄者群体深刻反省的客观效果。（林一安）

他们相信，即使他俩变成鬼魂，即使虫子从人手中夺走，其他动物又从昆虫口中夺走这座贫困的乐园，他们还会长久地相爱下去。

注定孤独

在读过的所有作品里，《百年孤独》给我的震撼最大。马尔克斯那冷静沉着的笔调描绘出一个魔幻般的拉丁美洲，刻画了那么多形形色色的孤独者们，让我在郁悒中又带着一点点讶异，同他们热烈地交谈，慢慢感到幸运和渴望，慢慢感受悲怆和荒凉，在酷烈的悲剧力的撞击下，灵魂战栗不已。

穿越350年的光阴，作者虚构了一个叫做马孔多的小镇，描绘了在这个奇特的地方生活的布恩迪亚家族百年的盛衰史。他把读者引入到这个不可思议的奇迹和最纯粹的现实交错的生活之中，感受许多血淋淋的现实和荒诞不经的传说，同时体会到最深刻的人性和最令人震惊的情感。正如一个最初向我推荐这本书的朋友所言，书中的每一个人物都是深刻得让你觉得害怕的。

在我读来，全书的脉络非常的清晰。一口气读下去，读到奥雷良诺上校冷静地对准备起义的自由党人说“你们不是战士，只是屠夫”，读到忧郁的意大利乐手克列斯比在疯狂地弹了一夜的大提琴后割腕自杀，读到阿玛兰塔变态无耻地苟活着，只是为了给自己的姐姐也是自己的情敌编织殓衣，读到奥雷良诺第十七个私生子躲过数十年的追杀，却被家人拒之门外，最终逃不掉额头被钉死的宿命，读到那装满了两百节车厢的死尸被倒入大海等情节时会悚然惊觉，经过了开头几节的艰深滞涩，写到这里已经是酣畅淋漓，仿佛马尔克斯十几年的悄无声息地创作磨炼将所有的情节浑然一体，所有的情感在这一瞬间厚积薄发不可抑制。

我感觉自己似乎身处一个黑暗的隧道，面前是一个似乎无所不知的老太婆，说着自己的往事，那么多惊心动魄的故事在平静的语调中娓娓道来。你被每一个情节震撼，但是你能隐隐约约地清楚其实所有的事情都已注定，似乎每个人都被一个线牵引着无法偏离轨道。她偶尔会透露一些宿命的迹象，比如皮拉·苔列娜用来算命的纸牌，奥雷良诺上校对死亡的预感，羊皮纸上的梵文密语；但是，这些宿命的暗示却被那些自认为清醒的人们当做疯子的谵语和梦呓，而那些真正清醒的人从中得到的却是更加无边无际的绝望和痛苦——发现自己的孤独和苦难是不可避免的，无论你是否努力去抗争都摆脱不了的绝望和痛苦。读着读着，你会傻傻地想人生就是这样，一切的命运都没法改变，难道这样就不要活了吗？人生的意义何在？如何才能摆脱这宿命的孤独？

对于拒绝将现实想得过于灰暗的读者来说，《百年孤独》这部小说也仍然有别样的魅力和价值等待发掘。在马尔克斯的时代，群星闪耀，要显示自身的光辉是格外困难的，只有一种选择：你能够发出与整个星群炯异的光彩。马尔克斯做到了。他的魔幻现实主义作品，将活人的世界和幽冥的世界结合在一起，展现了一种生活在别处的可能，给了我们一个机会，可以踩着影子，踮着脚，向着另一种现实，向着马尔克斯的故乡眺望。（佚　名）

作者生平

哥伦比亚作家加西亚·马尔克斯1928年生于马格达莱纳省阿拉卡塔卡镇，自小在外祖父母家中长大，外祖母博古通今，善讲神话传说及鬼怪故事，这对他日后的文学创作有着重要的影响。13岁时他迁居首都波哥大，就读于教会学校。18岁进国立波哥大大学攻读法律，1948年，由于哥伦比亚发生内战而中途辍学。不久，他进入报界，任《观察家报》记者，同时从事文学创作。1961年至1967年侨居墨西哥，从事文学、新闻和电影工作。1967年，马尔克斯出版了他的代表作《百年孤独》，获得了极高的赞誉。1975年，马尔克斯完成了另一部巨著《家长的没落》，再一次引起轰动，被美国《时代》周刊推荐为1976年世界十大优秀作品之一。1982年获得诺贝尔文学奖。1985年出版了长篇小说《霍乱时期的爱情》，其创作风格开始趋向现实主义，魔幻的成分在减少。20世纪90年代初，马尔克斯的不少作品开始被搬上银幕，影响更加广泛。

◆美国历史上里程碑式的 32 本书之一
◆1954 年获诺贝尔文学奖
◆1986 年法国《读书》杂志推荐的理想藏书

《老人与海》

真正的大师都是用最简单的语言来表达最深刻的道理，真正的好作品都是用生命的历练为题材，《老人与海》所刻画出来的正是海明威的一辈子最好的画像。

1951 年，当加西亚·马尔克斯在巴黎街头第一次见到海明威时，这个 28 岁的新闻记者根本无法抑制自己的激动，他远远地扯着嗓门，用带着拉丁美洲味道的西班牙语喊道：“大师！”这个词几乎概括了几代青年对于这个用全部生命来历险的人的绝对崇拜的情感。

海明威是一个硬汉，与他的硬汉精神相吻合的是他那简洁利索的写作风格，他净化了当时的文风，掀起了一场“文学革命”。因此，他被同时代及后来的许多作家奉为典范。《老人与海》是海明威自认为“这一辈子所能写的最好的一部作品”，根据真人真事写成。作者海明威移居古巴后，认识了老渔民格雷戈里奥·富恩特斯，并与他结下了深厚的友谊。1936 年，富恩特斯出海很远捕到了一条大鱼，但由于这条鱼太大，在海上拖了很长时间，结果在归程中被鲨鱼袭击，回来时只剩下了一副骨架。当时这件事给了海明威很深的触动，并觉察到它是很好的小说素材。几年后，当海明威将其写成小说之后，又反复进行修改才定稿。

1952 年，《生活》杂志以全本杂志的篇幅匿名登出《老人与海》后，立刻掀起一轮阅读热潮。与此同时，《生活》杂志约请了一百位著名人士，请他们就这部作品发表评论，并将这些评论一一刊出。等到杂志社公开该书作者的姓名时，人们纷纷对海明威这位文坛硬汉致以崇高的敬意。这部仅有五万字的中篇小说征服了无数读者，无论就内容、形式、结构和布局来说，都称得上是一件完美的艺术品。该书出版后仅两天就售出 530 万册，不仅使海明威得以于 1954 年荣获诺贝尔文学奖，更重要的是它激励了一代又一代的人。

精神的胜利

《老人与海》之所以成为海明威的巅峰之作，之所以不同于海明威其他硬汉小说，就在于海明威在《老人与海》中，不但写了硬汉，而且通过这一硬汉讴歌了人类的永恒价值。正是这一点使得《老人与海》中的硬汉桑提亚哥与海明威其他小说中的硬汉有了天壤之别。

海明威在创作《老人与海》之前所写的硬汉，仅仅是性格的坚毅，他们对读者的吸引力完全来自于硬汉特异的性格，他们的价值只在于硬汉性格的罕见。但《老人与海》中，孤独的老渔夫桑提亚哥已经不仅仅是条硬汉，他身上所体现的精神价值，完全是古希腊悲剧精神的现代回响。在《老人与海》中，海明威终于为他所钟爱的硬汉找到了灵魂，这灵魂就是人类亘古不变的永恒价值。因此，在《老人与海》中，硬汉桑提亚哥的刚毅性格已经成为小说的表面，通过桑提亚哥硬汉性格来礼赞人类的永恒价值，才成为小说的真正主题。

《老人与海》中展现了哪些永恒的价值呢？首先就是人的自信。

桑提亚哥连续出海 84 天了，一条鱼也没捕到。可是，“那双眼睛啊，像海水一样蓝，是愉快的，毫不沮丧的。”原先跟随桑提亚哥出海捕鱼的小孩，谈到他爸爸把他叫到别的船上去，说道：“他没多大的自信。”“是的。”老头儿说，“可是我们有，你说是不是?”桑提亚哥的自信是绝对自信，是不以环境变化而变化的自信，是不用与他人比较的自信。在桑提亚哥的生存哲学中，即使遭遇到了极点的背运，人也只能自信。

人活着，唯一能确定的必然，就是走向死亡。除此之外，没有任何必然的东西可以依靠。既然人是靠偶然活着的，那么支撑人生存勇气的，就只有自信了。如果丧失了自信，在持续那么多天的背运之后，桑提亚哥还有勇气和毅力出海捕鱼吗？因此人活着就必须自信，不自信是人消费不起的奢侈品。正因为桑提亚哥有着绝对自信，他对小孩被父亲叫走，表示了完全的宽容和理解。在这里，海明威展现了自信与宽容之间的联系。《老人与海》的主要篇幅，是描写孤独的老渔夫桑提亚哥，在茫茫大海上和大马林鱼和各种鲨鱼纠缠、搏斗了三天三夜的经历。通过海明威淋漓尽致的描写，我们充分感受到了主人公桑提亚哥与命运作殊死抗争的悲壮与崇高。老人最后拖回家的只是一副十八英

每天都是新的一天，运气好当然最好，但是我宁可作最好的准备，那么当运气来临时，我已经作好准备迎接它。

尺(1 英尺=0.3048 米)长的鱼的骨架，骨架上唯一完整的是鱼头和漂亮的鱼尾巴。

从物质上来说，老人搏斗了三天三夜的结果是失败了；但从人的精神、从人的自信自尊、从人勇于和命运作竭尽全力的抗争来说，桑提亚哥取得了胜利。

说到底，人的真正胜利也只能是精神的胜利。人在物质上无论取得多大的成就，都不能赢得我们崇高的敬意。而只有精神和气魄的胜利，才使我们感动，才使我们和追随老人的孩子一样，为他的悲壮落泪。（侍春生）

这种闪着虹彩的气泡美倒是美，但它们是海里最有欺骗性的东西。

难忘海明威

我在想，男人的骨子里缺少一点儿什么的时候，就自然会想到海明威。

20 世纪 80 年代初，开始读海明威的作品。那种新奇和惊异，至今想来，仍令我心旌摇荡鲜亮如初。从此，海明威进入了我的阅读视野，且常读常新。二十余年来，阅读的渴求始终挥之不去。

最先读的是《老人与海》。如海明威自己所说，“是这一辈子所能写的最好的一部作品了”。书未及读完，主人公桑提亚哥的形象就镌刻在我的头脑里。这是一部描写人与大自然搏斗的小说。老人在海上搏斗了三天三夜，最后仅仅赢得了一副空空的鱼骨架。作品的寓意是象征性的。老人虽败犹荣。正如老人所说：“人生来就不是为了被打败的，人能够被毁灭，但是不能够被打败。”

我一直将这句话看做是海明威的自白，看做是海明威硬汉精神的一种标志。多少年来，这似乎成了一句至理名言。

曾经读过几种不同版本的海明威传记，便知道，这是一个酷爱打猎、钓鱼的作家。他到过第一次世界大战和第二次世界大战的战场。他的身上中过 237 块弹片。他的头上缝过 57 针。他曾在非洲两度遭遇飞机失事，严重的脑震荡使他的视力和健康每况愈下。

这就是海明威。他的经历，孕育出他那硬汉的性格。在他的小说中，反复出现了拳击、斗牛、狩猎、捕鱼、战争等题材。这些都是力量的象征。当然，还杂糅着酒、暴力、性、孤独和死亡。

海明威让我知道，人的经历是何等的重要，这是无价的财富。谁都无法轻视自己的经历。

今天的男人，对于海明威那种生活，自然是无缘也无法企及的。所以，人们曾经发出“寻找男子汉”的呼唤。一种男性的强悍、坚忍的阳刚之气，已变得越来越稀有。人生的意义就在于一种精神，敢于承受痛苦，蔑视死亡。

我想，一个作家的成名，不在于他写了多少，而是他有什么独特的创造。海明威以其富有传奇色彩的一生，以其塑造的一系列硬汉形象，奠定了他在世界文学界的地位。而且，人们极易在文学大师的群像中辨别出他的声音。

无法否认，与海明威硬汉精神相吻合的，是他那具有鲜明个人特点的写作风格。那就是简洁利索。他放弃了无关的素材，技巧的花招，感情的泛滥，蹩脚的形容。我仿佛看见他，提着一把锋利的板斧，砍掉了整座森林的冗言赘词，砍掉了一切花花绿绿的修饰。正如英国作家欧·贝茨所说：他以谁也不曾有过的勇气，把英语中附着于文学的“乱毛剪了个干净”。据说，《老人与海》他校改了两百多次，本来可以写成一千多页长，最终只剩下几十页的一个短中篇。假如仍是一千多页，那就不是海明威了。诺贝尔文学奖史也将抹去他的名字。

近读介绍海明威生平的一份译稿。看他魁梧、结实、胡须丛生的照片，嘴角还漾出一丝微笑。看他的年表，心头倏然一颤：海明威生于1899年7月21日。我恍然感悟，海明威已经百岁了，如果他还活着的话。

哦，海明威是不朽的。

我想，很难再有像海明威这样的作家，他的经历与作品，让我一读再读。因为，海明威是一个无法穷尽的话题。（韦　泱）

••• 作者生平 •••

海明威1899年7月出生在美国密执安湖南岸的一个小镇。他14岁走进拳击场，满脸鲜血，可他不肯倒下；19岁的他在一战的意大利战场上被炸成重伤，身上中的炮弹片和机枪弹头多达237块，一共做了13次手术，换上了一块白金做的膝盖骨，也没能让他倒下，为表彰他的英勇，意大利政府授予他十字军功勋章和勇敢勋章；写作上的无数艰辛，无数次的退稿，无数次的失败，还是无法打倒他；直到晚年，连续两次飞机失事，他都从痛苦中站了起来，没有什么可以击垮他，包括病痛与无助。他的第一部长篇小说《太阳照样升起》问世后立即博得了一片喝彩声，成为当时那一代人的典范之作。这部小说因“你们都是迷惘的一代”的题词而产生了一个文学流派——“迷惘的一代”，而海明威就成了这个流派的代表。他一生创作了《老人与海》、《永别了，武器》、《丧钟为谁而鸣》等优秀作品，1954年获诺贝尔文学奖。晚年的海明威满怀写作热情，却因在文学上无法超越自己而精神抑郁，加之高血压、糖尿病、铁质代谢紊乱等多种疾病的折磨，于1961年7月2日的早晨，用心爱的猎枪结束了自己的生命。

◆西方经济学的"圣经"
◆经济学的百科全书
◆影响世界历史的 10 本书之一

《国富论》

进展愈快的学科，愈容易忘掉自己的历史。不过，有些关键的人和概念，却像牛顿和苹果与地心引力一样，烙入了历代的经济学者乃至一般社会大众的脑海里。亚当·斯密和他那只"看不见的手"以及《国富论》，无疑享有这种特殊地位。

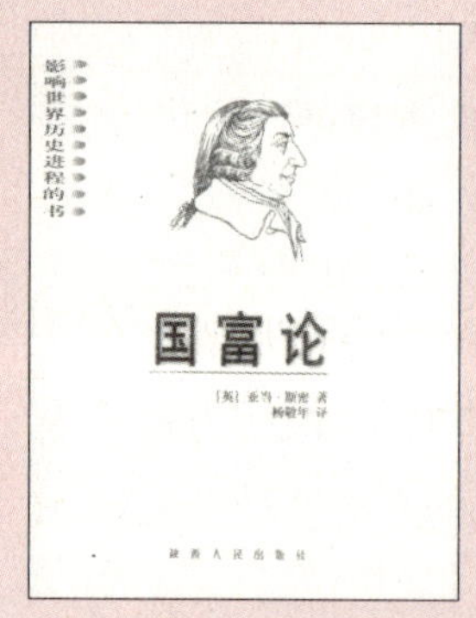

当世界上几乎所有的国家经过艰苦的体制比较和体制探索，最终几乎都选择了市场经济的时候，我们不能不由衷地感谢 1723 年生于苏格兰的亚当·斯密，感谢他证明了市场经济是富国富民的康庄大道。1776 年，亚当·斯密出版了他的《国富论》（全名《国民财富的性质和原因的研究》，简称《国富论》），它是第一本详细探究自由市场经济基础、运作、策划的著作。书中总结了近代初期各国资本主义发展的经验，批判吸收了当时的重要经济理论，对整个国民经济的运动过程作了系统的描述，被誉为"第一部系统的伟大的经济学著作"。作为"工场手工业时期集大成的政治经济学家"，亚当·斯密在这本书中创立了富国裕民的古典经济体系，在经济思想史上具有划时代的意义。

在经济学界亚当·斯密有着近乎神的地位，按著名经济学家凯恩斯的说法，至少三百年内，人们都将在市场经济中生活，不会有人像阿尔伯特·爱因斯坦推翻牛顿力学那样推翻亚当·斯密的《国富论》。18 世纪结束以前，《国富论》就已出了九个英文版本。人们以"一鸣惊人"来形容《国富论》的出版，并一致公认亚当·斯密是一门新学科——政治经济学的创始者。国会进行辩论或讨论法律草案时，议员们常常征引《国富论》的文句，而且一经引证，反对者大多不再反驳。《国富论》是当之无愧的现代经济学奠基之作，发表之后，被译为多种文字，传到国外，一些国家制定政策时都将《国富论》的基本观点作为依据，亚当·斯密关于分工与专业化、劳动价值论、资本积累与社会进步、收入分配等方面的观点至今仍有生命力。

为市场立宪

1776 年 3 月 9 日，英国发生了近代经济史上最重大的一件事：不是议会通过了一个法令，不是几个国家签署了某个协定，也不是某个工程师发明了先进器具，而是一个学者出版了一本书，亚当·斯密出版了他的《国富论》。英国著名历史学家巴克勒在其名著《文明史》中说，“从最终效果来看，这也许是迄今最重要的书”，这本书“对人类幸福作出的贡献，超过了所有名垂青史的政治家和立法者作出的贡献的总和”。这些话现在仍然完全正确。

这本四开两卷本的著作当时的定价是 1 英镑 16 先令，算是相当昂贵了，但出版半年就卖光了。不过，斯密为此书耗费了大量精力。《国富论》的写作花费了 12 年时间，而在这之前，又用了 12 年时间来思考。

1763 年 11 月，斯密接受英国当时财政大臣的聘请，作为其养子的家庭教师，陪同这位年轻人到欧洲大陆游学。就在这期间，他开始了《国富论》的写作。这次游学也让斯密接触到了丰富的思想素材，当时的法国正是启蒙运动的高潮时期，斯密与其中比较温和的重农学派有密切往来。重农学派认为：一个人最神圣的财产就是他的劳动。它甚至要先于财产权，因为即使那些一无所有的人也拥有劳动。因而他必须能够自由地利用他所能够拥有的东西。一个人对于他人的干预、社会对其成员的干预、国家对其臣民的干预，都必须降低到最低水平。自由地劳动及由此引申出来的自由交易，是合法的政府的首要目标。这些思想，后来在斯密那里得到完整的阐发。

回到英国后，斯密继续写作《国富论》，并在他 53 岁那年完成了这部巨著。全书共分五篇，作为开创性的政治经济学体系，全书研究的问题其实可以归纳为两个：其一，什么样的制度框架能够使人们自己改善自己的境遇；其二，政府为此需要承担什么样的职能，并如何获取其财政收入。

对于第一个问题，斯密的回答是分工和自由竞争。在这里，斯密继续了《道德情操论》中的讨论：人确实是自私的，但是，人类随时随地都需要同胞的协助，但仅靠他人的恩惠是不行的，他只能利用他人的利己心，因此，“我们每天所需的食物和饮料，不

基本上来说，他并没有刻意地去推动社会福利，或者说他根本就不知道他有多大的推动力。他在意的仅仅是自己的收入，从而被一只看不见的手推动着达到一个完全超出了他所预料的结果。

是出自屠户、酒家或面包师的恩惠，而是出于他们自利的打算。”

自私并不可怕，作为一个自发的合作体系，市场这只“看不见的手”会引导自私的个体在不知不觉间服务于社会利益。“看不见的手”也许是经济学中最有力量的一个词了，这个词在《道德情操论》和《国富论》中各出现了一次。在《道德情操论》中，斯密在谈到富人为满足自己的贪欲而雇用千百万人为自己劳动时说：“但是他们还是同穷人一起分享他们所作一切改良的结果，一只‘看不见的手’引导他们对生活必需品作出几乎同土地在平均分配给全体居民的情况下所能作出的一样的分配，从而不知不觉地增进了社会利益，并为不断增多的人口提供生活资料。”在《国富论》中，斯密说，资本家投资的时候只考虑自己的利益，“但像在其他许多场合一样，他受一只‘看不见的手’的指导，去尽力达到一个并非他本意要达到的目的，也并不因为事非出于本意，就对社会有害。他追求自己的利益，往往使他能比真正出于本意的情况下更有效地促进社会的利益。”

政府不应自以为是地干预民众的活动，他们“被完全解除了监督私人产业、指导私人产业、使之最适合于社会利益的义务”。根据这种理论，斯密呼吁废除贸易限制，实现自由贸易，废除鼓励某一产业发展的优惠政策，摧毁政府授予某些公司的垄断权利，撤除有关户籍的限制人员流动的法令等措施。

分工、竞争和自由，这是斯密贡献给人类的伟大观念，这些观念造就了自由市场制度——人类迄今所能找到的唯一一种成功地组织经济活动的模式。当然，从观念到制度，需要一个漫长而复杂的过程。比如，只是到了1860年，英国才废除了斯密当年曾经大力抨击过的谷物贸易法。中国人尤其曾经长期漠视斯密的智慧，尽管严复早在一百多年前就译出了这本书。而在20世纪，在斯密的故乡英国及世界其他地方，这本书也普遍遭到忽视。不过，在种种新尝试失败之后，人们发现，斯密那些伟大观念，注定是任何明智的政府的“圣经”。（佚 名）

用金钱购买或用物品交换实际上都是用我们的劳动去购买，就如同我们通过自己的辛苦工作去得到一样。

市场经济学的奠基之作

经济理论发展上的开拓性人物亚当·斯密并不是第一位献身于经济理论研究的人，但却是第一个创造完整经济理论的经济学家，从而为日后经济学的发展奠定了基础。因此，我们可以公正地说，《国富论》是对政治经济进行新研究的起点。

《国富论》的成就之一，就是它澄清了许多旧的模糊观念。亚当·斯密主张自由竞争，批评了那种强调国家必须储备大量金锭的重商主义；同时，也在书中拒绝了那种关于土地是价值主要来源的观点，强调了劳动的重要性和通过分工增加生产的思想，还抨击了专制政府实行的中止、阻碍扩大工业生产的各种陈旧措施和手段。

《国富论》的主要思想是：自由市场具有自身调节功能，能够自动地转向生产社会所欢迎的某个品种和某种数量的商品。比如，假设市场上缺少某种所需要的商品，在这种情况下，它的价格自然上涨；这种高价将给那些生产此种商品的人带来巨大利润；正因为利润高，别的生产者也将转向生产这种商品。这样，必将缓和市场紧缺情况。此外，商品多，加上厂商之间竞争，将迫使商品价格降到与生产成本一致的“自然”水平，无须社会上任何个人去主动解决商品的短缺情况。这样，难题就解决了。照亚当·斯密的说法，人是受情感驱使的动物，同时又有思维能力和同情心进行自我节制。这种双重性既使人们互相斗争，又使人们能够创造社会制度来缓和两败俱伤的斗争，甚至把斗争变成共同利益。他反复写到：追求自我利益的人常常被“一只看不见的手”牵着走，满足人们欲望的同时，也为社会带来了好处，最终促进了全社会的利益。撇开亚当·斯密的观点正确与否不谈，也不设想他的权威和影响会给日后的经济理论带来什么结果，重要的问题是他影响了许多国家的计划和政策。

亚当·斯密的《国富论》写得精到、清楚，使他闻名遐迩。他一再抨击主张垄断国外贸易的重商主义，主张自由开放，反对政府干涉，应该降低关税。这种主张在 19 世纪的一百年中影响了国际政策，甚至至今我们还可以感受到它的作用。（李显君）

作者生平

1723 年 6 月，亚当·斯密出生于苏格兰的克科第城，1746 年毕业于牛津大学，后在爱丁堡大学和格拉斯哥大学任教，讲授文学、逻辑学和道德哲学等课。1759 年，他发表了《道德情操论》，开始跻身于一流学者之列。之后，他实地考察了格拉斯哥工业区的经济生活，结识了瓦特，开始对经济问题感兴趣。1767 年到 1776 年间，他专心于写作、修改《国富论》一书。《国富论》中心思想是自由主义，成为新兴的资产阶级用以扫清资本主义发展障碍的有力思想武器，使斯密在余生中享受着荣誉和爱戴。据说连英国历史上曾权倾一时的首相皮特，对他也是礼让三分。在一次政治家的聚会上，斯密最后一个到场，皮特和大家一起站起来，对他表示欢迎。在他的有生之年，《国富论》再版了 4 次，《道德情操论》再版了 7 次。1790 年斯密在克科第城去世，他一生未娶，没有子女。由于斯密在经济学史上，乃至在人类历史上作出了别人难以超越的贡献，因此马克思称赞他是“工场手工业时期集大成的经济学家”。

◆一部荣获丹麦女皇授勋的杰作

◆一部老少皆宜的童话经典

◆童话王国里的奇葩

《安徒生童话》

如果以作品的精神意蕴来衡量，世界上恐怕没有哪一个作家能像安徒生的童话一样在孩子们的精神世界里留下那么多美的、真的、善的理想与情操。无论从哪一个角度来说，安徒生都是属于全世界的。

说起童话，就不能不提到安徒生。在他生活的时代，拿破仑以武力征服欧洲，贝多芬以音乐征服世界，而安徒生则敞开他的心灵，帮助所有的孩子和大人们去发现世界的真、善、美。在19世纪的文坛上，在百部文学名著的高峰中，要找到比安徒生更成熟、更精练的作家并不难，但是要找到比安徒生更具童心、更富诗意，同时为童话不遗余力，倾近四十年光阴、年年为童话倾注心力的文学巨擘，恐怕很难。安徒生是19世纪丹麦浪漫主义文学的代表人物，全世界首屈一指的童话大师，他被誉为丹麦的名片，丹麦也因他而被称为“童话国度”。他的作品已经被翻译成上百种语言，广受全世界读者的喜爱。1954年国际儿童读书联盟第三次大会上，设立了以安徒生的名字命名的世界儿童文学大奖——国际安徒生奖，这个奖项至今仍是儿童文学界最高的荣誉。

从1835年春天发表第一部《讲给孩子们听的故事》起至1872年，安徒生共创作了童话和故事一百六十余篇。他首次将童话从简单粗糙的民间传说与故事发展成为优美的文学作品。安徒生立足于现实生活，运用浪漫主义的手法表达了人类对美好未来的向往，他的童话故事优美而隽永，具有独特的艺术风格。《安徒生童话》收录了安徒生一百六十余篇童话，不仅孩子们读来受益良多，大人们更可从中获得不少启示。安徒生的伟大，在于他把自己的生命和童话联系在了一起，跨越了文化的藩篱、超越了年龄的限制，他的作品是属于所有人的，只要有文字的地方，就有安徒生童话在流传。

安徒生的童话世界

在丹麦，你可以随意批评政府，甚至开王室的玩笑，但倘若你有一点点儿轻慢安徒生的言谈，立刻会招来众多的怒目相向！安徒生是“丹麦的儿子”，在丹麦人的心目中，他的地位仅次于上帝。但是安徒生更是全世界的，在他以前，童话仅仅是民间的口耳相传，或是哪位作家的闲来之笔，是安徒生以他毕生的精力孜孜耕耘，使童话达到了与其他文学体裁同等的高度，成为汇入文学海洋的一条异常美丽的河流。

安徒生的童话世界，“天真而热烈，深刻而朴素，温柔而恬静”，纤尘不染而又包罗万象，闪耀着感人至深的人性的光辉。读他的童话，我每每想象作家在执笔的时候，内心一定是很温柔、很温柔的，完全是爱意与包容。所以读他的童话，我们的心也都简单纯净。在写童话之前，安徒生是写过诗的，因而他的语言充满了诗意，仿佛流动着闪闪发光的音符似的，使读者在被主人公打动以前，先沉醉于他的文字所构筑的意境之美中。例如那篇极有名的《海的女儿》开头：

在海的远处，水是那么蓝，像最美丽的矢车菊花瓣，同时又是那么清，像最明亮的玻璃。然而它是很深的，深得任何铁锚都达不到底……

他的笔调柔情而不滥情，幽默而不尖刻，全然一片天真烂漫之气，即使是丑角（或说为反面角色），那愚蠢是讨喜的愚蠢，奸诈是可笑的奸诈，所以受到惩罚，大家舒心一笑，而非必欲除之而后快。更多的时候，安徒生是在歌颂人性的美德：善良、谦恭、温柔、真诚、以及感恩。在他的童话里，安徒生传达着他的爱和希望：丑小鸭“只要别的鸭准许它跟它们生活在一起，它就已经很满意了”；美丽的歌唱的夜莺因为国王的泪珠就获得极大的满足；艾丽莎忍受痛苦委屈，甚至要丧失生命，是为了让她的哥哥们恢复人形；而海的女儿为了爱情连生命都可以牺牲；就连那位当众出丑的皇帝，他的心愿不过是让自己更好看些……都是极为简单的心思，却正因为各种各样的欲望为现代人所忽略、抛弃。所以看童话，就是为了提醒我们要好好保护自己的心灵。

人鱼是没有不灭的灵魂的，而且永远也不会有这样的灵魂，除非她获得了一个凡人的爱情。她的永恒的存在要依靠外来的力量。天空的女儿也没有永恒的灵魂，不过她们可以通过善良的行为而创造出一个灵魂。

死亡是人生最重大的命题，对此安徒生有着独特的见解。他在童话里不但不回避死亡，而且一而再、再而三地重复。他作品里的平民主人公所经历的苦难，多是现实生活的反映。安徒生以满怀同情的笔触刻画他们，可是他给他所深爱的主人公们施加的快乐魔法，仅仅是让他们温顺地承受折磨，始终保持内心的宁静和对上帝的虔诚恭敬，最后在幻想的幸福图画中安然地逝去。如《卖火柴的小女孩》、《柳树下的梦》、《沙丘的故事》等。我曾经很不能接受这样的故事，而忽视了作者对人生观的阐述。现在看来，安徒生所要表达的意思是，当命运以它强大的力量加之于人的时候，个人应当（也只能）保持灵魂的纯净，坚守种种美德，即人性永不堕落，就是幸福的真谛。这也是安徒生作品的伟大之处。（流　光）

它扇动翅膀，伸直细长的颈项，从内心里发出一个快乐的声音："当我还是一只丑小鸭的时候，我做梦也没有想到会有这么多的幸福！"（《丑小鸭》）

安徒生之为安徒生

不论在孩子们的心目中，还是在许多成人的记忆里，安徒生实在是我们的一位老朋友。我们的孩子们个个都关心那个"卖火柴"的小姐妹，个个都笑话那个"什么衣服也没有穿"的皇帝；就是我们的爸爸、妈妈们也都忘不了，他们当年跟着安徒生走进他的童话世界时，曾经感到多么惊异和喜悦啊！

真的，安徒生不需要任何护照或向导，可以到我们国家每个儿童家里去做客。谁不认识他那和蔼而忧郁的面孔，谁不懂得他那朴素而亲切的语言，谁不是一下子就把他拥抱起来，嚷着央求他"讲下去，再讲下去"！他给我们讲过《白雪皇后》，叫我们要对善和美充满信心；他给我们讲过《夜莺》和《牧猪人》，叫我们要爱真正的天然的艺术，不要学那愚蠢的皇帝和公主，只爱乱真的赝品；他给我们讲过《园丁和主人》，叫我们"好好想一想"，丹麦这座花园是由勤劳、忠诚而又聪明的园丁拉尔森们创造出来的，它不属于自以为"可以随时把拉尔森解雇"的"主人"……他给我们讲好多好多好听的童话故事，一共有一百六十余篇。有一些是以古老传说为基础，大部分则是他自己的创作，但篇篇都一样新颖、自然而精致，宛如一颗颗从他的精神肌体里采撷出来的珍珠，永远在我们的眼里和心里闪光发亮。

有人说，安徒生的童话好在它有奇妙而丰富的想象，能让门环、火钳、织衣针和瓷牧女之类的无生命物具有生命，像人一样讲话和行动；能让树木、花朵和动物具有人的感情，小老鼠可以拄着香肠叉子去旅行，小拇指人儿有一个胡桃壳做的摇篮……是的，这些情节的确是安徒生童话引人入胜的原因之一。但是，要知道，在这方面，其他许多童话作家也有同样的，甚至更诡谲的本领。

有人说，把安徒生童话限于儿童读物的范围是错误的；与其说安徒生为儿童写作，不如说他存心为儿童的父母们写作；安徒生的本领就在于，他敢把儿童目前还不能理解的思想感情注入他的作品中，而又不脱离儿童的天性。是的，这也不能说不是事实。然而，以童话形式来表现自己的世界观，本是当时欧洲浪漫派，特别是德国浪漫派的习惯，而安徒生同德国浪漫派又有密切的缘分。

安徒生写他的童话，从不像其他一些童话作家那样，以居高临下的姿态模仿儿童的腔调，利用童话的包装塞给幼小读者一些生硬的道德教训。恰恰相反，他的每篇童话都是在一片天然的幽默的涟漪中浮现出一颗像莲花一样纯洁的、不受任何世故干扰的童心。凭着这颗童心，他在儿童身上发现了诗人，他发现儿童感受自然、认识真理往往比成人更高明。而且，凭着这颗童心，他自己也变成了一个儿童，用儿童的眼睛观察自然，带着儿童的微笑描述自然，把他一面感受、一面生发的儿童感情传染给我们，从而把我们引进一个和我们所生活的现实世界大不一样而又非常相像的儿童世界。安徒生的这颗童心如果不作唯心主义的解释，它就不是别的什么天赋，而只能是他自幼在思想感情上和丹麦人民所凝成的血肉关系的结晶。所以，我们说，安徒生，世界文学园地里这朵永不凋谢的鲜花，正是在，也只有在丹麦人民这片相应的沃土上才能开放出来。然而，更重要的是，各个时代和各个国家的人民都是相通的；一个作家爱自己的人民越深沉，体现他们的思想感情越深刻，他的作品便越能够突破时间和空间的界限，越容易为各个时代和各个国家的读者所欣赏。安徒生就是最好的例子。（刘半九）

作者生平

安徒生1805年4月2日出生于丹麦菲英岛欧登塞城的一个穷鞋匠家庭，11岁时父亲去世，母亲不久后改嫁。三年之后，他为谋生前往哥本哈根找工作，先后做过歌手和舞蹈演员，后在诗剧《阿尔芙索尔》的剧作中展露才华，因此被皇家艺术剧院送进斯拉格尔塞文法学校和赫尔辛基学校免费就读。1828年，安徒生获准进入哥本哈根大学。随后几年，他写了一系列阿拉伯风格散文、剧本和小说。24岁时，出版了长篇幻想游记《阿马格岛漫游记》后，原本在饥饿中挣扎的他从此摆脱了贫穷的阴影。1837年安徒生出版了第一部童话故事集，包括《海的女儿》和《皇帝的新装》等，面世即受到一致好评。此后每年圣诞节必有一本童话出版。他一生都致力于童话创作，终身未婚，1875年8月4日病逝于朋友麦尔乔家中。他的童话是给全世界孩子们的最好礼物，如今在安徒生博物馆的图书室里，收藏着百国以上的安徒生童话故事译本，非常壮观！

◆美国 20 世纪杰出的文学作品之一
◆1986 年法国《读书》杂志推荐的理想藏书
◆美国南北战争的腥风血雨中绽放的爱情之花

《飘》

美丽勇敢的郝思嘉、风流执著的白瑞德、坚强宽容的韩媚兰、儒雅懦弱的艾希礼……这些名字萦绕在几代读者的脑海中，日久弥坚。

在世界文学史上，仅仅写了一部作品就名扬天下并在文坛上占有一席之地的作家也许只有美国著名女作家玛格丽特·米切尔了。1936 年，玛格丽特·米切尔唯一的作品《飘》一经问世便成了美国小说中最畅销的作品，玛格丽特·米切尔因此几乎在一夜之间变成了当时美国文坛的名人，成了亚特兰大人人皆知的“女英雄”，当时追要签名、请求采访、邀请她去各地巡回讲演的人络绎不绝。

《飘》以 19 世纪 60 年代美国南北战争和战后重建时期为背景，以女主人公郝思嘉的爱情纠葛和生活遭际为主线，刻画了郝思嘉这一争强好胜、为达目的不择手段的不屈不挠进行奋争的女性形象，并生动、形象地再现了美国南部奴隶制经济终为资本主义经济所取代这一美国南方奴隶社会的崩溃史。这部小说在描绘人物生活与爱情的同时，勾勒出南北双方在政治、经济、文化各个层面的异同，具有浓厚的史诗风格，堪称美国历史转折时期的真实写照，同时在南北战争的腥风血雨中绽放的爱情之花也成为历久不衰的经典。

尽管美国文坛一直贬低《飘》的文学价值，认为它只是一部大众通俗小说，以致在很长时间里《飘》并没有进入文学研究的殿堂，但这丝毫无损于它的魅力。这部美国内战时期的罗曼史打破了所有的出版纪录，而且至今仍是最畅销的小说之一。1937 年，小说获得普利策奖，更使它名扬天下的是根据小说改编而成的电影《乱世佳人》，一举夺得 10 项奥斯卡大奖，成为电影史上经典名片之首。

如果可以逝去

留恋地翻动最后几张书页，斜阳投落进屋里的光芒在那些字句间活泼地跳跃。夏末微凉的风轻轻掠过耳际随即牵起窗帘的一角，荡着，荡着……

《GONE WITH THE WIND》，随风而逝。美国南北战争的硝烟悄然飘去，那些人物间的悲欢纠葛也渐渐淡去，可总有一些情愫是会如风一般萦萦回绕、恋恋不舍而去的，飘浮在心田之上，浮动在脑海之中，几经品味，历久弥新。

追求爱情，这总是一个不会老去、近乎永恒的主题。年轻的美利坚国土上那次最惨烈的战争构筑了一个最宏伟的舞台背景，而无疑，郝思嘉这位迷人的南方姑娘成为最耀眼的主人公。郝思嘉和艾希礼的爱情一开始，不知道那能不能算做爱情。她是真的爱艾希礼的吗？她一直没有意识到：艾希礼的爱她永远也不可能得到。郝思嘉只是一尾披着华丽鳞片的鱼儿，水中激起的流畅波纹让她自负于自己的美丽。艾希礼是水畔卓尔不群的百合。郝思嘉仰着头，透过水影看见他圣洁脱俗的样子，便以为这就是爱了……然而，当硝烟弥漫，当“完美”变得支离破碎，那样的光彩是注定会褪去的，注定会成为随“the good old day”逝去的绝响的祭歌。

郝思嘉从来不去思考为什么，她幼稚狂野地渴望占有认定的东西，强烈的好奇和征服欲望让她对艾希礼产生了近乎疯狂的迷恋。那样的爱成为她拒绝爱与被爱的借口和作出不理智决定的心理依赖，然而这也使她获得了不可思议的力量，让她人性中的坚强、勇敢都发挥得淋漓尽致，让她迅速地懂得肩负责任，懂得拼命好好地生活下去，那是郝思嘉身上最为迷人的部分，是这种偏执的不理智的爱激发那些有野性的种子破土。

郝思嘉和艾希礼的爱情贯穿了整部作品，如影随形般拉动着情节的发展，然而这却不能称之为线索。郝思嘉是永远望着前方的，天性使她不会沉溺于过去、安于平静。在陶乐，她可以无忧无虑地要弄着漂亮姑娘的小手腕，成为舞会上众人瞩目的焦点；在亚特兰大，她如鱼得水地经营着锯木厂养活自己；重回陶乐，面临着母亲这根精神支柱的倒塌，她可以牺牲白皙的手掌，推犁耕作，她像一个勇敢的攀岩者紧紧攀住岩壁一样紧紧攥住变化的脉搏一起跳跃。这个时候，当郝思嘉已经不再是那个得到爱情就可以满足而是在现实中奋争的时候，她没有意识到，艾希礼已经早早退出了她华丽的舞台，被抛

人要发大财，只有两个时代，一是国家正在建设的时代，一是国家正在毁坏的时代。建设时代的财发得慢，毁坏时代的财发得快。

弃在了某一个时间的某一个角落里，他们的所谓爱情成为了郝思嘉身上唯一一成不变的东西，成为她得到真爱的桎梏。这一点，艾希礼是模糊明白的，起码也是早于郝思嘉明白的。这枝水边的百合从水中望见了自己不现实的影子，望见了他所仰赖根植的不再纯洁的土壤，也看见了鱼一样的郝思嘉，他既是那么钦慕郝思嘉的热情，又是那么固执地坚守自己的宁静。他从来不向战争和死亡妥协并不是因为他对未来抱着希望，而是他不能自拔于回忆，麻痹了肉体、心灵上的痛楚。他也曾痛苦地看着郝思嘉越走越远却不愿意接受任何的改变。他看到鱼一样的郝思嘉划过水面，撞碎了自己水中的倒影，然后终于明白——这根本就是两个世界……

若是为了生活不能恰如自己的期望，便要坐下来痛哭流涕，那才是真正的可怜虫，也就成了一个可怜的民族。

郝思嘉的前两次婚姻都那么不可思议地发生了，她一步步走了过来。得到，失去，渴望，诅咒，挣扎，穿起这一切的人才刚刚正式出场。大巧不工，大音稀声。真正受到震撼的时候，人往往会趋于沉默。读到白瑞德，脑子不再飞快地旋转，再也不是旁观的身份而是全身心陶醉于其中紧紧追随，一气呵成地读下去，酣畅淋漓。他的出场预示着一个个高潮的来临，注定要掩去艾希礼大半的光芒，却使郝思嘉的形象更加血肉丰盈。倘若把郝思嘉比做一只齿轮，她张牙舞爪地伸展出每一个显得格格不入主流的轮齿，那么白瑞德就是与她契合得最完美的同类的齿轮。这种契合不仅给那些轮齿以归宿，而且使那些轮齿因之成为有光彩的艺术品。是谁将郝思嘉从守寡的抑郁中拽出来？是谁一而再、再而三地纵容着郝思嘉的娇纵和无理取闹？是谁总是在最关键的时刻出现，从容淡定地摆平一切？

白瑞德从来就是一个反叛，他不拘于一切束缚，鄙弃传统和所谓正统，责任、义务、荣誉都可以滚蛋，但他认定了自己想要的东西——金钱和郝思嘉（这多么像郝思嘉啊，她认定的是金钱和艾希礼）。他为了牟取暴利可以拿生命做赌注穿越北方封锁线倒运货物，并随时在高兴的时候撕扯下“英雄”的贵冕把它践踏得一文不值。他用玩世不恭的态度，用惯用的嘲讽的态度一次次激怒郝思嘉，他一次又一次提到艾希礼，他明明知道那是郝思嘉心尖上最痛楚的一根刺，却想尽方法不停地拨弄。他是最了解郝思嘉的人，是郝思嘉真正的知音，他将郝思嘉从内到外看得清楚透彻（这让郝思嘉极为恼火）。他所做的一切都是在让郝思嘉认清楚她自己，认清楚艾希礼已经成为原始的、幼稚的幻象。

如果说是对艾希礼的爱让郝思嘉内心野性的种子开始萌发，那么，真正让这些诱人、有吸引力的种子蓬勃生长的是白瑞德。白瑞德才是郝思嘉真正的依靠和归宿。白瑞德那么耐心地等待着郝思嘉长大，而郝思嘉那么无知愚蠢地等待着艾希礼长大。金钱不曾让白瑞德失望而郝思嘉却让白瑞德绝望了。疲惫，有什么比这更能表明心死的悲哀呢？郝思嘉有两个孩子，却没有和真正爱自己，自己也爱的人留下活生生的纪念。更可悲可笑的是，白瑞德那么了解郝思嘉，为什么却偏偏没有看出在郝思嘉内心深处有那么一种叫做“白瑞德”的灵魂呢？结局注定是“随风逝去”。

漫步在郝思嘉震撼人心的旅程上，看到形态各异的人的生存状态。可以嗅到沁人心脾的茉莉花香，又同时被社会变革的翻腾气息感染着。一方面是道德的沦丧、拜金的思潮、自私务实的态度；一方面是经济的空前繁荣，人性的自由开放和追赶创新精神。这一切杂糅在一起澎湃成浪潮击打着思索的礁石。我猜测作者玛格丽特·米切尔本身也是矛盾着的。她用陶乐和亚特兰大作为矛盾两方的栖身之所。陶乐是一个桃花源似的存在，玛格丽特·米切尔不吝用那么多美好的事物来装扮它、也不吝用美丽的辞藻来修饰它。那里充满着旧时的宁静与闲适，是郝思嘉的家，是艾希礼的梦，而白瑞德却似乎从未出现在那样的背景中。然而这样一方人间的乐土也正是郝思嘉几次作出疯狂决定的直接原因。这样的宁静潜在了太多不安分的因素，想要维护它却正好成为了打破它的借口。因而陶乐是一个必将逝去的所在。亚特兰大是一个真正适于郝思嘉和白瑞德生存的所在。它年轻，不用背负沉重的关于历史和传统的包袱，它繁荣而忙乱，却一下子撞开了初进亚特兰大的郝思嘉被迫紧闭的心扉，它是铁路的枢纽、商业的中心、人群的聚居地，在战时，它成为废墟，战后又蓬勃地迅速繁荣发展，比起陶乐，它更加有生命力更加适应于社会的发展，亚特兰大是为郝思嘉量身定做的盔甲，虽然小说的结尾，郝思嘉又驾马车回到陶乐寻求庇佑，我始终觉得，亚特兰大才是她真正的家园。（佚　名）

作者生平

1900年11月8日，玛格丽特·米切尔出生于美国佐治亚州亚特兰大市的一个律师家庭，曾就读于亚特兰大斯密斯学院，后因母亲病逝，家中需要她来主持家务而中途退学。从1922年起，她开始用自己的昵称“佩吉”为《亚特兰大日报》撰稿。在经历了一次失败的婚姻之后，玛格丽特于1925年与佐治亚热力公司的广告部主任约翰·马施结婚。1926年，由于腿部受伤，玛格丽特在辞去报社的工作后开始致力于创作。《飘》的写作占去了玛格丽特近10年的时间。1935年7月，麦克米伦公司决定出版这部小说，并暂定名为《明天是新的一天》。玛格丽特引用美国诗人厄内斯特·道森的一句诗，将小说的题目改为《GONE WITH THE WIND》，意喻南方的奢华全被北方军队洗劫殆尽，一切都化为乌有，随风飘去，充满了女性的伤感。1949年8月11日晚，在去看电影的路上，一场意外车祸导致玛格丽特·米切尔身亡，一个传奇式的女子就这样走完了她那不平凡的一生。

◆20 世纪 30 年代苏联文学中最优秀的作品之一
◆影响历史的百部经典之一
◆影响中国近代社会的经典译作

《钢铁是怎样炼成的》

第一代阅读《钢铁是怎样炼成的》的青年读者当然无法忘却这样一本为其人生发展带来重大启迪的好书……新的旅行开始了，在老师和家长推荐给孩子们的书目里，在年轻人私下的谈论中，这本书的主流读物地位仍然稳稳当当，不可动摇。

1940 年，奥斯特洛夫斯基博物馆成立开馆时，收到一封特别的来信。写信人说他原本是个小偷，1937 年他偷了一只手提箱，里面有一本《钢铁是怎样炼成的》。他无意中翻读了第一页，竟不由自主地一口气读完了它，心灵受到极大的震动，发誓从此光明磊落地做人，现在他已成了地铁公司的一名工作人员。

无论从思想内容还是从艺术形式来看，《钢铁是怎样炼成的》都可以称为 20 世纪 30 年代苏联文学中最优秀的作品之一，而就它对读者影响的力量和深度来说，在世界文学史上也是独一无二的。这部史诗般的英雄传记小说的魅力由此可见。这部小说塑造了保尔·柯察金执著于信念而坚忍不拔的崇高人格，其形象超越时空，超越国界，产生了世界性的影响，拨动着数代人的心弦。仅在前苏联，这部作品就印了 3000 多万册，成为世界革命青年成才的“教科书”和“圣经”。

自 1942 年以来，《钢铁是怎样炼成的》中译本在中国流行了数十年，保尔的故事在中国应该称得上是家喻户晓，在一定程度上，保尔已经成为了几代中国人的行为楷模。现代图书市场品种繁多，读者可选择的余地相当大，但《钢铁是怎样炼成的》之所以连年畅销，稳居不同排行榜，引发了不同时代同种规模的群众性阅读，这是因为这部小说真正震撼人心的是保尔钢铁般的意志，是他身残志坚、敢于向一切困难挑战的英雄气概和大无畏精神，这种精神，对于任何时代、任何一个力图有所作为的人都是同样需要的，这才是这部红色岁月里诞生的作品魅力之所在。

曾经有那样一个时代

十月革命后，苏维埃政权面临协约国的武装干涉，德国、波兰等外国军队都曾蹂躏过俄罗斯的大地。他们抢掠杀戮，许多普通人都遭受了失去亲人、颠沛流离的痛苦。还有各立山头的土匪马帮，不断骚扰人们的生活。革命政府既要粉碎反革命势力的武装暴动，又要解决经济建设、人民生活所遇到的重大问题，还要抽派精兵强将去剿灭大大小小的匪帮。另外，由于反革命武装的凶残，许多老百姓心存恐惧；由于革命斗争的尖锐，一些知识分子对革命不理解；再加上短短的十几年间历经了几次革命，人民包括许多革命者本身的思想状况也比较复杂。当时，许多坚定的布尔什维克就是在这种困难的局面之中，以钢铁般的意志忘我地投入艰苦繁重的工作。许多人损坏了健康，顾不上自己的家庭，甚至献出了生命。奥斯特洛夫斯基以一个普通战士的真实经历再现了这一段历史，打动了无数读者的心，激发了大家更好地建设祖国的决心。

《钢铁是怎样炼成的》所描述的事件发生于1915年直到20世纪30年代初那一段历史时期。保尔·柯察金是作者着力塑造的中心人物，也是书中塑造得最为成功的共产主义战士的形象，他在老布尔什维克朱赫来的影响下从自发走向自觉，最终成为一名钢铁般的战士。奥斯特洛夫斯基在解释这部作品的标题时说："钢是在烈火中燃烧、高温冷却后炼成的，因此它很坚固。我们这一代人也是在斗争中和艰苦考验中锻炼出来的，并且学会了在生活中从不灰心丧气。"作者在塑造保尔这一形象时，用内心独白、书信、格言警句，揭示了这一形象的内心的全部复杂性和成长过程。保尔的形象是社会主义青年一代中最光辉最典型的代表。这也就是为什么保尔·柯察金这个名字能够响彻世界各大洲，《钢铁是怎样炼成的》能够成为青年生活教科书的根本原因。

《钢铁是怎样炼成的》出版后，有一位读者直接给奥斯特洛夫斯基写信说："尼古拉，好兄弟！给你写信的是克拉斯诺达尔机车库一个你不认识的钳工。现在是清晨五点，我一整夜都在读你的保尔的故事。我太喜爱他了。他的冤家对头，全让我用钢笔尖给戳了个遍。杂志戳烂了。如今我呆坐着，不知道怎么还到图书馆去。"由此可见，《钢铁是怎样炼成的》这部史诗般的英雄传记受欢迎的程度。

人最宝贵的是生命。生命给予人只有一次。应当这样度过人生，回首往事，不会因虚度年华而悔恨，也不会因碌碌无为而羞愧。临终的时候能够说：我的整个生命和全部精力，都已献给世界上最壮丽的事业——为人类的解放而斗争。

1935年《钢铁是怎样炼成的》一书在苏联境内印行200万册！这个印数几乎一下子就超过了19世纪所有经典作家的单册作品发行量。这部作品所宣扬的舍弃自我、为理想社会和全体人民幸福而献身的观念，激励着一代又一代人投身于社会主义建设和保卫国家利益的战斗。在反法西斯战争中，有许多苏联战士的怀中都揣着《钢铁是怎样炼成的》等作品，这些作品随同俄罗斯大地一起经受了烈士们鲜血的洗礼。苏联文学史家列·费·叶尔绍夫认为《钢铁是怎样炼成的》是一个具有英勇精神和历尽艰辛的人的严峻、真实的自白。的确，一个只上过小学三年级、身体条件又如此恶劣的年轻人，却用他的行动主义小说感动了几代人，这是历史上很不多见的奇迹之一。正如罗曼·罗兰所评价的，"奥斯特洛夫斯基本身就是一首诗"，当然，是一首革命抒情诗，也是一首奋斗者的进行曲。

当今天的年轻一代在享受着大众消费快感的时候，我们是否需要类似保尔的那种体验呢？回答是肯定的。对生于和平年代、长于和平年代的我们而言，烽火连天的日子已成为遥远的历史，血与火的考验听来更像是一种传奇。阅读《钢铁是怎样炼成的》这部小说，不仅可以让我们了解历史，铭记许多像小说主人公保尔·柯察金那样为革命事业英勇献身的先辈们，认识到今天的幸福来之不易，更重要的是要学会思考生命的意义。

如安宁斯基所说的，《钢铁是怎样炼成的》这类经典作品向年轻一代展现了一个"新的现实"，它告诉人们，曾经有一个时代，是需要牺牲才能换取自由的。（佚　名）

无论家庭或是爱情，都不能使人觉得生活真正美满。家庭，只是几个人；爱情，仅是一个人；而党，这是一百六十万人。只为家庭活着，这是禽兽的私心；只为一个人活着，这是卑鄙；只为自己活着，这是耻辱。

精神平庸时代的英雄缅想

文学是心灵的寒暑表，文学消费行为背后往往都隐藏一种阅读期待心理，用弗洛伊德的话说，文学是人潜意识愿望的满足。

《钢铁是怎样炼成的》重读现象背后的阅读心理是什么？我觉得是当代人们对一种崇高价值的潜意识渴望。从文学角度看，《钢铁是怎样炼成的》并不是一部特别出色的名著。我想今天和昔日的保尔热，乃是出于一种对保尔精神的认同，这种精神即是英雄主义和理想主义，保尔是这两种精神的完美体现。当然这并不是保尔所独有的，在理想主义高扬的时代，每个中国人身上似乎都能找到这种精神的影子。

知识分子想成为英雄，但毕竟不是恺撒。现实中难以找到，只好唤起心灵中美好的记忆。今天的人读保尔，获得了什么审美感受？我以为，一是对英雄崇高感的体验。人生来具有对崇高的心理欲求，卑微与平庸会给人造成一种生存的窒息。保尔是桀骜的，但惟其桀骜才显个性；保尔是单纯的，也惟其单纯才不苟且。无论是向神甫的面里撒烟末、怒打吊车厂厂长之子，还是偷德军军官的手枪、解救朱赫来，都显示出一种少年侠气；面对布尔什维克内部的官僚主义和丑恶，他宣称："我永远也不会向这种现象妥协和退让"；为给筑路的共青团员取暖，他甘冒个人危险到废军需库去偷火炉；为阻止个别士兵抢夺百姓财物，他受诬告被关押。总之他在对信念充满热情之外，还有着一分单纯和固执，人物也因此可爱和丰富。

保尔并非一个高大全的英雄，而是一个平民英雄，这也是人们不觉得英雄遥远的原因。其二，英雄式的爱情也构成一种阅读魅力。英雄式的爱情充满感情和理性的矛盾冲突，保尔始终受这种冲突的煎熬。人们爱读《钢铁是怎样炼成的》，也许离不开其中那个美丽而又留着无限遗憾的爱情故事，男女主人公初逢的柳树依依的河畔，保尔穿着新衣服去见冬妮亚时那分羞涩和紧张；保尔从监狱中逃出，躲藏在冬妮亚家时那种自由和幸福，永远诱发每个读者无尽的回味。

因其缺少，才显伟大。西方人读中国的革命文学，认为是一种浪漫主义，我想不只是由于所谓误读，而是在一种审美距离下，在精神的平庸时代产生的一种对英雄的缅想，当下人重拍保尔，重读保尔，也许是基于一种潜在心理的补偿吧！（夏维波）

作者生平

尼古拉·阿列克赛耶维奇·奥斯特洛夫斯基1904年生于乌克兰的一个工人家庭，1919年加入共青团，随即参加国内战争，在战争中受重伤。1923年到1924年担任乌克兰边境地区共青团的领导工作，1924年加入苏联共产党。23岁时，由于劳累过度，奥斯特洛夫斯基的健康状况越来越差，最后导致全身瘫痪，完全失去了活动能力，但他以惊人的毅力开始了文学创作，在病榻上写成了长篇小说《钢铁是怎样炼成的》。

1930年，双目失明的奥斯特洛夫斯基以自己的战斗经历为素材创作的长篇小说《钢铁是怎样炼成的》历时三载得以完成后，被一家杂志社分11期刊登。1934年末，著名记者米·科利佐夫对奥斯特洛夫斯基进行了采访，并于1935年3月17日在《真理报》上发表通讯报道《英勇》。奥斯特洛夫斯基的名字和事迹一夜之间传遍全国，成了一个传奇式的英雄人物。同年10月，他被授予国家级最高荣誉——列宁勋章。1936年12月22日，年仅32岁的奥斯特洛夫斯基在莫斯科去世了。

◆充满神奇幻想的浪漫主义杰作
◆中国四大古典名著之一
◆深入西方读者心中的东方宗教史诗

《西游记》

在中国人的心灵里，一切成功都是来之不易的，要想获得成功，实现崇高理想，必须付出代价、付出努力。《西游记》的主题，鼓励的就是“历尽磨难，终成正果”的信念。人们关注着“八十一难”的过程，是因为这一系列的折磨与“历经磨难，终成正果”的中国式心灵开始了共同的脉动。

在我国四大古典名著中，《西游记》是与众不同的一部。其他几部作品都是以现实生活作为直接的描写对象，唯独它把神话世界作为自己的叙述背景。而在中国古代众多的神魔小说中，唯一成为经典的也只有《西游记》，它以丰富的艺术想象力，描绘出一个光怪陆离的神话世界，塑造了孙悟空等鲜明生动的神话艺术形象，不仅填补了中国文学的一种缺陷，而且体现了中国文学在一旦摆脱思想禁锢以后所产生的活力，在文学史上具有相当重要的意义。

《西游记》以唐僧师徒四人取经为中心，逐次展开情节。“大闹天宫”首先介绍了取经人物孙悟空，又埋伏下他后来取经的命运；“江流儿”的故事交代唐僧出世和取经缘起；九九八十一难所包含的小故事也都通过僧徒、神佛、妖魔间的错综关系，一波未平一波又起地展示出来；各个小故事都相对独立，错落有致，而又因果分明，表现出作者在结构组织上的匠心。《西游记》一书充满了浓郁的浪漫主义色彩。孙悟空的七十二变，一个筋斗十万八千里，火眼金睛，可变化的金箍棒等，都表现出作者惊人的想象力。因此该书赢得了各种文化层次读者的喜受，问世以后，受到历代读者的欢迎，书中的故事和人物家喻户晓。建国后，仅人民文学出版社就印了近300万册，其他各种翻印本、删节本、改编本更是无法统计。这部无论是在中国还是世界文学史上都名副其实的“奇书”，历经数百年历史的考验，早已成为老少皆宜的经典民间神话，也是最能深入西方读者心中的东方宗教史诗。

历尽磨难，终成正果

《西游记》的故事来自于唐太宗贞观年间，唐僧玄奘只身赴天竺（今印度）取经的史实。玄奘归国后，口述西行见闻，由弟子辩机写成《大唐西域记》，记载了取经途中的艰险和异域风情。而玄奘另两名弟子慧立、彦悰所撰《大唐大慈恩寺三藏法师传》中，对取经事迹作了夸张的描绘，并插入一些带神话色彩的故事。唐僧取经的故事，六百多年来在民间广为流传，经过无数人的创造、取舍、增删、修改、加工，吴承恩集大成并完成最后的写作。全书共一百回，41个故事，于1592年由金陵书商世法堂唐氏刊刻出版。

《西游记》是描写孙悟空、猪八戒、沙和尚保护唐僧到西天取经的故事。故事虽以西天取经为主轴，但其中的主人公并非唐三藏，而是孙悟空。《西游记》中的艺术形象，既以现实的人性为基础，又加上作为其原形的各种动物的特征，再加上浪漫的想象，写得生动活泼，令人喜爱。如孙悟空的热爱自由、不受拘束、勇于反抗等特点，体现着人性的欲求；而他的神通广大、变化无穷，则是人们自由幻想的产物；他的机灵好动、淘气捣蛋，又是猴性特征和人性的混合。猪八戒的形象也颇值得注意。他行动莽撞、贪吃好睡、懒惰笨拙等特点，既与他错投猪胎有关，又是人性的表现。自然，猪八戒也有些长处，如在妖魔鬼怪面前从不屈服，总记得自己原是“天蓬元帅”下凡等。但他的毛病特别多，除了上述几项，他还贪恋女色，好占小便宜，对孙悟空心怀嫉妒，遇到困难常常动摇，老想着回高老庄当女婿，在取经的路上，还攒着一笔小小的私房钱。他在勇敢中带着怯懦，憨厚中带着奸猾。猪八戒的形象，体现了人类普遍存在的欲望和弱点。但在作者笔下，这一形象不仅不可恶，而且很有几分可爱之处。比较孙悟空的形象多有理想化成分，猪八戒的形象更具有日常生活中人物的真实性，读起来让人觉得亲切。这一种人物形象，是过去的文学作品中未曾有过的，他的出现，显示出作者对于人性固有弱点的宽容态度，也显示了中国文学中的人物类型进一步向真实、日常和复杂多样的方向发展。

其实，就是《西游记》中诸多妖魔鬼怪，也并不尽然是丑恶恐怖的。作为一部娱乐性很强的神话小说，作者显然不取一种严厉的道德评判态度。所以，神佛固时有可笑，

大圣道：“他虽年劫修长，也不应久占在此。常言道，皇帝轮流做，明年到我家。只教他搬出去，将天宫让与我，便罢了；若还不让，定要搅攘，永不清平！”

妖魔也时有可爱。好些妖魔原本是从天界逃脱出来的，到了人间逍遥上一阵，做些恶事，或完成其风流宿缘，仍又回天界勤修苦炼，这与猪八戒、沙僧的经历并无根本的区别。像黄袍怪爱百花公主，罗刹女（即铁扇公主）因母子分离而痛恨孙悟空，都很合乎人情。所以这些妖魔鬼怪的故事，也让人读得饶有趣味。

《西游记》的写作采用了浪漫主义的手法，是以具有充分的现实生活为基础的幻想情节来表现生活的。无论是大闹天宫，还是西天取经，虽都是以超现实的幻想构思而成，但它却是封建社会现实生活和在封建制度的压榨下，被压迫人民的斗争性格和理想、愿望的艺术概括。《西游记》故事对人民的精神生活和文化生活也产生了很大的影响。明代，许多地方兴建了孙大圣庙；清代，以《西游记》人物故事而发明的酒席间的游戏“寻唐僧令”风靡一时。《西游记》成书以前，唐三藏取经的故事便早已传到国外，成书以后，更是迅速走向世界，而且受到海外读者的欢迎和文学界的关注。英国汉学家安东尼说：“《西游记》是中国传统小说中的精品之一。”法国当代文学家艾登堡给予《西游记》很高的评价，他说：“没读过《西游记》，就像没读过托尔斯泰或陀思妥耶夫斯基的作品一样，这种人侈谈小说理论，可谓大胆。”这话虽欠理性，充满个人的感情色彩，但也可从一个侧面看出，《西游记》在世界小说史上，有它一定的价值，也足见它的影响之巨、之深、之广。此外，《西游记》虽是由众多零散故事传说汇聚成一部大书，但经过再创作，结构却相当完整；它的文字幽默诙谐，灵动流利，善于描写各种奇幻的场面，都显示了相当高的艺术水平。（佚　名）

三藏道：“只在三年，径回上国。”太宗道：“日久年深，山遥路远，御弟可进此酒：宁恋本乡一捻土，莫爱他乡万两金。”

似庄而谐的神魔小说

在中国古典小说名著中，《西游记》要算是最驳杂的一部书。它糅合进了佛、道、儒三家之言，颇为齐全地让佛、道两教的神仙都登场表演，时而讲“禅心”、“六贼”、“圆觉”，时而讲“真性”、“元神”、“凝玄”，故弄玄虚。而在这佛、道兼容的神仙世界里，又以直写或隐喻的方式，注入现实社会的人情世态，时而掉书袋式地丢出几句儒家圣人的至理名言，似庄而谐，令人解颐。

正是这样一部小说，一方面赢得了多种文化层次的读者的广泛喜爱，各有所好，各取所需；另一方面却给小说评论者造成了麻烦，众说纷纭，莫衷一是。直到近些年来，对它的诠释方才贴了这部小说的实际，说得较为圆通、中肯。

对这样一部神魔小说，要想作出比较确切的、与普通读者的阅读感受吻合的理性解析，首先应考察一下它的成书过程，作为小说情节文本的唐僧取经故事的演变过程，是非常必要的。因为，从这中间可以比较清楚地看出，这个本来是弘扬佛法的故事，怎样会加入道教的内容，又怎样演变为富有文学魅力与情趣的小说，以及由其自身矛盾所形成的艺术特点。在中国古代小说中，《西游记》是一部思想性和艺术性都臻于一流的伟大作品。它也是明代长篇小说的重要流派之一神魔小说的代表作。它在神魔小说中的地位，相当于《三国演义》之于历史演义小说。

神魔小说通常由两个部分组成。一个部分叫做出身传，另一个部分叫做灵应传或降妖传。《西游记》的结构也是这样。它的前七回，介绍孙悟空的出身。其余九十三回，是全书的主要部分，讲述唐僧师徒四人降妖伏魔、西天取经的故事。

孙悟空出身传中的大闹天宫的故事，成功地塑造了机智勇敢的孙悟空形象。他具有强烈的反抗性格，藐视腐朽无能的天宫统治者，喊出了“皇帝轮流做，明年到我家”的口号。正像有的人所说：“如果没有历史上发生的许多次规模巨大的、猛烈地冲击了封建王朝的农民起义、农民战争，大闹天宫的情节不可能想象得那样大胆，孙悟空作为一个叛逆者的形象也不可能塑造得那样光彩夺目。”

西天取经故事表现了神魔小说的两大主题：寻找与追求，斩妖与降魔。《西游记》把二者巧妙地联系和结合起来。它显然告诉人们：为了寻找、追求、实现一个美好的理想和目标，为了完成一项伟大的事业，必然会遇上或多或少的、或大或小的、各种各样的困难和挫折，必须去顽强地战胜这些困难，克服这些挫折。（袁世硕）

作者生平

吴承恩（约1500–约1582），字汝忠，号射阳山人，山阳（今江苏淮安）人，明代著名小说家。出生于一个由下级官吏沦落为小商人的家庭里，小时候勤奋好学，一目十行，过目成诵，少年时就已名冠乡里。他除好学外，特别喜欢搜奇猎怪，爱看神仙鬼怪、狐妖猴精之类的书籍，如《百怪录》、《酉阳杂俎》之类的小说野史。书中所描绘的这类五光十色的神话世界，潜移默化中养成了他搜奇猎怪的嗜好，对他创作《西游记》有着重大的影响。吴承恩年轻时热衷于科举，但屡试都落第，直到四十多岁才补中了一个贡生。54岁时迫于母老家贫，吴承恩出任过县丞等级别很低的闲职，但因其性格倔犟，不喜逢迎，仅供职一年，便弃官归乡。此后吴承恩虽然无意中获得了荆府纪善之类的补职，但却又因遭受了丧子的巨大悲痛，晚年境况相当凄凉，专意著述。他的创作，除《西游记》外，还有诗文集《射阳先生存稿》、《花草新编》等众多作品，后人辑有《射阳先生存稿》四卷，其志怪小说《禹鼎志》已失传。

◆20世纪中文小说100强榜首

◆一部中国人自警必读的教科书

◆一部认识中国人剖析中国人的经典

《呐　喊》

鲁迅不只是作为文学家仅仅出现在我们语文课本上的，而且作为思想家横亘在我们民族多灾多难又是世纪动荡和变革的历史坐标上。他的那些曾经激动人心的小说中的每一个方块字都像雨点，一滴一滴地渗在枯旱的中国历史土壤中。

鲁迅，在中学课本的注解中被称为“伟大的文学家、思想家、革命家”，在现代文学史上他占据了一个章节，他的《狂人日记》、《野草》等都载入了文学史；在革命史上，他是一个阶级立场鲜明的斗士，他支持中国革命，以笔代枪，进行斗争，他用生命的全部光芒，划亮了充塞天地之间的黑暗和寂静。当纷纷扰扰的尘世一次次掀动生活的虚华，当此起彼伏的喧嚣毫无遮拦地湮没现代人脆弱的记忆，当浮躁、迷茫、虚妄和日益膨胀的物欲源源不断地充斥失去自控的心灵和大脑，当越来越多的灵魂游离于精神家园之外……鲁迅究竟使我们想起什么呢？无论是作为中国新文学的开拓者，还是对中国社会了解最为透彻的思想者，鲁迅始终站在中国精神文化战线的最前沿，向着腐朽落后冲锋陷阵。也正是在这种血与火的考验和严峻的斗争中，他成为“最伟大和最英勇的旗手”，引领了“中华民族新文化的方向”。

在20世纪末，面向全球华人社会的《亚洲周刊》选出“本世纪中文小说100强”，而鲁迅名著《呐喊》高居榜首，为世纪之冠。《呐喊》是鲁迅众多小说集中的一部，被誉为“中国新文艺上真正的、划时代的杰作”。现在我们年轻的读者读鲁迅的小说，可能会有时代的隔膜，对鲁迅小说深刻的思想内涵不容易理解，也可能不习惯鲁迅那种冷峻的表达方式，包括语言的特异风格。然而属于经典的作品，往往有阅读的距离，但只要认真去读，总会有所得。《呐喊》给予我们的不仅是文学的章法和技巧，更是精神和心灵的滋养。

中国现代文学的第一座高峰

在“五四”时期白话文和文言文的尖锐对垒中，鲁迅是以白话写小说的第一个人。和旧民主主义时期上层知识分子提倡的所谓政治小说、社会小说不同，鲁迅不仅以卓越的艺术语言无可辩驳地证明了白话应该是民族文学的新语言，以实际的成绩为白话扩大阵地；并且一开始便将文学艺术和广大人民的命运联系起来，通过小说的形式写出被压迫人民的思想和生活，在具体的形象创造中揭示了深刻的社会问题，为现代文学创作树立了杰出的榜样。

《呐喊》收录了鲁迅自1918年至1922年间写的十六篇小说，小说具有充沛的反封建的热情，从总倾向到具体描写，都和“五四”时代精神一致，表现了文化革命和思想革命的特色。这些作品，大都写于“五四”运动的高潮时期，要为新文化运动助阵振威，取名《呐喊》，意指作者受新文化运动的鼓舞，“有时候仍不免呐喊几声，聊以慰藉那在寂寞里奔驰的猛士，使他不惮于前驱”。作品真实地描绘了从辛亥革命到五四时期的社会生活，揭示了种种深层次的社会矛盾。对封建制度及陈腐的传统观念进行了深刻的剖析和彻底的否定，表现出对民族生存的浓重的忧患意识和对社会变革的强烈渴望。

《狂人日记》是现代文学的第一篇白话小说，这篇和果戈理短篇同名的作品发表于五四运动前一年，描写了一个“迫害狂”患者的精神状态和心理活动。小说发表后，由于它所表现的忧愤的深广和批判的犀利，使许多读者耳目一新。这篇小说是向封建社会进军的第一声号角，以前所未有的彻底的精神，反映了中国革命已经进入新的历史阶段的特征。继《狂人日记》之后，鲁迅写了《孔乙己》和《药》。孔乙己是一个没有“进学”的老童生，穷困潦倒，封建社会一方面以“万般皆下品，唯有读书高”的思想培育了他的自尊的性格，另一方面又给他以最冷酷的待遇，使这种性格不断地受到现实生活的蹂躏和践踏。作品通过人物的行动抨击了封建制度，同时也暗寓着对这种性格的鞭挞。如果说短篇《孔乙己》已经点出封建制度怎样扭曲一个人的性格，那么，这个主题在《药》里表现得更为沉痛。《药》写的是茶馆主人华老栓买人血馒头为儿子小栓医病的故事。封建统治阶级长期以来麻痹人民，使他们陷入愚昧和无知。

《呐喊》中的每一篇作品的题材内容和艺术构思都不一样，这不仅由于鲁迅在创作

我翻开历史一查，这历史没有年代，歪歪斜斜的每页上都写着“仁义道德”几个字。我横竖睡不着，仔细看了半夜，才从字缝里看出字来，满本都写着两个字是“吃人”！

过程中经过反复的酝酿，而且也是他长期生活考察和艺术探索的结果。鲁迅小说富于独创性，具有非常突出的个人风格：丰满而又洗练，隽永而又舒展，诙谐而又峭拔。他擅长于画龙点睛的手段，寥寥几句，既写出了人物的思想和感情，也写出了人物的面目和身型，并且给人以非常强烈的印象。鲁迅小说里的每一个人物，都使人觉得他们的确是中国人，真实地反映了某个历史时期某些不同的中国人的思想和生活，在这一点上，又表现了一个严峻的现实主义作家的风神和气质。鲁迅小说的艺术特点首先在于真实，其作品中展现的生活场景、水乡风情、民俗风貌、城镇景致、人物的言行姿态，就像生活本身那样真实、自然，使人犹如身临其境。

《呐喊》通过具体的人物和事件，整整地写出了一个时代。鲁迅从历史发展的高度上概括生活的现实，从常见现象里挖掘出内涵的意义，道人之所未道，使得《呐喊》这部小说集因此而成为中国现代文学的第一座高峰。（佚　名）

假如一间铁屋子，是绝无窗户而万难破毁的，里面有许多熟睡的人们，不久都要闷死了，然而是从昏睡入死灭，并不感到就死的悲哀。

真实冷静地挖掘生活

1925年1月的《现代评论》上，张定璜，一位刚阅读完鲁迅先生的《呐喊》身处美国的作家，指出了鲁迅的特色是“第一个，冷静；第二个，还是冷静；第三个，还是冷静。”在拜读了鲁迅先生的《呐喊》后，我认为这冷静真的是鲁迅的第一特色，虽然不是唯一的特色。而真实，这鲁迅小说的首要艺术特点与冷静结合，便成为了他挖掘生活深层意义的基础与动力。

曾有人说：“《水浒传》若教你笑，《红楼梦》若教你哭，《儒林外史》之流若教你打哈欠，我说《呐喊》便教你哭笑不得，身子不得动弹。平常爱读那些美满团圆，或惊奇的冒险，或英雄的伟绩的谁也不会愿意读《呐喊》。”也许很多人都有同感，那么这又是什么原因呢？原因就在于鲁迅先生真实冷静地挖掘生活的善恶美丑。《呐喊》里面有的只是极其普通、极其平凡的人，你的朋友，你自己。《呐喊》里面没有像电影里似的使你焦躁、使你亢奋的光景，因为你的日常生活里面就没有那样的光景。真实，便是《呐喊》给人的第一感受。《呐喊》中时常出现的鲁镇，是中国乡间到处都可找到的一个乡镇，镇上人们的生活也无非就是种地、饲养家畜，这些普通的旧社会农村村民们每日的生活，平淡，无甚大波澜。在这种常见的旧社会场景中，在那些互相熟识的人之间，要找出也不过如《呐喊》中一样孔乙己偷东西被人家打断了腿，单四嫂子死了儿子，七斤后悔自己的辫子没有了一类的话罢了，再大一点儿也就是阿Q喊着“过了二十年又是一个……”被枪毙掉之类。鲁迅先生便是从这些极普通、极平凡的人事中将旧社会的生活里含有的一切永久的悲哀挖掘了出来，令读者们感觉到它的存在，在内心深处更是无法拒绝它。张定璜写道：“这悲哀已经不是那可歌可泣的青年时代的感伤的奔放，乃是舟子在人生的航海里饱尝了忧患之后的叹息，发出来非常之微，同时发出来的地方非常之深。”挖掘，在真实冷静地挖掘生活下，人物的性格和命运、深刻的社会意义都呈现在读者面前。这真实的感受，仿佛使我与作者同步，身边也响起了那重而有力的铲子叩击生活价值与意义的铿锵之声。

生活，一切源自生活。鲁迅先生是一个忠于他自己的艺术家，他看见什么，他描写什么。他把他自己的生活世界展开给读者，不粉饰，也不遮盖，他在“新颖”的讽刺中揭露了封建制度以及陈腐的传统观念的罪恶。

鲁迅的《呐喊》的艺术特色丰富，最显明的特点有三：第一是用笔深刻冷峻，第二是句法简洁峭拔，第三是体裁新颖独创。以上皆为大家公认。有人说鲁迅是学过医的，洞悉解剖的原理，所以常将这一技术应用到文学中去。我更认为鲁迅先生是站在现实的角度上，更客观即真实冷静地观察生活，撷取生活中的现象与问题。他或用抒情的笔调，或用冷峻的笔调，或用诙谐风趣的笔调，这皆是挖掘的不同方式与过程。从《呐喊》一书看来，鲁迅先生解剖的对象不是人类的肉体，而是人类的心灵，他挖掘出“病态社会不幸的人们”，“揭出病苦，引起疗救的注意”，从内心深处为新文化运动“呐喊”，为现实与未来生活的美好“呐喊”。（林　舒）

作者生平

鲁迅1881年9月25日出生在水乡绍兴，原名周树人，字豫才，浙江绍兴人，出身于破落封建家庭。1902年去日本留学，原学医，后从事文艺等工作，试图用以改变国民精神。1909年回国，先后在杭州、绍兴任教。辛亥革命后，曾任南京临时政府和北京政府教育部部员等职，兼在北京大学、女子师范大学等校授课。1918年5月，首次用“鲁迅”为笔名，发表中国现代文学史上第一篇白话小说《狂人日记》，奠定了新文学运动的基石。五四运动前后，他参加《新青年》杂志的工作，站在反帝反封建的新文化运动的最前列，成为五四新文化运动的伟大旗手。1918-1926年间，鲁迅陆续创作出版了《呐喊》、《彷徨》、《野草》、《朝花夕拾》等专集，表现出爱国主义和彻底的民主主义的思想特色。1936年10月19日鲁迅在上海逝世。终其一生，他都在批判与战斗中度过，写作中每每直接切入中国人的生存困境，其作品拥有极其广泛的代表性和现实意义，成为认识中国社会面貌的一面镜子。

◆关于生命与生活的寓言
◆爱、力量、热诚的真谛所在
◆1986 年法国《读书》杂志推荐的理想藏书

《小王子》

这是一个关于爱和责任、感动与纯真、星星和泪水的寓言，当我们阅读它的时候，我们那颗日复一日变得冷漠的心，会在小王子的目光中、满天的星光下，恢复往日的纯真与烂漫，漫游在小王子的世界中，是一种心灵的飨宴。

世纪之交，法国人举办了一次 20 世纪最佳法语图书评选活动。出乎人们意料，最终脱颖而出摘得桂冠的是一本区区数万字、不过百余页的小书——《小王子》。在一项几乎纯粹较量“人气”的竞赛中，《小王子》能够压倒《追忆似水年华》、《蒂博一家》这样的辉煌巨著，也许其意义并不在于奠定这部广受欢迎的作品在文学史上至高无上的地位，而是验证和强调了它同世间所有普通平凡的心灵接近的程度。

喜欢《小王子》，好像不需要理由，只要你曾经有这样的快乐和不快乐，这样的执著或是放弃。无论你是孩子、大人，无论你的受教育程度、职业、性别和国籍如何，阅读这本书，你一样可以会心微笑；无论你的身份如何，你都可以用自己的方式去读它；无论你的心情如何，你都可以带着自己的感受去读它。从小到大，从任何侧面，你都可以得到不同的感受。

阅读《小王子》长久以来被视为一种必修的文化学分，从 9 岁到 99 岁，年龄已经不再是界限，每个人都可以以自己的方式来体会其中的柔情和哲理，品出你自己的人生况味，读出你生命中久违的眼泪来。半个世纪以来，《小王子》几乎成了人类“共通的语言”，所有关于人类的美好的感情：梦想、美丽、善良、理想、忧伤、希望……这里都有；所有关于大人们的执拗、固执、贪婪、任性、残暴……那些失去了本真的生活乐趣的大人们的言行，都在这里得到反思。如同西藏的蓝天能够让人热泪盈眶、使人渴盼回到大自然的原初一样，《小王子》能让我们猛醒和震惊，带我们回到人性的原初。

永远的经典

《小王子》是一本与《圣经》同样畅销的世界名著，在全球范围内被翻译成四十多种文字，并多次再版，经久不衰。1993年这本书出版50周年时，法国政府以其作者圣埃克絮佩里的肖像发行50元面值的钞票来纪念他，此举可谓空前绝后。很多近代有名的作家均承认在写作上受本书影响很大。

《小王子》主要描写了一个来自外星球的小王子的探险经历。小王子有一朵心爱的玫瑰花，他不知道如何爱它，后来便离开它去拜访其他的小行星。小王子在旅行途中依次帮助了醉心于权势的孤独的国王，孤芳自赏的虚荣迷，自暴自弃的酒鬼，贪得无厌只为账面数字忙个半死的商人，因循守旧不知为谁而忙的点灯人，学究气十足脱离实际的地理学家，还遇见了地球上的扳道工等。表面上看来，他们中一些人的行为似乎很荒唐可笑，在小王子眼里是那样不可理解。但实际却不然，这些人都是我们日常生活中屡见不鲜的人物。作者对这些原型进行加工提炼，使其更具象征意义和普遍意义。我们不难发现，除了灯夫和扳道工外，其余都是只注意到自身存在的人。小王子世界里的美与丑，正寄托了作者对现实的美好向往、希望或对现实的鞭挞。看似异想天开，但又极其自然。

作为一个独树一帜的思想者，圣埃克絮佩里在他充满冒险家意味的飞行员工作中形成了一整套人道主义思想和行动哲学，并进行了精彩的箴言式的表述："人类的生命固然是无价之宝，但我们总是要行动，总是要有所作为，好像有什么东西在价值上超过人类的生命，只有进行中的事情才有意义……应该把人们推向一种坚强有力的生活。这种生活会带来痛苦和欢乐，但只有这种生活才有价值。"《小王子》从某种意义上说也正是这种圣埃克絮佩里哲学的产物，或者说是它的一个童话版本。作者把想象和现实奇妙地结合起来，以高超的写景状物的艺术才能，真实生动又精微地描绘了人间的人事和景物，用纯净的散文语言刻画了各种形象。故事里没有"小童星"，没有"金箍棒"，没有"魔法石"，没有"恐龙"，但小孩子"可以在其中感受到特殊的美"；故事里没有动情曲折的故事，没有跌宕起伏的情节，但成人"可以在其中揣摩富于特殊诗味的寓意。因为小孩子有童真，有好奇心，有了解更多外部世界的欲望，他们尽可享受小王子——他们

如果有人钟爱一朵独一无二、盛开在浩瀚星海里的花，那么，当他抬头仰望繁星时，便会心满意足。他会告诉自己："我心爱的花在那里，在那颗遥远的星星上。"

的好朋友讲的故事；因为成人，尤其是童心未泯的人可借着小王子的想象力暂时忘记属于大人世界的纷扰，飞回童年，可反思现实生活，试着参透作者“只有在荒漠深处”才真正发现的“人的真谛”。“所有的大人都曾经是孩子”，如果我们在享受小王子的世界的同时能反思现实，就可以领悟出《小王子》的经典了。（佚　名）

“再见。”狐狸说，“我的秘密其实很简单，只有用心灵才能看得清事物的本质，真正重要的东西是肉眼无法看见的。”

让世界适合于小王子们居住

我说《小王子》是一部天才之作，说的完全是我自己的真实感觉，与文学专家们的评论无关。我甚至要说，它是一个奇迹。世上只有极少数作品，如此精美又如此质朴，如此深刻又如此平易近人，从内容到形式都几近于完美，却不落丝毫斧凿痕迹，宛若一块浑然天成的美玉。

令我感到不可思议的一件事是，一个人怎么能够写出这样美妙的作品。令我感到不可思议的另一件事是，一个人翻开这样一本书，怎么会不被它吸引和感动。我自己许多次翻开它时都觉得新鲜如初，就好像第一次翻开它时觉得一见如故一样。

按照通常的归类，《小王子》被称做哲理童话。你们千万不要望文生义，设想它是一本给孩子们讲哲学道理的书。这本书诚然也非常适合于孩子们阅读，但同时更是写给某些成人看的。用作者的话来说，它是献给那些曾经是孩子并且记得这一点的大人的。我觉得比较准确的定位是，它是一个始终保有童心的大人对孩子们、也对与他性情相通的大人们说的知心话，他向他们讲述了对于成人世界的观感和自己身处其中的孤独。

的确，作者的讲述饱含哲理，但他的哲理绝非抽象的观念和教条，所以我们无法将其归纳为一些简明的句子而又不使之受到损害。譬如说，我们或许可以把全书的中心思想归结为一种人生信念，便是要像孩子们那样凭真性情直接生活在本质之中，而不要像许多成人那样为权力、虚荣、占有、职守、学问之类表面的东西无事空忙。可是，倘若你不是跟随小王子到各个星球上去访问一下那个命令太阳在日落时下降的国王，那个请求小王子为他不断鼓掌然后不断脱帽致礼的虚荣迷，那个热衷于统计星星的数目并将之锁进抽屉里的商人，那个从不出门旅行的地理学家，你怎么能够领会孩子和作者眼中功名利禄的可笑呢？倘若你不是亲耳听见作者谈论大人们时的语气——例如，他谈到大人们热爱数目字，如果你对他们说起一座砖房的颜色、窗台上的花、屋顶上的鸽子，他们就无动于衷，如果你说这座房子值十万法郎，他们就会叫起来：“多么漂亮的房子啊！”他还告诉孩子们，大人们就是这样的，孩子们对他们应该宽宏大量——你不亲自读这些，怎么能够体会那讽刺中的无奈，无奈中的悲凉呢？

我还可以从书中摘录一些精辟的句子，例如：“正因为你在你的玫瑰身上花费了时间，这才使它变得如此名贵。”可是，这样的句子举不胜举，而要使它们真正属于你，你就必须自己去摘取。且把这本小书当做一朵玫瑰，在它身上花费你的时间；且把它当做一片沙漠，在它里面寻找你的井吧。我相信，只要你把它翻开来，读下去，它一定会对你也变得名贵而美丽。

圣埃克絮佩里一生有两大爱好：飞行和写作。他在写作中品味人间的孤独，在飞行中享受四千米高空的孤独。《小王子》是他生前出版的最后一本书，出版一年后，他在一次驾机执行任务时一去不复返了。没有人知道他去了哪里，在地球上再也没有发现他的那架飞机的残骸。我常常觉得，他一定是到小王子所住的那个小小的星球上去了，他其实就是小王子。

有一年夏天，我在巴黎参观先贤祠。先贤祠的宽敞正厅里只有两座坟墓，分别埋葬着法兰西精神之父伏尔泰和卢梭，唯一的例外是有一根巨柱上铭刻着圣埃克絮佩里的名字。站在那根巨柱前，我为法国人对这个大孩子的异乎寻常的尊敬而感到意外和欣慰。当时我心想，圣埃克絮佩里诞生在法国并非偶然，一个懂得《小王子》作者之伟大的民族有多么可爱。我还想，应该把《小王子》译成各种文字，印行几十亿册，让世界上每个孩子和每个尚可挽救的大人都读一读，这样世界一定会变得可爱一些，会比较适合于不同年龄的小王子们居住。（周国平）

作者生平

安托万·德·圣埃克絮佩里1900年6月29日生于法国里昂，1921-1923年间在法国空军中服役，曾是后备飞行员，后来成为民用航空驾驶员，参加了开辟法国—非洲—南美国际航线的工作，他的作品《南方邮件》、《夜航》、《战争中的飞行员》等都是根据自身的飞行经历而创作的。1923年圣埃克絮佩里因飞行事故负伤退役，但他始终对飞行难以割舍，1927年成为从法国图卢兹到非洲达尔贝达（法文名卡萨布兰卡）和达喀尔的邮航的一名飞行员。在任朱比角中途站站长期间，他多次极为出色地完成了空难救险任务，并为此荣获法国荣誉团骑士称号。1939年德国法西斯入侵法国，虽然医生认为圣埃克絮佩里多次受伤不宜再次入伍，但他坚决要求参加抗德战争。1940年法国在战争中溃败，圣埃克絮佩里在流亡美国期间，创作出了“小王子”这一永恒而纯真的形象。1943年，他回到法国在北非的抗战基地阿尔及尔执行飞行任务。1944年在一次军事侦察飞行中失踪。

◆天下第一药典
◆中医药物学中登峰造极的著作
◆东方医学巨典

《本草纲目》

《本草纲目》以显著的疗效、浓郁的民族特色、独特的诊疗方法、系统的理论体系、浩瀚的文献史料，屹立于世界医学之林，成为人类医学宝库的共同财富。

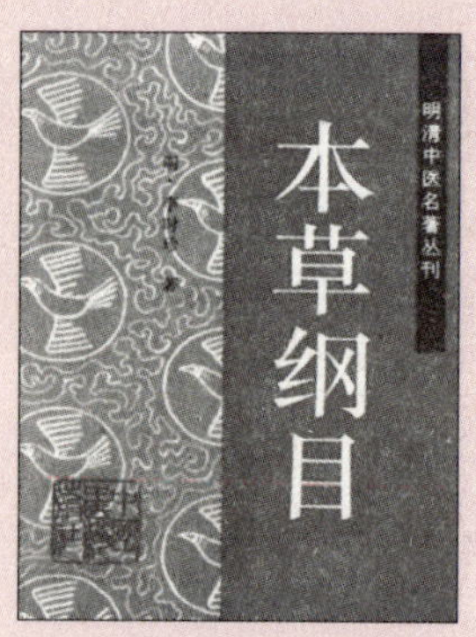

明代著名本草学家李时珍在继承和总结明代以前本草学成就的基础上，跋山涉水，亲临实地，进行多方考察，并广泛向药农、民间医生、猎人、渔人、手工业者等劳动人民学习与采访，积累了大量药物学知识，在经过长期的艰苦实践和认真钻研后，历时数十年而编成了一部药物学巨著——《本草纲目》。该书共52卷，190万字，成书于万历六年（1578年）。书中药物均以“释名”确定名称；以“集解”叙述产地、形态、栽培以及采集方法；以“辨疑”、“正误”考订药物品种真伪和纠正文献记载的错误；以“修治”说明炮炙方法；以“气味”、“主治”、“发明”来说明药物的性味和功用；以“附方”搜集古代医家和民间流传的方剂，系统总结了明代以前的药物学成就，是中国古代药学史上内容最丰富的药学巨著，素有“天下第一药典”之称，成为历代医者和读书人孜孜以求的必修书。

《本草纲目》集中体现了中国古代医学所取得的最高成就，是取之不尽的中华医药学知识宝库，不但在国内有着如此深广的影响，早在公元1606年即传至日本，18世纪开始传至欧洲，英国大英博物馆、剑桥大学图书馆、牛津大学图书馆、法国国民图书馆等都收藏有《本草纲目》的多种明刻本或清刻本。英国伟大的博物学家达尔文在奠定进化论、论证人工选择原理的过程中，即曾参阅《本草纲目》之内容，将其誉为“中国的百科全书”。作为我国乃至世界医学宝库中极为珍贵的科学文化遗产，至今这部伟大著作仍然是研究中国文化史的化学史和其他各门科学史的一个取之不尽的知识源泉。

东方医学巨典

李时珍一生除了以他的精湛医术为人民群众作出了巨大贡献外，他给后人留下的医药学遗产也是非常丰富、无比宝贵的。李时珍的著作很多，如《濒湖脉学》、《奇经八脉考》、《五脏图论》、《三焦客难》、《命门考》等多种。其中前两部书得以流传于世，其余书籍已失传了。但是，李时珍给我们留下价值最大、影响最深远的是他历时27年呕心沥血修订历代《本草》，直至晚年著成的《本草纲目》。

重修《本草》可以说是李时珍一生的夙愿。他读过大量的医药书籍，但在医疗实践中，却发现不少药书对药物性能的记载有错误。比如，有的医生给患癫狂病的人服了防葵，结果病人马上死掉了；有的医生给身体虚弱的病人服了黄精，结果病人也死了。李时珍对此惨痛教训作了深刻研究，最后他发现，责任都在药书上。是药书把防葵和狼毒、钩吻和黄精错误地说成是同一个东西。由此，李时珍感觉到越是重要的著作越迫切需要订正。

后来，在从医过程中，李时珍又发现：古代的药书多成于庙堂人物之手，著者大都怀有成见，轻视民间习用的药方。李时珍长期生活于群众中间，民间怎样重视习用的药方，他十分了解。他觉得应该有一部书，将古人漏掉的或未发现的药方补充进去，使天地间万物能充分地得到应用。同时，他还想到："本草学"在一千几百年中间一直是发展的，为什么到了宋代《证类本草》之后就停滞下来了呢？宋以后的医药学者既然在这方面未能做出什么成绩，那么，自己有责任把这个任务承担起来。

从此，李时珍下决心要对古代的"本草学"加以整理、修改和补充，对那些迷信邪说加以批驳，把新的发现和药物科学知识补充进去，写出一部分类更细致、更科学的药书来。1552年，李时珍34岁时，开始写书。为了确定这部书的体例，他考虑了很长时间。案头的一部《通鉴纲目》引起了他的注意，朱熹的那种"纲举目张"的编写方法启发了他，使他豁然开朗。李时珍提笔在纸上题了"本草纲目"四个字，由此走上了辛勤而又漫长的编著历程。

在这27年中间，李时珍一面行医采药，一面勤奋学习，刻苦钻研，他翻阅了近一千种著作，走了上万里的路，倾听了千万人的意见，考订了历代《本草》中的错误，充

水者，坎之象也。其体纯阴，其用纯阳。上则为雨露霜雪，下则为海河泉井。流止寒温，气之所钟既异；甘淡苦咸，味之所入不同。是以昔人分别九州水土，以辨人之美恶寿夭。

实了许多重要内容，于1578年完成了《本草纲目》的初稿。

为了把这部书编得更充实、更完备，李时珍曾经作过三次大规模的修改。每一次修改几乎是推翻成稿，重新写就。在他的书案上，堆着几尺高的笔记，上面全是他手录的材料，有的是他从古书上摘录的，有的是从别人传述中记下的，有的是他自己联想、存疑和判断的记录。这些材料加在一起足有上千万字。他夙兴夜寐，锲而不舍，数十年如一日，笔耕不辍，经过反复筛选，仔细推敲，终于将这上千万字的材料提炼编纂成为一部一百多万字的书稿。李时珍曾立志对诸家《本草》作一次更广博、更周密、更细致的大规模的修订、总结，最后通过坚持不懈的努力，他终于实现了自己的愿望。在几百年以前的历史条件下，一个科学家能够取得如此辉煌的成就，确实不是一件简单的事。为此，李时珍克服了无数的困难，付出了巨大的精力。他那种关切多数人生命安危的高尚品德，他的勤劳、刻苦、富于创造的精神和献身于科学事业的坚强意志，永远值得后人学习。

1593年，李时珍与世长辞。直到他逝世三年后，《本草纲目》这部不朽的巨著才得以在南京刊行。接着很快流传于全世界，被誉为“东方医学巨典”、“中国古代百科全书”。李时珍和他的《本草纲目》将与日月同辉，永驻人间。（佚　名）

若少壮胃健之人，心肺脾胃之火多盛，故与茶相宜。若虚寒及血弱之人，饮之既久，则脾胃恶寒，元气暗损，土不制水，精血潜虚。种种内伤，此茶之害也。

《本草纲目》中的水

读《本草纲目》就是读李时珍，因为这和读其他书籍不同，你不是仅仅面对一些文字。打开书页就感受到一股善意，这个叫李时珍的长者一直活在这本书中，他用我们听得懂的语言和我们说话，我经常被他的语言所折服，常常情不自禁地朗诵起来。多么有味啊，不仅仅是药味，同时充满着文学的意味和做人的品位。

李时珍说药，有时娓娓道来，有时平平直说，有时富于诗意，有时犹如戏剧。你觉得他不是在说药，而是在说变化多端的世事，在说丰富多彩的人生，在说一物降一物的道理。生病的人读着这样的文字，渐渐减轻了自己的病痛；没病的人看到他的文字，就像欣赏到一篇篇美文，至少我是这样。真不应该仅仅将《本草纲目》看成一本药书，它教人养生，也教人如何看待大自然，同时教人养德养心。

人生在世，怎能不读这样的美文？如果有人没有读过李时珍，请看我特地为您从

《本草纲目》中作的摘录，仅仅是水的一部分，就足以见到他的智慧之美了。

李时珍说：

“露水。露是阴气积聚而成的水液，是润泽的夜气，在道旁万物上沾濡而成的，味甘，性平，无毒。秋露水秉承夜晚的肃杀之气，宜用来煎润肺的药，调和治疥、癣、虫癞的各种散剂。”

“腊雪。凡是花都是五瓣，雪花却是六瓣，六是阴数。冬至后第三戌为腊。腊前的雪，很宜于菜麦生长，又可以冻死蝗虫卵。腊雪，瓶装密封后放在阴凉处，数十年不会坏。用腊雪水浸过的五谷和种子，则耐旱而不生虫；洒在桌几和床席上，则苍蝇蚊子自己就飞走了；浸泡过的各种果实，不遭虫蛀，难道不也是除蝗虫的功效吗？春天的雪有虫，水也易败坏，所以不收取。”

“夏冰。冰是太阴之精。水性很像土，能变柔为刚，这就是所说的物极必反。味甘，性大寒，无毒。宋徽宗吃冰太多，伤了脾胃，御医治疗没有效果，便召杨介去诊治，杨介用大理中丸。徽宗知道后说，服了多次了。杨介说，皇上的病，因吃冰太多而得，臣因此用冰来煎此药，是为治致病原因。徽宗服后，果然痊愈。”

瞧，是不是很有意思？在他的书里，满世界都是药，药草，药木，药石，药谷，药兽，药水等等，甚至于人的部分诸如牙齿头发，也可做药。在他的书里，药物各有属性，有毒，无毒。若得当，有毒也是好药，不当，则无毒也伤身体。由此可见，服用是否得当，与做人一样，也是有正道、邪道之分的，而正道、邪道全在于一个恰当，关键在于能不能去患。至于上面所说的水的变化，更使人看到大千世界不可穷测之理。

希望这短短的摘录能够激起您了解这位智者的兴趣。（姚育明）

作者生平

李时珍（1518–1593），字东璧，号濒湖，蕲州（治今湖北蕲春）人，父亲李言闻为当地名医。由于当时医生的社会地位低下，李言闻不愿李时珍以医为业，希望他能够参加科举考试出人头地。李时珍在14岁考中秀才后曾三次赴武昌参加乡试但均未考中，从此之后，他放弃考科举而决心随父亲学医。他刻苦钻研医理，用心汲取前人行医经验，行医不仅疗效好，而且医德高尚，短短几年之中便享有盛誉。其间，他因诊断治愈了楚王府中小儿的“虫癖”怪病，医名更盛，被楚王府聘为“奉祠正”，并掌管“良医所”事务。后又被荐举到“太医院”任“院判”。但是，他对此并不感兴趣，任职一年多便托病辞归。李时珍在行医过程中，发现以往的《本草》书中存在着不少错误、重复或遗漏，深感这将关系到病人的健康和生命，于是决心重新编著一部新的本草专书。经过27年漫长艰辛的努力，至万历六年（1578年）时，终于编著成《本草纲目》这部药学巨著。

◆一部昆虫的史诗
◆跨越科学和文学两界的传世杰作
◆人类历史上最具影响力的科普经典

60

《昆虫记》

《昆虫记》不仅饱含着对生命的敬畏之情，更蕴涵着某种精神。这种精神就是求真，即追求真理，探求真相，这就是法布尔精神。如果没有这样的精神，就没有《昆虫记》，人类的精神之树将少掉一颗智能之果。

提到法布尔，一般人先想到的是“昆虫学家”，而法国古城阿尔勒封他为“普罗旺斯诗人”，雨果称他为“昆虫的荷马”，进化论之父达尔文赞美他是“无与伦比的观察家”，众多头衔似乎都可用来形容法布尔这位19世纪的法国昆虫学家，却都不足以概括他的奇特成就和他一生的传奇性。他以文学手法、日记体裁写作的十卷《昆虫记》，以其瑰丽丰富的内涵，影响了无数的科学家、文学家与普通大众，唤起人们对万物、对人类、对科学的深刻省思，并在世界各地担负起对昆虫行为学的启蒙角色，因此，该书早已被公认为跨越领域、超越年龄的不朽传世经典！一个人耗费一生的光阴来观察、研究“虫子”，已经算是奇迹了；一个人一生专为“虫子”写出十卷大部头的书，更不能不说是奇迹；而这些写“虫子”的书居然一版再版，先后被翻译成五十多种文字，直到百年之后还会在读书界一次又一次引起轰动，更是奇迹中的奇迹。

不论是在法国自然科学史上，还是文学史上，《昆虫记》都占有很高地位，它熔作者毕生的研究成果和人生感悟于一炉，以人性观照虫性，昆虫的本能、习性、劳动、婚恋、繁衍和死亡无不渗透着人文关怀；并以虫性反观社会人生，睿智的哲思跃然纸上。《昆虫记》各卷一经出版，在全世界赢得了众多读者的青睐。这部影响整个世界的经典著作，从出版至今，已有数十种版本，横跨几个大洲，纵贯两个世纪，仍是一座无人能逾越的丰碑，被誉为“昆虫的史诗”。

辉煌的虫类史诗

《昆虫记》是法国杰出的昆虫学家法布尔耗费毕生心血著成的一部昆虫学的传世佳作，这套以法文写作、字数多达几百万字的巨著，主要记录了法布尔一生对昆虫行为的研究与观察成果，字里行间流露出严谨的科学研究态度与实验精神，其中还穿插了昆虫、土地、人文、历史等相关的典故，以及法布尔对自身的人生价值与哲学的思考，可说是跨科学与文学领域的经典作品。

法布尔是第一位在自然环境中研究昆虫的科学家，《昆虫记》是他以毕生的时间与精力，详细观察了昆虫的生活和为生活以及繁衍种族所进行的斗争，然后以其观察所得记成详细确切的笔记，最后编写成书。《昆虫记》共十卷，每卷包含若干章，每章详细、深刻地描绘一种或几种昆虫，展示了蜘蛛、蜜蜂、螳螂、蝎子、蝉、甲虫、蟋蟀等昆虫的生活场景。在法布尔的笔下，昆虫的筑巢造窝、捕猎采蜜、交友婚恋、生儿育女、生死拼杀等场面无不妙趣横生，令人忍俊不禁。法布尔是以一个诗人的赤子之心、悲悯之心看待与人类比邻而居的昆虫世界，而且，使用的叙述语言也是诗性的。《昆虫记》从片段来说是抒情诗，从整体来说则是与《伊利昂纪》和《奥德修纪》同样辉煌的虫类史诗。

法布尔的十大卷《昆虫记》通篇充满了人文色彩。作为一个博物学者，他的著作严整，自成系统，大大扩展了前人观察和论述的领域，然而，他却声言对纯粹描述昆虫学没有太大兴趣。他说他平生酷爱的是“情感昆虫学”，他所以拒绝为一般学者所钟爱的无所不包的“系统”，显然是担心那类来自集体的被抽象出来的“规律性”或“平均数”将掩盖以至于扼杀个体生命的原生态。他采用的研究方法，也不是相关的知识的累积和演绎，而是田野实验的方法、观察的方法。这种方法完全建立在对生命的固有的形态的尊重上面，可以说是一种以生命为本位的方法。他反对传统学者的那种把工作停留在实验室里，使昆虫在解剖刀下变得“既可怖又可怜”的做法。应当说，就他研究中所采取的人文主义式的方法本身而言，就是一场革命。

法布尔敬畏生命与求真这两大精神贯穿了整部《昆虫记》。敬畏生命，就是以一种大生命观平等地看待人类以外的其他生命，尊重和关爱生命哪怕微小如昆虫的生命。阅

从萤的外表来看，它似乎是一个纯洁善良而可爱的小动物，但是，事实上，它却是一个凶猛无比的食肉动物。在它开始捕食它的俘虏以前，它总是先要给它打一针麻醉药。

读《昆虫记》，我们会被法布尔对生命的敬畏之情深深感动，不自觉地追问和思考生命，学会尊重生命，去发现和感受生命之美，自觉地唤醒我们的生命意识和环保意识，珍爱地球，爱惜生命。法布尔的一生就是坚韧不拔地追求真理的一生，凡是与观察和实验的结果不相符合的理论，法布尔都会提出质疑，并进行驳斥和修正，因此一部《昆虫记》就是探求昆虫的生命真相的真实记录。

法布尔把昆虫描写得那么真切、美丽、动人、活灵活现，来自于长期对昆虫生活仔细的观察与研究，准确地掌握了他所描写的事物的典型特征。为了昆虫学研究，法布尔一生都在贫困中挣扎，都在与傲慢偏见作斗争，但他一点儿也不感到孤独。因为他有那么多的昆虫朋友，拥有着一个广阔的昆虫世界，因此他又比谁都富有。（佚　名）

四年在地下干苦工，一个月在阳光下欢乐，这就是蝉的寿命。我们不要责备成年的蝉狂热地高奏凯歌，因为它在黑暗中待了四年……

昆虫总动员

在法布尔那个时代，研究动物是在实验室里做解剖与分类的工作，昆虫学家的研究是把昆虫钉在木盒里，浸在烧酒里，睁大眼睛观察昆虫的触角、上颚、翅膀、足，对这些器官在昆虫的劳动过程中起什么作用却很少思考；他们给昆虫命名，却不知道这些昆虫生产的是什么。昆虫生命的重要特征——本能与习性等，登不了昆虫学的大雅之堂。法布尔挑战传统，将自己变成“虫人”，深入昆虫的生活，用田野实验的方法研究昆虫的本能与习性。他的这种研究方法遭到了正统势力的责难，他辩驳道：“你们是把昆虫开膛破肚，而我是在它们活蹦乱跳的情况下进行研究；你们把昆虫变成一堆既可怖又可怜的东西，而我则使得人们喜欢它们；你们在酷刑室和碎尸场里工作，而我是在蔚蓝的天空下，在鸣蝉的歌声中观察；你们用试剂测试蜂房和原生质，而我却研究本能的最高表现；你们探究死亡，而我却探究生命。”

在冷酷无情的大自然环境中，昆虫们为个体与种族的生存而斗争着。法布尔也犹如他所挚爱的昆虫一样，百折不挠地坚持自己的研究方法。当法布尔从他的“荒石园”中捧出浓缩他一生研究昆虫的成果——《昆虫记》，用大量翔实的第一手资料，将纷繁复杂的昆虫世界真实地呈现在人们的面前时，世界震惊了。

《昆虫记》是一部严谨的科学著作，但面孔却十分和善，不故作深刻，没有干巴巴的学究气，没有学术著作的晦涩枯燥与一本正经，“没有充满言之无物的公式、一知半解的瞎扯，而是准确地描述观察到的事实，一点儿不多，一点儿不少。”然而却遭到正统派的指责，说其文字不庄严。法布尔说：“我是为了那些企图有朝一日稍微弄清本能这个问题的学者、哲学家们而写，尤其是为年轻人而写，我希望他们热爱这门被你们弄得令人憎恶的博物史；这就是为什么我在极力保持翔实的同时，不采用你们那种‘科学性’的文字。”更何况那是一个“风格即人”的时代。当布丰喊响“风格即人”以后，整个18、19世纪，博物学家大都热衷于将研究成果写成文学性著作。法布尔也不例外，也刻意在文章风格上下工夫，但《昆虫记》没有一般文学作品花里胡哨的俗态。法布尔的文风就如他的人格一样：朴素而真实。

法布尔写《昆虫记》并不局限于仅仅真实地记录下昆虫的生活，而是以人性观照虫性，昆虫的本能、习性、劳动、婚恋、繁衍和死亡无不渗透着人文关怀，并以虫性反观社会人生，睿智的哲思跃然纸上；最重要的是，整部作品充满了对生命的关爱之情，充满了对自然万物的赞美之情。正是这种对生命的尊重与热爱的敬畏之情，给这部普普通通的科学著作注入了灵魂，使这部描写微小的昆虫的书成为人类获得知识、趣味、美感和思想的鸿篇巨制。

洋洋洒洒几百万字的《昆虫记》，不仅详尽地记录着法布尔的研究成果，更记载着法布尔痴迷昆虫研究的动因、生平抱负、知识背景、生活状况等，尤其是《阿尔玛实验室》、《返祖现象》、《我的学校》、《水塘》、《数学忆事：牛顿二项式》、《数学忆事：我的小桌》、《童年的回忆》、《难忘的一课》、《工业化学》这几章。如果换一种眼光看，不妨把《昆虫记》当做法布尔的自传，一部非常奇特的自传，昆虫只不过是他研究经历的证据，传记的旁证材料。（邹　华）

作者生平

法布尔1823年生于法国南部圣雷翁村一户农家，从小生活极其穷困，做过中学教师，靠业余时间自学，通过阿维尼翁师范学校的选拔考试，毕业后在卡本特拉开始了他的教师生涯。1849年，法布尔被任命为科西嘉阿杰格希欧国立高级中学的物理教师，在长达二十余年的中学教师生涯里，他一面努力任教，一面利用业余时间不知疲倦地作动植物观察记录。1854年取得博物学博士学位后，他决定终生致力于研究昆虫。1871年法布尔辞去教职，举家迁至阿维尼翁北方的欧宏桔买了两亩大的一块荒地住下来，他以普罗旺斯语称之为“荒石园”，将其视为“活昆虫实验室”。在这里，他经过四年努力写成的《昆虫记》第一卷，于1879年出版。此后大约每三年发行一卷。

1907年，《昆虫记》第十卷问世了，这时法布尔已是84岁高龄的老人了。法国文学界以“昆虫世界的维吉尔”为称号，推荐他为诺贝尔文学奖候选人。可惜诺贝尔奖委员们还没来得及作最后决定，1915年11月的一天，法布尔这位“以昆虫为琴拨响人类命运颤音的巨人”就与世长辞了。

◆意识流小说的开山之作
◆一道辉煌的时光走廊
◆20 世纪世界文学史中的一座丰碑

《追忆似水年华》

人们在评论现代艺术的代表性作家中，难得使用“伟大”这个词汇。可是面对着普鲁斯特，我们却常常要表现出某种慷慨。再也找不到比他更为自信从容、旁若无人的精神巨人了。他只在自己的世界中遨游，这差不多就是一个生命的全部意义。在古今中外的作家中，谁具有如此的极端色彩?

作为西方意识流小说的奠基者，普鲁斯特是现代主义文学的先驱之一。他使法国小说从传统走向现代，并以艰苦卓绝的理论探索和艺术实践为意识流小说开辟了新的境界，为西方现代小说艺术的发展作出了突出的贡献。因此人们把他和乔埃斯、卡夫卡并称为现代主义文学的三大奠基人。

普鲁斯特从 1909 年起开始创作长达 300 万字的巨著《追忆似水年华》，直至 1927 年，该小说的 7 部 15 卷才全部出齐。这是一部回忆录式的自传体小说，是作家对自己的经历与感受的心路历程的回忆记录。他将自己仅有一次的生命如数地押在了一部长长的著作上、一场无声无响的劳作上。他没有渴望与这种劳作精神相去甚远的酬谢和犒赏，无论它来自何处，他都全无兴趣。就是这种罕见之至的纯粹性，才使《追忆似水年华》成为意识流小说的开山之作，在西方现代小说史上具有里程碑式的重大意义。

普鲁斯特就像一位伟大的建筑师，他以三十年的时光，用回忆的砖石砌就了一道辉煌的时光走廊，《追忆似水年华》在 20 世纪世界文学史上无疑是一座丰碑。普鲁斯特是一位非常注重对小说形式进行探索的作家，他打破了小说与散文的界线，以行云流水的笔触、丰富细腻的联想将时间这一主题固定化为文学命题，从而完成了一项创举。《追忆似水年华》的出版标志着“意识流”作为一种文学流派正式登上文学舞台，普鲁斯特凭借着这部小说，在文学史上实现了一场“逆向的哥白尼式的革命”。

寻找失去的时间

普鲁斯特在《让·桑特依》的题词中写道："我是否能把这本书称为小说？可能称不上，但这是我一生的精华，是消逝的年华中那些令人心碎的时刻汇集而成的，其中没有掺杂其他任何东西。这本书不是编造而来的，而是收获所得的。"这段话也适用于《追忆似水年华》。其实这部作品也许译为"寻找失去的时间"更为合适。它用第一人称来写，但并不是自传体作品。作品中的叙述者没有姓，只有"马赛尔"这个名字。此人相当奇特，"他不仅是主人公和演员，而且还是自己行动的观众"。作者把这个人物当做故事的依托和视野的中心。

小说取材于作者的生活和经历，但所描写的世界并不是作者生活的世界的翻版。普鲁斯特出身于大资产阶级家庭，他一生走过的道路是从沙龙到沙龙的道路，因此，他作品中反映的自然是上流社会中度过的良辰美景。可以说，《追忆似水年华》是一部上流社会的编年史。这部小说描写的时代是法国走上帝国主义的历史阶段，随着垄断资本的日益集中，上层社会发生了巨大的变化，贵族阶级日趋没落，对往日纸醉金迷的生活无限留恋，抚今追昔不胜感叹。小说以细腻的笔调刻画了他们的怀旧之情，对他们庸俗、腐朽的情趣也进行了辛辣的讽刺和鞭挞。

这部小说基本上是按时间先后的顺序来写的，只有在"斯万之恋"中采取倒叙的手法。但是，它和传统的小说有很大的区别。首先，小说的故事支离破碎，各个段落互不连贯。其次，小说没有系统的情节，没有戏剧性的场面，即使有，也只是一些没有前因后果的场面，而且涉及的是次要人物。作品中最吸引人的地方不是故事本身，而是作者对某一主题的感想，它们使作品具有一种无可比拟的魅力。例如，在叙述者慢慢苏醒或失眠时，作者就对这种半睡半醒的状态进行细腻的分析，听到一支奏鸣曲就对音乐发表议论，同一位画家邂逅则谈论对绘画的看法；恋人吃醋时，就提出种种假设进行解释。可以说，这部小说的特色之一，就是小说家不时被散文家所打断。

贯穿这部小说始终的主题是时间，即"失去的时间"和"找回的时间"。普鲁斯特认为，时间并没有消逝，而是埋藏在我们自身之中。叙述者和我们每个人一样，在不知不觉中逐渐储存了他各种不同的自我，以及他看到的各种人物形象和社交界的各种场

每当我重新迈出这同样的一步，一只脚踏在那块较高的石板上，另一只脚踏在那块较低的石板上的时候，深沉的爱都使我的双眼沉醉，空气清新、阳光灿烂的感觉在我周围旋转……

面。通过一种意外的感受，完整无缺地保存下来的往事又奇迹般地再现出来。

这种无意中回忆起往事的体验，并非普鲁斯特的独创，但普鲁斯特的小说全部都是从这种无意识回忆中产生的。这种无意识的回忆往事，是通过现时的感觉和忘却的过去之间的一种巧合来进行的，比用理智来回忆要清晰得多，原因是用理智回忆的往事无所依托，重现之后会很快消失，而无意识的回忆往事有现实的感觉作为依托，能产生一种强烈的印象，使人对时间有立体感。因此，普鲁斯特认为，这种埋藏在潜意识中的回忆，不能靠理智的推理来发掘，只能用直觉来发现。

与此同时，作家用艺术的形式把这种无意识回忆的往事固定下来。他认为现实是不断消逝的时光，所以艺术家的任务是在无意识回忆的广阔海洋中去探索和发现消逝的时光。他曾说：“真正的生活，是最终被发现和理解的生活，因而也是真正体验过的唯一生活，就是文学。”（徐和瑾）

当那只铃儿发出了叮咚响声的时候，我已经存在，而自那以来，为了能永远听到这铃声便不许有中断的时候，而我没有一刻停止过生存、思维和自我意识……

站在时间另一侧的人

普鲁斯特的雄心和他的天赋是对等的。在这部浩瀚长卷的《追忆似水年华》中，他以细腻的笔触构筑起一座宏伟大厦，它不仅外观气势夺人，而且内部的每一处都如此精致灿烂，以至于让人产生错觉，以为这座圣殿是由无数精美片段搭建而成，只需注视其细节而可以忽视其宏伟构架。然而，这部作品却有着极其精妙与宏大的结构，宛如一座高耸入云的教堂，而支撑起这座教堂的材料又是如此飘逸、脆弱、细微、纯洁，犹如空气般轻盈地托着它飘浮在空中。

然而对于我来说，真正令我惊叹的是普鲁斯特在作品中呈现出来的诗学意义。这份诗学意义是奉献给心灵的圣餐，是抵达灵魂福祉的航船，是对美的一种迷恋的优雅的呈现，是坐在记忆河畔的一次沉静的冥想垂钓。这份诗学意义同时也是一次艺术史上的特例，是普鲁斯特花费一生孜孜以求的以自己羸弱的生命展现出来的震惊世人的恢弘篇章。它的严谨是以铺张的方式来编织的；它的神秘是以日常琐事来揭示的；它的深不可测是以绵延的句子来建立的；它的包罗万象是以有限的经验来展露的。它对人物或细节的描绘不是单纯的叙述，而是一种满怀深情的触摸，一种潜入，是点燃印象的火把，然后沿着意识的隧道缓缓前行，深入内心幽深的殿堂，将睡美人唤醒，让她翩翩起舞。

这部书以低声吟哦的语调召唤着神灵的宣谕，以赞歌形式愉悦地叙述着人生烦闷的生活，又以挽歌般的祈祷方式对时间作着悠远的赞颂。普鲁斯特用整个生命来撰写、修饰和完善这部伟大的小说，他一生几乎躺在床上，在密不透风的房间内书写它，这本身就是一个奇迹。这一宏伟篇章是对普鲁斯特生命的一次重构与再现，也是对我们日常生活和流逝时间所作的一次礼赞与歌唱。

在我看来，对于20世纪的西方作品来说，这部小说似乎超越于其他小说之上，是西方20世纪优美作品的一次汇编、一份摘要、一种隐喻似的精华提炼。对于普鲁斯特来说，一生只撰写这一部小说就够了——它的完美足以令世人陶醉，也许在这喧闹的时代也会令世人沉醉……

阅读这样一部作品，需要有充余的时间，在闲暇宁静的午后，让音乐轻柔地漫溢，斟上一杯葡萄酒或香茶，暂时忘却外面喧嚣的世界，坐在临窗的有斜阳照射进来的安乐椅上，以缓慢的语速默念或朗读。这既是对普鲁斯特的一份尊重，也是进入他作品最好的方式。从此，你将被他的奇异与优美击中，忘返尘世，洗尽烦恼。也许，你正被这纷乱的世界所牵制，没有机会休假或充足的时间来阅读这部作品。那么，请允许我传授一个方法：只要你有一两个小时的空暇，你就可以随时打开这本书，从任何一个片段读起，不必为他故事的走向而操心。因为，他是一位散文大师，他常常在叙述过程中游荡出去，宛如看似无人掌舵的帆船随风漂荡，会将你带入到一个令你意想不到的世界。这样，你也就可以超越于故事之上享受着他的奇思异想、言外之意和一个接一个飞翔而来的惊奇。普鲁斯特的作品犹如为你开启了一扇雕满花饰的窗户，多重时间在他的笔下同时展现，仿佛神灵架起一座彩虹桥梁，让你满怀喜悦地跨越而过，抵达隐藏幸福之谜底的奇景。而普鲁斯特正是那个站在时间另一侧朝你微笑的人。（刘　苇）

作者生平

1871年7月10日，普鲁斯特出生于巴黎郊区奥特伊镇一个富裕的家庭，自幼体弱，9岁时患上了哮喘病，终身不愈。1882年至1889年，他在巴黎的孔多塞中学学习期间，结识了一些文学爱好者，并进入社交界。同时，他开始了文学创作，曾和同学合办了《丁香杂志》。1889年，他在奥尔良第76步兵团服役，第二年进入巴黎大学法学院和政治科学学校学习，同时开始研究哲学。他听过哲学家柏格森的课，并尝试将他的直觉主义的潜意识理论运用到小说创作中。1895年，普鲁斯特开始创作自传体小说《让·桑特依》，但没有完成。普鲁斯特家境富裕，他一直和父母生活在一起。1903年和1905年，父母的相继去世给普鲁斯特以沉重的打击，而且他的健康状况也每况愈下，由于哮喘病发作需要经常住院治疗。他深居简出，埋头写作，经过痛苦的思索，他开始创作长篇小说《追忆似水年华》。1922年11月18日，普鲁斯特因肺炎引发了败血症去世。

◆中古时期阿拉伯人民集体智慧的成果

◆民间文学史上最壮丽的一座纪念碑

◆世界文学宝库中一颗璀璨的明珠

《一千零一夜》

尽管昔日的驼铃声已然喑哑，尽管16世纪的阿拉伯弯刀已然不再锋利，然而《一千零一夜》已悄悄地渗入每个人的潜意识中，因为那是来自童年记忆的遥远召唤。

自古以来人人爱听故事，因为故事中蕴涵了人生哲理，也传达了人生智慧，而《一千零一夜》包含了波斯、印度、希腊、罗马、犹太、中国等地的口传故事，这些故事从公元8世纪起不断得到丰富和提炼，于16世纪定型，流行世界各国。很多音乐、绘画和文学作品从中取材。

《一千零一夜》是古代阿拉伯的一部文学名著，它主要汇集了古代阿拉伯和亚洲一些国家的神话传说、寓言故事，诡谲怪异，神幻莫测，优美动人，吸引着世界各国读者，焕发出经久不衰的魅力。它是世界上最具生命力、最负盛名、拥有众多读者和影响最大的作品之一。同时，它以民间文学的素朴身份却能跻身于世界古典名著之列，以其博大的内涵，高超的艺术哺育了一代代文学家们，创造出了一部部优秀的文学名著，薄伽丘、莎士比亚、歌德、托尔斯泰等都受到过它的启示，此外，在歌舞、戏剧、音乐、绘画、影视等艺术领域，其影响同样广泛而深远。

《一千零一夜》是世界文学的瑰宝，堪称古代阿拉伯社会生活的百科全书，它以绚丽多彩、曲折奇妙的故事，任意驰骋的想象和对人类美好理想的执著追求，吸引着一代又一代的读者，而且给后来的神话、童话创作者以无穷无尽的养分，是世界文化宝库中最为脍炙人口的神话故事集之一。出版至今它几乎传遍了全世界，它的许多故事，即使在今天看来，仍是非常成功的杰作，始终为各国人民所喜爱，不愧是世界文学宝库中一颗璀璨的明珠。

集体智慧的结晶

《一千零一夜》又译做《天方夜谭》，是中古时期一部优秀的阿拉伯民间故事集，不仅在阿拉伯文学史上占有重要地位，而且在世界文学史上也是具有重大影响的杰作，深受广大读者的喜爱。

《一千零一夜》名称的起源在故事集的开头作了交代：相传在古代印度和中国的海岛中，有一个萨桑国，国王山鲁亚尔生性残暴爱嫉妒，由于王后行为不端，国王把她杀了。此后他每天娶一个少女做王后，翌日早晨就将她杀掉，以示报复。宰相的女儿山鲁佐德，为拯救无辜的同胞，自愿嫁给国王。她用讲故事的方法吸引国王，使他爱不忍杀。每次讲到最动人的地方，天刚好亮了。“欲知后事如何，且听下回分解”，这样一直拖了一千零一夜，国王终于被感化，与其白头偕老。显然书中这种处理方式主要出于艺术的虚构，以此作为穿联几百个互不关联的故事的线索和手段。

《一千零一夜》的产生是在民间故事的基础上，经过许多代人的辑录整理，加工提炼而逐渐形成的，上自 8 世纪，下至 16 世纪，前后经历了大约 800 年时间。书中的故事由三个部分组成：一部分来自波斯，取材于波斯故事集《一千个故事》，这是全书的核心；一部分来自埃及，所讲的都是埃及的故事；一部分来自伊拉克，所讲的是黑衣大食的故事。前两部分故事比较古老，后一部分是成书时期的现实生活故事。这些故事涉及的地域十分广大，时而在巴格达，时而在埃及，时而在法国，时而在印度，时而在中国。故事的题材非常丰富，既有历史故事、冒险故事、恋爱故事，又有神话故事、幻想故事等，故事的思想意义也极为深刻。

《一千零一夜》这部民间故事集以它离奇多变的题材，洒脱的艺术手法和神幻莫测的东方色彩，生动地描绘了一幅中世纪阿拉伯帝国社会生活的复杂画面。它从各个不同时期、不同角度反映了人民的思想感情、生活方式、风土人情和社会制度。浪漫主义的表现方法、丰富的想象力和近乎荒诞的夸张描写是《一千零一夜》最明显的艺术特色。高度的浪漫主义既表现在它的神话色彩方面，也表现在想象和幻想的自由驰骋，使艺术虚构发挥了最大限度的作用。

故事套故事的结构方式是《一千零一夜》另一艺术特色。这是一种将散珠用红线穿

对于处世为人，凡能忍辱负重、审慎考虑的人，往往易于达到目的，获得最后的胜利。反之，急躁冒进、急于求成的人，没有不失败后悔的。

起来的巧妙艺术构思：即山鲁佐德和山鲁亚尔的故事成为总体框架，然后用大故事套小故事的办法将二三百个故事嵌入。文艺复兴时期意大利作家薄伽丘，英国诗人乔叟和西班牙作家塞万提斯都从这种结构中得到启发。但丁《神曲》中的形形色色的精灵，我们可以在《一千零一夜》中找到影子；看了普希金的童话诗《渔夫和金鱼的故事》，我们立即会联想到《渔翁的故事》；1982年诺贝尔文学奖得主、哥伦比亚作家加西亚·马尔克斯的魔幻现实主义代表作《百年孤独》中出现的“飞毯”、“会飞的床单”、“神灯”等都明显来自于《一千零一夜》。

《一千零一夜》的故事情节离奇而曲折，人物形象而生动，并运用对立与对比手法，突出人物特征，山鲁佐德、辛巴达、白侯图、阿里巴巴这些书中人物已成为世界文学画廊中人人喜爱的形象。

此外，《一千零一夜》这部作品以朴素的现实描绘和浪漫的幻想互相交织的表现手法，生动地反映了广大人民群众对于美好生活的憧憬、他们的爱憎感情和淳朴善良的品质。这也是作品具有人民性的重要标志。《一千零一夜》中的许多故事都具有相似的思想内容，它们的主人公都是一些社会地位十分低下、受人欺侮、凌辱的劳苦大众，但是他们个个淳朴善良、刚毅正直。这些高尚的品质、朴素的愿望和通情达理的是非标准，正是因为有着各个不同时代和不同地区的人民群众彼此都能相通的东西，它才能引起人们思想感情极大的共鸣。（佚　名）

世间的一切虚伪，正像过眼云烟，只有真理才是处世为人的根据。虚伪的黑暗，必为真理的光辉所消灭。

一部超越文化、跨越年龄的不朽经典

20世纪80年代时，联合国教科文组织曾对世界上55个国家、地区和语种进行调查，《一千零一夜》与托尔斯泰、马克·吐温的作品及《鲁滨孙漂流记》等共列为“世界上最受读者欢迎的文学书籍”，这是因为它们是全人类共同用童年记忆所酿成的蜜汁。

在我们小的时候，膝上总摊开着一本《一千零一夜》故事书，那些五彩斑斓、动人心魄的故事，充满着催人奋进、抨击恶丑的向上精神，让我们的想象力犹如云絮一般，可以尽情地遨游行走，也使它成为一部家喻户晓的世界文学名著。无论您的童年是在巴格达、爱琴海、密西西比或其他地方度过，《一千零一夜》就好像一座永不止息的灯塔，永远在记忆的海域中，默默地散发它的光芒。

您知道吗，《一千零一夜》在世界上的译本及发行量仅次于《圣经》。

您是否有过这样的经验，当您在阅读《航海家辛巴达的故事》、《阿拉丁神灯》、《阿里巴巴与四十大盗》等故事时，仿佛整个世界都隐退了，而这份迷人的风采让您一辈子难以忘怀。是的，《一千零一夜》在历经了七八个世纪的传承以后，至今依然深深地撩动着全世界读者的心弦，它无须依赖新潮前卫的词汇，依旧开阔、精致、通透而优美。在《情侣树的故事》中有着青年男女之间美丽动人的纯真爱情；《孔雀与野鸭的故事》通过鸟兽之口，讲出人间经验教训的讽喻哲理；《乌木马的故事》象征着人类想象力的无穷；《商人与魔鬼的故事》表达了惩恶扬善的教化意义；《铜瓶与铜城的故事》描写了最精彩的传奇冒险……《一千零一夜》为我们拂去时间的风沙，却留下了文学的晶莹，因此它不仅是阿拉伯文学中最为人所熟知的经典作品，更是世界文坛里最华美的一道风景。

《一千零一夜》犹如一颗被包裹在贝壳中的珍珠，长久以来我们只看到属于梦幻部分的趣味，却很少体验出它其实蕴涵了隽永不朽的深层意义。过去，我们印象中的《一千零一夜》，好像只属于儿童和青少年的读物，但其实其语言朴实大众化，故事内容趣味盎然、布局奇幻，读起来颇有璞玉浑金之感，对于唤起人们愉悦的心情有积极的意义，因此早已被全世界的专家学者们公认为世界文学经典名著。

此外，《一千零一夜》对于其他各种艺术领域的创作影响尤其重大，《月宫宝盒》、《巴格达窃贼》、《阿里巴巴》、《美女神灯》等多部欧美电影均为大众所熟悉，近年来更有迪斯尼卡通片《阿拉丁》，在舞台剧、芭蕾舞以及交响乐中也相继出现《一千零一夜》中的故事，足见《一千零一夜》对人类、对世界的影响是多么深远。（佚　名）

作者生平

《一千零一夜》并非出自一人之手，是历代阿拉伯市井说书艺人反复加工创作的结晶。它最早在阿拉伯流传大约在公元8世纪，定型成书则在公元16世纪；故事的最早来源是一部名叫《一千个故事》的波斯故事集。公元8、9世纪之交，这部故事集被译成阿拉伯文。除《一千个故事》之外，《一千零一夜》一书中的许多重要故事还产生于阿拉伯阿拔斯王朝的繁荣时期，以及后来的埃及时期。《一千个故事》中的故事大都短小、朴素。说书人以其为蓝本，对故事不断进行增删、加工、润饰，同时吸收和创作新的传说和故事。10世纪，伊拉克人哲赫舍雅里收集了一个个阿拉伯、波斯、印度、罗马等民族的大小故事，以夜为单位，打算编纂一部故事集，但他只编写到第四百八十夜便去世了。一般认为，这便是《一千零一夜》的雏形。

◆西班牙历史上里程碑式的 20 本书之一
◆1985 年美国《生活》杂志评选出的人类有史以来的 20 本最佳书籍之一
◆1986 年法国《读书》杂志推荐的理想藏书

《堂吉诃德》

一部经典著作，永远给人以不同的感受，给人以新的启迪。不同时代的人，不同生活经历的人，不同人生理想目标的人，都会对它有着不同的理解。所以，这样的作品，不仅当时会被译成多种文字，而且随着时代的演进，不断会有新的译本出现，这就是作品的生命力所在，而《堂吉诃德》正是这样一部作品。

2003 年，在诺贝尔文学院和瑞典图书俱乐部联合举办的一次民意测验中，来自 54 个国家和地区的 100 位作家推选《堂吉诃德》为人类史上最优秀的虚构作品。塞万提斯 17 世纪撰写的这部作品，得票率高达 50%以上，把《追忆似水年华》的作者——得票率第二的普鲁斯特远远甩在后面，同时也使荷马、托尔斯泰、卡夫卡、加西亚·马尔克斯等文学大师们的鸿篇巨制黯然失色。

《堂吉诃德》是塞万提斯的代表作，作者一方面针砭时弊，揭露批判社会的丑恶现象，一方面赞扬除暴安良、惩恶扬善、扶危济困等优良品德，歌颂了黄金世纪式的社会理想目标。在欧洲一切著名文学作品中，把严肃和滑稽、悲剧性和喜剧性、生活中的琐屑和庸俗与伟大和美丽如此水乳交融，这样的范例仅见于《堂吉诃德》。

根据 20 世纪 90 年代中期来自世界各国不完全统计，《堂吉诃德》已用 70 种文字出版了上千个版本。像英国伦敦的大不列颠博物馆图书馆，一家就收藏有两百个版本。这部小说曾受到马克思、恩格斯、列宁及席勒、歌德、司各特、拜伦、海涅、别林斯基等人的高度赞誉，对后来的一些著名作家也产生了重要影响。笛福曾自豪地称鲁滨孙具有一种堂吉诃德精神；菲尔丁曾写过一部名为《堂吉诃德在英国》的喜剧；陀思妥耶夫斯基说，若想看懂他的《白痴》，必须首先阅读《堂吉诃德》；福克纳更是每年读一遍《堂吉诃德》，声称“就像别人读《圣经》似的”。

欧洲长篇小说的里程碑

塞万提斯写作《堂吉诃德》的宗旨是"把骑士小说的那一套扫除干净"，但是，这部作品的社会意义却远远超出了对骑士小说的嘲讽和抨击，而成为16世纪末至17世纪初西班牙封建社会状况的真实而全面的反映。小说中出现将近700个人物，有贵族、教士、地主、市民、士兵、农夫、囚徒、强盗、妓女等。描写的生活面十分广阔，从贵族的城堡到外省的小客店，从农村到城镇，从平原到深山，从大路到森林，展现了一幅完整的社会生活画卷，揭露了正在走向衰落的西班牙王国的各种矛盾，谴责了贵族阶级的荒淫腐朽，对人民的疾苦表示深切的同情。此外，小说还广泛地触及当时的政治、经济、道德、文化和风俗等方面的问题。

堂吉诃德这个人物已成为世界文学中一个著名的典型。他的性格是复杂的。他一方面脱离现实，终日耽于幻想，对自己的力量缺乏足够的估计，屡遭失败；另一方面，他的动机纯真善良，立志铲除世间的恶魔，反对压迫，锄强扶弱，充满了无私无畏的精神。凡是骑士以外的问题，他的议论清醒而深刻，明确而富有哲理。作者塑造了一个令人感到可笑、可叹、可悲而又可敬的人物形象。堂吉诃德这种性格上的矛盾，反映出作者的人文主义思想与西班牙现实之间的矛盾。堂吉诃德的清廉公正的社会理想，不可能通过复活骑士制度得以实现。马克思曾经说他"误认为游侠生活可以同任何社会经济形式并存，结果遭到了惩罚"。因此，塞万提斯在嘲笑骑士制度的同时，以理想化的骑士精神来反对没落的封建阶级。他揭露了西班牙的丑恶现实，然而他的理想却是回复到古代淳朴的社会中去。

小说中的另一个重要人物仆人桑丘·潘沙，与堂吉诃德相辅相成。主人耽于幻想，仆人处处求实；主人急公好义，仆人胆小怕事。在第二卷里，桑丘的性格有了进一步的发展。他当海岛总督时断事公平合理，为官清正，为人民做了许多好事。这一情节突出地表现了他的智慧和才能，在他身上体现了西班牙"黄金世纪"的民主精神。

在创作方法上，塞万提斯善于运用典型化的语言行动刻画主角的性格，反复运用夸张的手法强调人物的个性，大胆地把一些对立的艺术表现形式交替使用。既描写平凡的生活琐事，也叙述奇特幻异的想象；既有发人深省的悲剧因素，也有引人发笑的喜剧成

美德的道路窄而险，罪恶的道路宽而平，可是两条路止境不同：走后一条路是送死，走前一条路是得生，而且得到的是永生。

分。尽管小说的结构还不够严谨，有些细节前后矛盾，然而不论在反映现实的深度和广度上，还是在塑造人物的典型性上，都比欧洲在此以前的小说前进了一大步，标志着欧洲长篇小说的创作跨人了一个新的阶段。（赵德明）

弓弦不能老绷紧了不放，人是个软弱的东西，没一点儿适当的松散，是支持不住的。

一本好笑的书

有人说："读《堂吉诃德》第一遍是笑，第二遍是哭，第三遍是思考。"难怪每每想起这个急公好义的末路骑士时，心里总会涌起一种异样的感觉——塞万提斯创作了一个让人不得不笑又不得不哭的悲剧。

《堂吉诃德》的悲剧在于它肢解了曾经神圣的道德观念，而这种肢解是建立在一个个沉重的矛盾之上的：要消灭即将衰亡的虚伪的骑士道，却设计了一个柔弱但真诚的卫道士。于是，人们在与腐朽道德战斗时，突然发现面前站着的"敌人"是个柔弱的老头，没有了摧枯拉朽的快感，没有了流血牺牲的英勇，甚至在面对一个弱者的抵抗时，会检讨自己的正义性。恰好，堂吉诃德奉行的不是虚伪的骑士道，不是道貌岸然的道德欺骗，而是人们久违了的一种精神：对上帝的无限忠诚，对爱情的矢志不渝。

当堂吉诃德开始为自己的精神家园而战时，第二层矛盾出现了：真正意义上的骑士道早就被虚伪的道德所渗透演变，而世俗的价值观已经犹如一艘笨重的航空母舰，从对上帝的忠诚、对英雄的崇敬转向了对个体价值的追求。世俗价值观的改变虽然具有滞后性，但同时具有强大的惯性和持久的韧性，瘦弱但张狂的堂吉诃德却妄想扭转它，所以，他可以仅凭着信仰的力量不顾自身的渺小而义无反顾地冲向巨大风车，而其身后扬起的却是一股荒谬的尘埃。我们暂且不去讨论新教伦理对社会发展是否有推动力量，只要想想，当人们举着张扬个性的大旗从中世纪解放出来的若干年后，人们不是又一次产生了信仰的需求吗？我们可以说这是历史的波浪式前进和螺旋式上升，但由此我们也可以发现，堂吉诃德以及堂吉诃德式的口号可以一言以蔽之——不合时宜。但不可否认，如果人们还想在激变中保持冷静和清醒，这种不合时宜是必不可少的。

正是这一个个矛盾解构了堂吉诃德存在的必要性——他成了一个多余的人，以致后来被"确诊"为"疯子"。疯子的价值观自然是被正统价值观拒之门外的，而堂吉诃德的梦想却因其包含了人类本性的美德而具有合理性，世俗对合理性的拒绝，就构成了另一个层面上的矛盾。第一部中理发师和神甫的将计就计的哄骗如果还是世俗价值对堂吉诃德善意的招安的话，第二部中公爵的故意取乐，则宣告了世俗价值对他的彻底否定、排斥和唾弃，干脆失去了被整合的意义，仅仅可用来取乐了。这就给这种拒绝染上了一层悲剧色彩。

悲剧并没有结束。卡夫卡和鲁迅创作的悲剧是寻不到出路，但无论主人公多么特立独行，他们还在坚持。塞万提斯却尖刻地毁灭了最后一丝希望——堂吉诃德临终前“悔过了”，这便不再是一个卫道士的死亡，而是一种价值观的绝迹，堂吉诃德成了骑士道和英雄主义的回光返照。当道德的热情在历史的冰冷面前熄灭时，尘埃落定了，旗帜倒下了，疯子堂吉诃德安静了，另一个时代开始了……

在《堂吉诃德》中，作者嘲弄了当时西班牙社会上十分流行的骑士小说。正如作者自己所说：“我的愿望无非是要世人厌恶荒诞的骑士小说……让骑士小说立不住脚，注定要一扫而空了。”《堂吉诃德》出版后，骑士文学果真销声匿迹，西班牙从此再未出版过一部骑士小说。小说还通过堂吉诃德的游侠经历，反映了16世纪至17世纪西班牙社会的政治、经济、宗教和道德等方面的状况，揭露了正在走向没落的西班牙王国存在的种种矛盾，谴责了贵族阶级的荒淫无耻和天主教会的黑暗腐败，对生活在封建专制统治下的劳动人民寄予了深切的同情。特别是作品中塑造的桑丘这一正直、淳朴的农民形象，更体现了对这一形象国家管理者的期望和赞颂。《堂吉诃德》在艺术上具有鲜明的特色，作者运用了幽默、夸张的表现手法，把严肃与可笑，庸俗与伟大，悲剧和喜剧交融在一起，赋予了作品无与伦比的艺术魅力，成功地塑造堂吉诃德和桑丘这两个不朽的艺术形象。此后300多年以来，堂吉诃德在不同的历史年代、不同的国家，都成了脱离实际、耽于幻想、主观主义等一类人物的代名词。（佚　名）

作者生平

塞万提斯（1547–1616），出身没落贵族，只念了中学就踏入社会。他热衷于建功立业以创造辉煌的人生，曾做过红衣主教的随从，后来参军，征战四方，在战斗中他勇往直前，左臂几乎被砍断。归国途中，又被海盗抓去当了5年奴隶。当他被亲友赎回国时，已是贫困潦倒，衰弱不堪。作为一个残疾人，他生活的困难可想而知，到处受人冷眼，并多次被投入到监狱。但他并不消沉，他毅然拿起笔来，转入文学创作。他写过连他自己也记不清数目的抒情诗、讽刺诗，但大多没有引起多大反响。他亦曾应剧院邀请写过三四十个剧本，但上映后并未取得预想的成功。塞万提斯五十多岁时开始了《堂吉诃德》的创作，并于1605年出版了第一部，当时立即风行全国，一年之内竟再版了六次。这部小说虽然未能使塞万提斯摆脱贫困，却为他赢得了不朽的荣誉。1616年，塞万提斯在马德里默默地死去，甚至没有人知道他的坟墓在哪里。西班牙为了纪念塞万提斯，特别设立了一个“塞万提斯文学奖”，每年授奖一次。

◆20 世纪世界 10 部影响深远的小说之一
◆影响历史进程的 100 本书之一
◆西方现代主义文学经典作品之一

《变形记》

如果你正等待着有一天，自己能够打开一本书不再期待它有趣，只期待自己能受到教育。那么，《变形记》就是一本这样的好书。读它，有一种“思维的乐趣”，有一种睿智的感觉，必然收获良多。

在世界文学史上，卡夫卡绝对是一个异数。20 世纪初，在西方现代文艺流派异彩纷呈、此起彼伏的时期，他以强烈的社会批判精神和奇妙的构思以及纯客观的叙述方式构成了独树一帜的“卡夫卡式”艺术风格，从而在现代文学史上位于第一流的大家之列。这位表现主义大师，生前默默无闻，孤独地奋斗，随着时间的流逝，他的价值才逐渐为人们所认识，其作品引起了世界的震动，并在世界范围内形成一股“卡夫卡”热，经久不衰，后世的许多现代主义文学流派如“荒诞派戏剧”、法国的“新小说”等都把卡夫卡奉为自己的鼻祖。

卡夫卡一生为自己的灵魂而写作，他最早用充满虚幻想象的象征和寓言而不是精彩的故事情节来完成一次具有开创意义和独具魅力的文学使命，这使他成为现代主义文学的创始人。他最早发现了世界的荒谬和人的异化，最早发现了精神价值的沦落和自我的丢失，这使他成为整个 20 世纪人类的精神走向和生存现状的预言家。卡夫卡一生写下书信、日记、小说等众多作品，生前公开发表的却极少，《变形记》即是其中之一，这一虚妄荒诞与细节真实的完美结合的经典小说，是体现“卡夫卡式”创作特色的出色篇章。作者用写实的手法描绘了一个虚幻的故事，展现了现代人自我价值和个性的丧失以及在绝望中挣扎的精神状态，生动而深刻地揭示了资本主义社会中人与人之间的冷酷，比较完整地代表了卡夫卡的思想深度与创造特点，是西方现代主义文学的经典作品之一。如果你想了解现代主义文学，最好的办法就是从反复阅读《变形记》开始。

是什么使他变形

随着年龄的增长，人世阅历的增加，我每读一次《变形记》，都会非常佩服这篇小说的开头，并为之深深地震撼。这个开头看起来十分简单："一天早晨，格里高尔·萨姆沙从不安的睡梦中醒来，发现自己躺在床上变成了一只巨大的甲虫。"就是这样看似普普通通的一句话，像重锤一样敲打着我的心扉：对于更多地阅读中国文学作品的我来说，似乎人生的悲剧命运总是有着一个显性的外在原因或是内在原因。但是，你看卡夫卡笔下的格里高尔，没有任何显在的直接的外在原因或内在原因，一天早晨，一觉醒来，自己就莫名其妙地变成了一只大甲虫。一个小人物，一个偶在的个体生命，其命运就是如此地充满了偶然性、荒谬性，其人生悲剧就是如此地不可预料、不可逃避，更谈不到积极地加以预防。读卡夫卡的小说，我不知道应该用一个什么名目来概括卡夫卡所揭示的这种人生悲剧，但我却实实在在地被这种揭示所震动。

细细追究下来，虽然卡夫卡没有去写是什么原因使格里高尔变成了大甲虫，或者说正是由于没有去写是什么原因才更能揭示小人物、个体生命生存、存在的荒谬性，但这并不妨碍我们去探求这原因的所在，也只有在这不断的探求中，才能使我们日渐逼近我们的存在真相，这也正是我们不放弃这种探求的意义所在；而卡夫卡对格里高尔变为大甲虫后的境遇的描写，则为我们的这种探求提供了一个途径与通道。

在卡夫卡描述的格里高尔变为大甲虫之后的境遇中，我们看到了什么呢？我们看到格里高尔为了一家人的生活不惜委屈并彻底牺牲了自己：推销员的工作对格里高尔而言是一种毫无乐趣的负担。"我若不是为了我父母亲的缘故而克制自己的话，我早就辞职不干了。"但为了一家人的生活，他不仅忍辱负重地工作着，而且在变成大甲虫的时候，所着急的第一件事也仍然是上班不要迟到。当父母亲及妹妹自己都把上音乐学院学习当成一种"不着边际的话"，当成"一个永远无法实现的美梦"时，"格里高尔却念念不忘这件事"，并"打算在圣诞前夜隆重宣布这件事"。直到格里高尔变为大甲虫成为亲人的负担后，格里高尔还要自觉地以自己的死来使亲人获得解脱。但就是这样一种为亲人的彻底的自我牺牲，其结果又是怎样的呢？

第一，格里高尔的拼命工作，只能使原本身板可以"挺得相当直""浓密的睫毛下

他已经几乎感觉不到自己背上有那只腐烂的苹果和周围已经发炎的、蒙着细小灰尘的地方。他怀着温情和爱意回想着他全家的人。他必须走开，他的这种想法比妹妹的还坚定呢。

一双黑眼睛射出活泼、专注的目光”的父亲“初次享受安逸的5年”，并因为这种享受而“发胖了，且因此而变得动作相当迟钝”。就是说，他的拼命工作，为亲人的付出，却在客观上纵容了亲人的懒惰天性，消散了亲人的生命活力，于是，这样的付出与牺牲，也就失去了意义。

第二，一旦格里高尔变为大甲虫不能工作，所有的亲人都视他为负担，希望他早一日离世并且认为这是天经地义的，“谁也不会对我们有丝毫的指责”。就是说，一旦他不再能为亲人所用，不再能够付出与自我牺牲，他也就成了毫无意义的存在，他也就失去了亲人的身份，“你只需抛开以为这是格里高尔这个念头。我们这么久一直相信这一点，这是我们真正的不幸。”

第三，格里高尔付出与牺牲的过程也是十分荒诞、毫无意义的。你看，当格里高尔变成大甲虫因上班将要迟到而力求秘书主任谅解时——这一切又都是为了自己的亲人，亲人们不仅看不到这一点，却反而一致将其视为危险因素而敌视他，并阻止他的举动。请想想吧，当你的付出，当你一旦不能付出，当你付出的努力与过程统统失去了意义时，当因为这一意义的失去而验证了人间亲情、真情的虚伪及不存在时，你又何以自处呢？你却又时时刻刻别无选择不可逃避地身处其间，你难道不感到一种致命的潜在的无法安身立命的惶惶不安吗？这种惶惶不安使你——如《变形记》开头所说——在睡梦之中也“不安”，于是，人背离自身而被扭曲为大甲虫或被异化为什么别的虫子就只能是早晚的必然之事了。（傅书华）

车到目的地时，他们的女儿第一个站起来，舒展舒展她那充满青春活力的身体，这在他们看来，就好像是在证实他们新的美梦和良好意图似的。

陌生的卡夫卡

什么是好小说？这是个永远可以谈论却又永远难以求解的问题。但好小说不一定是好看的小说，不一定适合大众读者的阅读口味，因为好小说都是鲜的，独特的。它在与传统阅读习惯“对抗”过程中提供了新的艺术因素，使习惯于传统阅读的读者不得不陷入难解之谜的深渊，所以也往往给人们留下了不怎么好看的印象。阅读卡夫卡的《变形记》，对读者是一种智力、情感上的挑战，因为他的作品是文学上的一个异数，很陌生，用传统的阅读方法很难解读。

在传统的小说中，有起伏跌宕的情节线索贯穿始终，悬念迭出，引人入胜。但《变形记》写的都是一些具体琐碎的现实生活的细节，简直没有故事，没有情节，甚而觉得有些烦冗拖沓。在传统的小说中，人物都会局限在地理条件、人际关系等客观因素的牢笼中，还必须遵循着逻辑原则及因果关系来合理推论。但《变形记》超越时空的限制，对事件的交代极其模糊，不指明具体的时间、地点和背景。甚至泯灭了幻象和日常生活之间的界限，虚幻与现实难解难分地结合成一个整体。看来，卡夫卡的《变形记》把我们带往不熟悉的另一世界，而其实，那另一世界原本是属于我们的人性之邦，只是卡夫卡试图用另一套叙述方式与技巧来展示我们人性内部的黑暗王国。因为我们平时不朝它看上一眼，初见之下，才会感到它是如此的陌生、怪异和难以理解。

著名作家米兰·昆德拉在《小说的艺术》中称小说家为“存在的勘探者”，而把小说的使命确定为“通过想象的人物对存在进行深思”，“揭示存在不为人知的方面”。卡夫卡的《变形记》就是探究存在之谜的。但他所关注的重点是“不可视的内心生活”，他的《变形记》是以深邃的寓意体现人类的某种常常被遗忘的存在状态。

昆德拉曾说过，每个作家的创作都有一个主题。他解释说卡夫卡所有小说的主题就是：人在外部世界的规定下，显得无能为力。在这种情况下，人应该怎么办？卡夫卡的小说“是梦与真实的绝妙混合，既有对现代世界最清醒的审视，又有最疯狂的想象”。所以如果我们联想一下现实生活中类似的事情，当我们被一些谁也无法预料、无法逃避的境况所决定时，生活的荒诞与这个故事的荒诞就有了一种比拟的联系，那么摆在我们面前的问题就尖锐了：当我们突然无法动弹，在完全无能为力，丧失了人的一切自主性的情况下，我们应该怎么办？卡夫卡的小说带出了我们深深的疑问。显然，在如此荒诞的突变中，卡夫卡敏锐地觉察到现实生活某些带本质性的问题，才用这种象征、夸张甚至荒诞的手法加以表现。（郗晓波）

作者生平

卡夫卡1883年7月3日出生于布拉格的一个犹太家庭，1901年进入布拉格大学学习德国文学，不久受父亲之命改学法律，1906年获得法学博士学位。在大学期间，他在爱好文学的同学布洛德的鼓舞和支持下，开始了文学创作。毕业后，卡夫卡虽然“厌恶一切与文学无关的东西”，但不得不从事职员的工作。1917年卡夫卡患上肺结核开始咯血，1924年6月3日因肺病恶化病逝于维也纳近郊的基尔灵疗养院。卡夫卡一生创作勤奋，他的主要作品还有三部没有结尾的长篇小说《美国》、《审判》和《城堡》，短篇小说《变形记》、《在流放地》、《地洞》等，以及一些书信和日记。卡夫卡创作作品并不以发表、成名为目的，他将写作看做是寄托思想感情和排遣忧郁苦闷的手段，生前发表的作品仅占全部作品的九分之一。在去世前，他曾托付挚友布洛德将其作品全部烧毁。但布洛德出于友谊与崇敬之情，违背了卡夫卡遗愿，整理出版了《卡夫卡全集》，让世人不至于与这位世界文学大师失之交臂。

◆泰戈尔诗歌创作的巅峰之作

◆20 世纪世界经典著作

◆一份“奉献给神的祭品”

《吉檀迦利》

许多批评家说，诗人是“人类的儿童”，因为他们都是天真的、善良的。在现代诗人中，泰戈尔是一个“孩子的天使”，他的诗正如天真烂漫的天使的脸，读他的诗就能“知道一切事物的意义”，就感到平和，感到安慰……

20 世纪初期的印度是英国的殖民地，政治上遭受压迫，经济上受到剥削，使这个古老的国家的人民陷入贫穷、愚昧之中。为了唤醒这个沉睡的巨人，两位伟人应运而生了，一位是“圣雄”甘地，另一位就是印度近代史上最伟大的文化巨匠——泰戈尔。

泰戈尔是个多才、多艺、多产的作家，他一生创作 50 多部诗集、12 部中长篇小说、100 多篇短篇小说，印度人评价他说：“他是我们圣人中的第一人：不拒绝生命，而能说出生命之本身的，这就是我们所以爱他的原因了。”泰戈尔创作的作品所涉及的内容几乎文、史、哲、艺、政、经无所不包，无所不精。《吉檀迦利》是他中期诗歌创作的巅峰之作，也是最能代表他思想观念和艺术风格的作品。《吉檀迦利》这部宗教抒情诗集，是一份“奉献给神的祭品”，法国作家纪德曾经说过：“没有任何诗集能像《吉檀迦利》一样给我以灵魂上的震撼。”

1913 年的诺贝尔文学奖评奖会上，《吉檀迦利》成为评委们争相阅读的作品，委员会以 12:1 的投票比例将当年的诺贝尔文学奖颁给了这部诗集的作者，这是瑞典文学院第一次将诺贝尔文学奖颁给一个东方人。当时，一些西方媒体抱怨委员会不应该将这份荣誉授予了一个“名不见经传的亚洲人”，但是，大部分读过这部诗集的人都对这次授奖感到非常满意，他们将泰戈尔称为“东方圣人”。如今，崇拜和阅读泰戈尔的人一代代老去，而他的作品却依然新鲜如故，更显深邃，像高远的天空，像恒河的波影。

写在《吉檀迦利》前

这些诗歌的译稿，我带在身边好几天，我在火车上读它，在公共汽车上或餐馆里读它，我时常不得不把原稿合上，免得陌生人看到我是多么被它所感动。这些抒情诗——据我的印度朋友告诉我，孟加拉文的原作充满了微妙的韵律、不可翻译的轻柔的色彩以及创新的格律——以其思想展示了一个我生平梦想已久的世界。一部具有高度文化底蕴的艺术作品，然而又显得极像是普通土壤中生长出来的植物，仿佛青草或灯心草一般。一个诗和宗教同为一体的传统，一个世纪又一个世纪地传下来，从有学问和没有学问的人们那里采集了精华，把学者和贵人的思想重新带给群众。如果孟加拉文化毫不间断地保存下来，如果那普通的心灵——像人们揣度的那样——流贯众生，而不是像我们这样分裂成十多个彼此毫无了解的心灵，那么，泰戈尔的这些诗歌中的哪怕是最微妙之处，几代以后，也会流传到道旁乞丐那儿。

当英国只有一个心灵的时候，乔叟写下了《特罗勒斯和克丽西德》，虽然他是写出来给人阅读或朗读的——因为我们的时代迅速到来——游唱诗人歌唱他的诗篇为期甚短。泰戈尔，像乔叟的先驱者们一样，也为他的诗篇作曲配乐，人们时时刻刻都明白，泰戈尔是那么丰富多彩，那么自然流露，那么热情奔放，那么出人意料，因为他是在做着他自己从不感到奇怪、不自然或需要辩护的事。泰戈尔的这些诗篇不会装订成印刷精美的小书，躺在贵夫人的桌子上，她们用慵懒的手翻着书页，这样就能对毫无意义的一生欷歔叹息，其实，她们对人生所能了解的，不过如此而已。这些诗篇也不会被大学生带来带去，及至人生的工作开始便将它们丢在一边。然而，一代代过去，旅客们仍将在大路上吟咏这些诗篇，划船的人们仍将在河上吟咏这些诗篇。情人们在互相等待的时候，吟咏这些诗篇，就会发觉这种对神的爱是个充满魔法的海湾，他们自己的更为痛苦的热情，可以在其中沐浴而重新焕发青春。这位诗人的心，时时刻刻向这些人涌去，毫无自贬身价之意，因为他的心深知他们会懂得的，而且他们的生活境况也已经充满了他的心。旅客穿着红棕色衣服，以求蒙上尘土也不会显眼；姑娘在她床上寻找着从她那皇家情人的花冠上落下的花瓣；仆人或新娘在空空如也的屋子里等待着主人回家：凡此都是仰慕着神的那颗心的形象。花朵和河流，呜呜吹响的海螺，印度七月里的滂沱大雨，

就是这笼压弥漫的痛苦，加深而成为爱、欲，而成为人间的苦乐；就是它永远通过诗人的心灵，融化流涌而成为诗歌。

或者是灼人的炎热：凡此都是那颗心在结合或分离之际的情绪的形象。而一个泛舟河上弹奏诗琴的人，就像中国水墨画里那些充满神秘主义的人物一般，就是上帝自身。

我们感到无限新奇的一个完整的民族，一个完整的文化，似乎渗透了这份想象力；然而我们之所以受感动，并非由于它的新奇，倒是因为我们遇到了我们自己的形象，仿佛我们在罗赛蒂的柳林里散步一般，或者，也许是第一次在文学作品里听到了我们自己的声音，仿佛在梦里一般。（叶　芝）

我要调拨我的琴弦，和永恒的乐音合拍，当它呜咽出最后的声音时，就把我静默的琴儿放在静默的脚边。

相遇泰戈尔

找不到一个如此优美的世界于这尘世间，这个泰戈尔散文诗的世界。

高二的那一年，我与你在一个小小的书摊前相遇，也许生命的冥冥之中，注定你在我人生的某一个路口等我。这是你给予我人生无价的馈赠。

“你已经使我永生，这样做是你的欢乐。这脆薄的杯儿，你不断地把它倒空，又不断地以新的生命来充满。”这是你《吉檀迦利》中的第一首的第一句。如一泓清泉，随意自然，流泻而出。这是你所献给生命的赞歌。这里的所有的语言，若要我来形容，所有的形容词都显得做作苍白无力。还是我们一同来体会，来读它吧：

当你命令我歌唱的时候，我的心似乎要因着骄傲而炸裂，我仰望着你的脸。眼泪涌上我的眼眶。

我知道你喜欢我的歌唱。我知道只因为我是个歌者，才能走到你的面前。

我用我的歌曲的远伸的翅膀，触到了你的双脚，那是我从来不敢奢望触到的。

体会着这优美的语言，我常常在阅读中不由自主地融入其中。我就像是一滴泉水，在美丽的山涧中，时急时缓地行走，就像是一位北方的老农，在冬日温暖的阳光中，舒坦地伸伸懒腰。就像是一只小鸟，在夏日的林间，快活地飞来飞去。

在泰戈尔的散文诗中，我飞得自由、轻松、豪迈。

“释放我，让我像原野上的鸟儿，像游子天涯一般自由；

释放我，让我像倾盆的暴雨，挣脱羁绊的冲向未知的远方的狂风一般自由。

释放我，让我像森林中的烈火，像高声狂笑着向黑暗挑战的雷霆一般自由。”

在泰戈尔的《吉檀迦利》中，作者以歌颂神灵为形式与神主结合，但并非是在表达一种超凡脱俗的思想。他借此表达的是一种对生命的歌唱，歌唱生命和现实世界的欢乐和悲哀。表达了对人生理想的思索和追求。

泰戈尔是印度民族诗体的继承者，又是新诗体的开拓者，他脱离了原来的格律诗体，而“不保留诗歌格律明显的抑扬顿挫”，再“赋予孟加拉散文以诗的情韵”之后创作的。他的散文诗比其他人的散文诗更具有民族特色和个人的独特风格。

泰戈尔的散文诗是从“诗的语言和表现手法”上揭去那华丽而羞涩的面纱，他的语言虽然没有韵脚，但处处无不有他内在的旋律。他的散文诗的最显著的特点就是口语化，读起来那么亲切、活泼。他的诗歌的内在韵律使人更能体会到他诗中的激情，如飞瀑一样的自然神韵。

从散文诗的风格来看，法国帕特蓝的散文诗是华丽的，俄国屠格涅夫的散文诗是精致而绚丽的，英国蓝德的散文诗是简洁、明了的，而泰戈尔的散文诗则是清新、质朴的。在诗中作者对生活的描写都毫无渲染，只是在自然地描绘，给人一种生活的真实感。其次还在于作者在诗歌中表露的情感的真实性，他给人一种率真的朴实美。还有他描写的形象的意象化，诗人与此同时还是一个出色的画家，其中的一些诗给人一种如诗如画的感觉。此外，风格的朴实无华还在于其凝练的口语化的语言，形象的比喻，从而使深刻的哲理变得更加形象、具体和朴实。（刘建军）

作者生平

泰戈尔 1861 年 5 月 7 日出生于加尔各答市一个非常富裕的人家，父亲是著名的宗教改革家和社会活动家，六个哥哥也均献身于社会改革和文艺复兴运动。泰戈尔靠家庭教育和刻苦自学度过了少年时代，1878 年去英国学习法律，后转入伦敦大学攻读英国文学，研究西方音乐。他的诗才在童年时初露锋芒，年仅 14 岁时发表了爱国诗篇《给印度教徒庙会》，19 岁时就成了职业作家。泰戈尔一生著述颇丰，共创作了 50 多部诗集，被称为“诗圣”。此外，还著有 12 部中长篇小说，100 余篇短篇小说，20 余部戏剧，及大量有关文学、哲学、政治的论著和游记、书简等。泰戈尔还是位造诣颇深的音乐家和画家，曾创作了 2000 余首歌曲和 1500 余幅画，其中歌曲《人民的意志》已被定为印度国歌。1913 年泰戈尔获得诺贝尔文学奖。1941 年 4 月，这位印度近代文学的奠基人写下最后的遗言《文明的危机》，同年 8 月 7 日，在加尔各答他的祖宅中，泰戈尔悄然离世，留给世人的是数不尽的文学财富。

◆世界文学史上不朽的丰碑
◆没有毒药、没有尖刀、没有流血的平凡悲剧
◆巴尔扎克最出色的画稿之一

《欧也妮·葛朗台》

在最伟大的人物中间，巴尔扎克是第一等的一个；在最优秀的人物中间，巴尔扎克是最杰出的一个。在巴尔扎克生动逼真的人物形象面前，古希腊、古罗马的人物变得苍白无力，浑身抖颤，中古的人物像玩具士兵一样倒伏在地。

法国巴黎罗丹博物馆的庭院内，默默地站立着一个巨人，这就是巴尔扎克塑像，著名雕塑家罗丹留下的传神杰作，常常令人想起这位法兰西民族最光辉的巨匠坎坷的命运、勤奋的一生、刚强的意志、深邃的思想和犀利的笔锋。欧洲批判现实主义文学的奠基人和杰出代表——巴尔扎克的一生是短促的，但他给人类留下了丰富的遗产。正如雨果在《巴尔扎克悼词》中所说，他的“作品比岁月还多”。100多年来，他的作品传遍了全世界，对世界文学的发展和人类进步产生了巨大的影响。马克思称赞他是“超群的小说家”、“现实主义大师”。

巴尔扎克的小说集总称为《人间喜剧》，共包括90多部长、中、短篇小说，恩格斯称巴尔扎克在《人间喜剧》里给我们提供了一部法国“社会”、特别是巴黎“上流社会”的卓越的现实主义历史，《欧也妮·葛朗台》是其中著名的一部。巴尔扎克其他批判现实主义作品虽博大精深，却很难让人一气读下，原因在于其叙述的冗长，技巧的呆板，唯此部除外。这部巴尔扎克最优秀的小说，据说是他与后来成为他妻子的俄国贵妇人韩斯卡夫人热恋中的产物。初稿曾寄往遥远的俄罗斯，中途未曾遗失真是万幸。在这部小说中，巴尔扎克用漫画式的夸张，真实的细节描写，个性化的语言，塑造了爱财如命、毫无亲情的吝啬的葛朗台。葛朗台的形象作为世界文学人物长廊中四大吝啬鬼之一而流传后世。对于巴尔扎克本人来讲，《欧也妮·葛朗台》是他小说创作的一次飞跃，充分体现了他丰富的艺术实践和创作的特色。对于读者来说这部小说也是巴尔扎克作品中最具可读性的一部著作。

巴尔扎克的得意之作

《欧也妮·葛朗台》是《人间喜剧》中的著名长篇小说，也是巴尔扎克得意的杰作之一。巴尔扎克的小说真正定型是从《欧也妮·葛朗台》开始的。这部小说情节曲折生动，布局严谨，语言独具特色。全书在不长的篇幅里安排了葛朗台家、侄儿查理、欧也妮与求婚者三条线索，但作者并没有平铺直叙，而是开始就把三者扭在一起描写，至家庭纠纷后立即推向高潮，又突然收尾，在多线索中显得条理清晰，主次分明，令人叫绝，至于葛朗台老头富于个性的语言，更令理论家历来百谈不厌。

埃尔·巴尔贝里在《法国大百科全书》的巴尔扎克条中是这样评价的：巴尔扎克写作这部小说时事先并没有反复考虑，但小说一出来便受到大家的欢迎，成为现实主义新文学和刻画内心世界的一篇杰作。这部小说在人物塑造、环境描写、故事叙述等方面取得了惊人的成就。此外，作品结构紧凑，步步深入，一气呵成，各线索之间互相联系，显得跌宕有致。行文如滚滚洪流，直泻而下，笔势酣畅，具有浓烈的抒情意味。这是一部批判现实主义的杰作，它震撼着每一位读者，在法兰西文学史上具有独特的魅力。

葛朗台的形象是作品最大的成就。这个人物最明显特征是爱财如命和极端吝啬。然而，读者千万别以为他只是个老式地主和吝啬鬼，作者塑造的是一个法国大革命后起家的资产阶级暴发户形象。他比旧式地主精明、也更凶狠，敛财方式更充斥着血腥味。他靠投机革命发了财，当过行政委员、市长，任职时期，利用职务大捞油水，仅十几年就成为索漠城首富，他懂得商品流通和投机买卖，利用债务和商业信用大把赚钱。他兼有大土地所有者和金融资产者的特征，他的得势反映了复辟王朝时期土地、金融资产阶级主宰一切的社会现实。然而，单纯地塑造这样一个被拜金主义所渗透的吝啬鬼形象，并不是巴尔扎克的最终目的。拜金主义只是一个现象，巴尔扎克更为关注的乃是这样一种现象背后的人生悲剧。葛朗台本身固然就是一个人的悲剧，这个人在金钱的异化下已经变成了一个非人，但更大的牺牲者却是他的女儿欧也妮。这或许就是小说以她的名字而不是以其父亲的名字作为标题的原因所在。欧也妮纯真善良，对人充满温情，对上帝心怀崇敬，这样一个美好形象的人生悲剧能打动我们的心灵。而当我们追究其悲剧的根源时，我们便自然而然地透视到了拜金主义的罪恶，领悟到了巴尔扎克掩藏在其独具一格

躺在上帝面前的那沉默的羔羊，真是尘世的牺牲者最动人的写照……金钱与鄙薄，才是守财奴的养料。

的现实主义手法之下的愤怒与同情。

巴尔扎克离我们虽然已有两百多年，但其作品所揭示的社会现实仍然令人深思。巴尔扎克对《欧也妮·葛朗台》的构思，并不在于全力描写葛朗台的剥削活动，而主要是通过他和家庭的矛盾，特别是通过他给女儿制造的苦难，深入刻画人物的贪欲和吝啬，以及由此而导致的人性的灭绝。然而，作家为葛朗台勾勒的发迹史和搜刮钱财的行径，对于在广阔的背景下揭示人物的阶级性和社会性具有重要作用，也大大丰富和深化了这出家庭悲剧的社会意义。

《欧也妮·葛朗台》是巴尔扎克的代表作，它是《人间喜剧》中“最出色的画卷之一”，是欧洲文学史上第一部全面而深刻地揭露资本主义社会里程碑式的作品，以其自身独特的文学美学价值对世界文学的发展和人类进步产生了巨大的影响。（佚　名）

葛朗台虽已积累了巨大的财富，但过日子却一直和庄稼人差不多，喝的老是坏酒，吃的老是烂果子，面包是自己家烤的，肉食蔬菜靠佃户供应，蜡烛是全家合用一支，还得买最便宜的，白糖早就落价了，可永远当做奢侈品看待……

巴尔扎克出色的画稿之一

悭吝精明的百万富翁，有位天真美丽的独生女儿，她爱上了一个破产落魄的亲戚，为了资助他“闯天下”，不惜倾囊赠予全部私蓄，从而激怒爱财如命的父亲，父女间发生激烈的冲突，吓得胆小而贤淑的慈母从此一病不起；可是在期待中丧失父亲、损耗青春的痴情姑娘，最终等到的却是发财归来的负心汉。

这类痴情女子负心汉的故事我们见得并不少，但是为什么巴尔扎克的这部《欧也妮·葛朗台》会成为一部杰作呢？除了巴尔扎克为情节提供了一个真实的故事背景外，更重要的是小说创造了一群有血有肉的人物形象。由于这部小说中的“风俗研究”已经与“哲理研究”结合，那么这些人物形象就不仅是典型化了的个人，而且还是个性化了的典型。

据安德烈·莫洛亚考证，其实巴尔扎克只去过索漠一次，而且仅仅停留了几个小时；有人还找出小说中的破绽，证明故事更像发生在图尔。这些都无碍于作品的真实性。巴尔扎克对索漠的描写，无非是为了提供一个人物活动所需典型场所，它可以是索漠，也可以是别处，但必须是法国在那个时代的内地社会的缩影。同样，到索漠去寻访小说人物的原型也是徒劳的。他们是巴尔扎克心目中的一群内地人物的典型。在巴尔扎克的作品中，艺术真实的感染力来自他对观察所得的提炼和加工，来自他以此塑造的人物在读者心目中获得的认同。

老葛朗台的性格是显然与守财奴的传统形象大不相同。莫里哀的阿巴公只知吝啬，虽然也爱财如命，但是仅仅热衷于守财，连放债都舍不得。而老葛朗台却不只是守财，更善于发财。为了赚钱，他不惜掏空自己积攒的金银。他精于计算，能审时度势，像老虎、像巨蟒，平时不动声色，看准时机会果断迅速地扑向猎物，万无一失地把大堆金银吞进血盆大口般的钱袋。有人发革命财，有人发复辟财，而他革命财也发，复辟财也发。索漠城里没有一个人不曾尝到过他的利爪的滋味，却没有人恨他，索漠的居民反而敬佩他，把他看成索漠的光荣。他实际上成了人们心目中的上帝，因为他代表了在那个社会具有无边法力的金钱。对金钱的追逐是一种顽固的意念，而小说想证明的偏偏又是这种意念的破坏力量，它摧毁了一个家庭。

在这个家庭中光明和黑暗的对比十分强烈。与葛朗台形成鲜明对照的是葛朗台太太的圣洁和葛朗台小姐的善良慷慨。圣洁的价值观在金钱统治的社会只有遭到无情的蹂躏。在这阴暗的小天地中，欧也妮的形象显得特别美丽明亮，但是这颗明星注定要黯淡下去。

在巴尔扎克对欧也妮形象的描述中，我们也感到了他作品中少有的抒情气氛，它是那样浓郁，那样感人，所以我们读罢小说，掩卷遐思时，那堵长着野花的旧墙，那个狭小的花园以及树荫下那条曾聆听纯情恋人山盟海誓的长凳，仍使我们在浩叹之余感到一丝温馨。（契诃夫）

作者生平

巴尔扎克是19世纪法国伟大的批判现实主义作家，欧洲批判现实主义文学的奠基人和杰出代表。1799年出生于一个法国大革命后致富的资产阶级家庭，法科学校毕业后，拒绝家庭为他选择的受人尊敬的法律职业而立志当文学家。为了获得独立生活和从事创作的物质保障，他曾试图从事出版印刷业等商业活动，但都以破产告终。然而这些经历为他认识社会、描写社会提供了极为珍贵的第一手材料。1829年，巴尔扎克完成长篇小说《舒昂党人》，这部取材于现实生活的作品为他带来了巨大声誉，也为法国批判现实主义文学放下第一块基石。巴尔扎克将《舒昂党人》和计划要写的一百四十五部小说总命名为《人间喜剧》，并为之写了《前言》，阐述了他的现实主义创作方法和基本原则，从理论上为法国批判现实主义文学奠定了基础。1850年8月18日，巴尔扎克与世长辞，他一生创作了九十多部长、中、短篇小说和随笔，其中代表作为《欧也妮·葛朗台》、《高老头》等。一百多年来，巴尔扎克的作品早已传遍了全世界，对世界文学的发展和人类进步产生了巨大的影响。

◆人文主义的悲壮颂歌
◆影响历史进程的 100 本书之一
◆1986 年法国《读书》杂志推荐的理想藏书

《哈姆雷特》

浪漫派诗人济慈说，“莎士比亚过的是寓言的一生，他的作品就是诠释。”世界上对这位文艺复兴时期的巨人的剧作一往情深的导演不计其数，苏联戏剧导演梅耶荷德曾经说过：“如果将来的某一天世界上所有的剧本都失传了，而《哈姆雷特》没有失传，那么戏剧就还存在。”

莎士比亚不仅属于一个时代，而且属于所有世纪；莎士比亚不仅属于英国，而且属于全世界；莎士比亚是一座丰碑，是一种精神，他以自己妙笔生花的创作实践打破了盛行于剧坛的三一律模式，创造性地发展了戏剧。作为英国文化的宝贵遗产，莎士比亚的作品像空气一样流布全世界，有着极为顽强的生命力。可以说，如果没有莎士比亚，无论是文艺复兴还是西方文学史都会逊色不少。

恩格斯曾盛赞莎士比亚作品的现实主义精神与情节的生动性、丰富性，而马克思则称莎士比亚为“人类最伟大的天才之一”。莎士比亚一生创作颇丰，完成于 1601 年的《哈姆雷特》是其戏剧创作的最高成就，其悲剧的深刻性、主人公哈姆雷特性格的复杂性、对人类生活的高度概括性，以及悲剧艺术和语言艺术的丰富性和完美性，一直震撼着各国读者的心灵。近四百年来，一代又一代的学者研究它，甚至为它耗尽毕生的精力；一代又一代的作家崇拜它，将它视为艺术创作的典范和依据。据联合国教科文组织的统计，《哈姆雷特》是当今世界上最受欢迎的戏剧，它的剧本仅在 1979–1985 年间就出版了 92 版次。

在莎士比亚时期，英国舞台上的“复仇剧”风靡一时，已经有人在莎士比亚之前写出了《哈姆雷特》。但是，莎士比亚赋予这个古老的故事以深刻的内容和崭新的思想，并且在艺术上达到了前所未有的高度。因此，在莎士比亚的《哈姆雷特》剧本问世之后，再无人尝试改编，因为没有人能够写得比莎士比亚更好。

生存还是毁灭

《哈姆雷特》的故事情节取材于12世纪末的一部丹麦史，1576年一位法国作家把它写进他的故事集里，16世纪80年代，伦敦舞台上曾多次上演过莎士比亚同时代剧作家据此改编的戏。1601年，莎士比亚又把它重新改编，把一段中世纪的封建复仇故事改写成一部深刻反映时代面貌、具有强烈反封建意识的悲剧，哈姆雷特的形象也成为世界文学史上著名的艺术典型之一。

在历史传说素材基础上创作的《哈姆雷特》不是一出宫廷夺位争斗的戏，而是反映了文艺复兴时期的英国社会现实，折射出文艺复兴时期的人文主义精神光芒的一出戏。剧作写的是丹麦王子哈姆雷特对谋杀其父、骗娶其母并篡夺了王位的叔父进行复仇的故事。莎士比亚为人类艺术宝库作出的最重要的贡献是他的人物性格描写艺术。他笔下的人物既是典型的又是个性化的，每个人物都具有自己的特征。主人公哈姆雷特是人文主义者的悲剧典型。他肯定人生，赞美生活，追求真诚友谊，寻觅纯洁爱情，渴望平等自由，而且他本人是“朝臣的眼睛、学者的辩舌、军人的利剑、国家所瞩望的一朵娇花、时流的明镜、人伦的典范”，是具有完美品德的人，这完全是人文主义理想的新人。但现实的丑恶粉碎了他的人文主义理想，他陷入苦苦思索之中，他处于彷徨之中，最终他刺中了克劳狄斯，刺中了丑恶现实，但单凭个人英雄行为是担当不起“重整乾坤的责任”的。这造成了悲剧的必然结果。

莎士比亚善于把握戏剧张力，情节发展始终处于戏剧紧张之中，同时，他的剧本的戏剧结构宏大复杂，他喜欢描写几条平行或交叉线索的、复杂的情节。《哈姆雷特》中有三条复仇的情节交织在一起，而以哈姆雷特为父复仇为主线，以雷欧提斯和福丁布拉斯为副线，三条线相互联系，又彼此衬托。在复仇情节之外，剧中写了哈姆雷特和奥菲利娅之间不幸的爱情，哈姆雷特和霍拉旭之间的真诚的友谊以及罗森格兰兹、吉尔登斯吞对哈姆雷特的友谊的背叛；还写了御前大臣波洛涅斯一家父子兄妹之间的关系。所有这些又都起着充实、推动主要情节的作用。

《哈姆雷特》这部杰作的情节的丰富性还表现在它描绘的生活面很广阔，从宫闱到家庭，从深闺到墓地，从军士守卫到民众造反等场面。在描写生活时，莎士比亚在自己

生存还是毁灭，这是一个值得考虑的问题。默然忍受命运的暴虐的毒箭，或是挺身反抗人世的无涯的苦难，通过斗争把他们扫清，这两种行为，哪一种更高贵？

的剧作中常常突破古典戏剧的清规戒律，把喜剧因素和悲剧因素结合在一起，如在奥菲利娅落水淹死的悲惨场面之后，紧接着是掘坟墓者插科打诨的场面。这种“崇高和卑下、可怕和可笑、英雄和丑角的奇妙的混合”，正是马克思和恩格斯所称道的莎士比亚悲剧的特点之一。

莎士比亚写《哈姆雷特》的时候，英国是“一个颠倒混乱的时代”。这时，宫廷挥霍浪费，社会动乱不堪，王室同资产阶级之间的矛盾越来越尖锐。莎士比亚深深感到自己的人文主义理想和英国现实之间存在着无法解决的矛盾。他在《哈姆雷特》中深刻揭示出这一矛盾，通过这一个古老的宫廷仇杀的故事，对以克劳狄斯为首的专制王朝进行了无情的揭露，对王子哈姆雷特这个人文主义者所进行的反封建暴政的斗争，给予了热情的赞赏和深厚的同情。丰富的情节以及深刻的内涵使得这部杰出的悲剧直到今天仍然感动着我们。（佚　名）

我死之后，要是世人不明白这一切事情的真相，我的名誉将要永远蒙着怎样的损伤！你倘若爱我，请你暂时牺牲一下天堂上的幸福，留在这一个冷酷的人间，替我传述我的故事吧……

永恒的《哈姆雷特》

那是一个争权夺利的世界，那是一个颠沛流离的时代，那是一个爱恨交织的故事，那是一幕令善良与丑恶的心同时震颤的戏剧，那是一部人类心灵咏唱出的伟大史诗。《哈姆雷特》讲述了一位英俊威仪的丹麦王子的复仇故事，然而它不仅是一部杰出的戏剧，更是那个时代的缩影。作者莎士比亚已经将这种思想融注于笔端，借哈姆雷特之口讲出：“自有戏剧以来，他的目的始终是反映自然，显示善恶的本来面目，给它的时代看一看它自己演变的模型。”写出真实自然的社会、昭示善恶、弃恶扬善，便铸就了永恒的《哈姆雷特》。

宁宗一先生曾讲：一部文学史便是一部人类的心灵史。《哈姆雷特》之所以不朽，是因为它犹如一面明亮的镜子，从中映射出我们心灵深处的善与恶，映射出一个各种欲望杂糅的错综的社会。看着这面镜中的故事，我们将得到心灵的震颤与净化。哈姆雷特是一个内心极为复杂的人物，他敬爱死去的父亲——一位开疆拓土、英武非凡的国王；他痛恨他的叔父——一个篡权夺位、丧尽天良的奸佞；他厌恶他的母亲——一个贪恋金钱、轻薄不贞的女人。他爱奥菲利娅，他送给她许多礼物，写给她数不清的情诗，表达过无数次的忠心。然而，为了复仇，他不得不深藏起心中的爱恋，满口疯言疯语；他不得不杀掉奥菲利娅的父亲——一个老于世故、可能破坏他复仇计划的老臣；也导致奥菲利娅因失去父亲而自杀身亡。在他心爱的人的葬礼上，那久积于心中的爱才如泉涌一般奔流而出，然而一切都晚了。

爱之愈深，痛之愈深！这就是哈姆雷特，一个胶着在爱与恨情网中的哈姆雷特。对父亲的爱凝聚成他复仇的烈焰。他要夺回王位，重振他父王在世时的国威，然而又对自己表示怀疑，仍希望依偎于父亲的羽翼之下安享太平，他讲道："这是一个颠沛流离的时代，唉，倒霉的我却要负起重整乾坤的责任。"他深知新王的险恶，但他却没有依靠朋友，没有发动爱戴他的群众，这又是一个富于斗争精神而尚未成熟的哈姆雷特。

《哈姆雷特》不仅给我们塑造了一个有血有肉的哈姆雷特，同时也给我们勾画出一个资本原始积累时期物欲横流的社会。在这样一个颠沛流离的乱世，需要一个人去重整乾坤实在太难太难。即使他是一个英明的君主，也无法以一人之力去改变世界，去重新使人们获得良知。在那个世界，宗教只能让好人获得心灵的安慰，却能让坏人在干完坏事后用祈祷换来良心的平衡。在那个世界，人们时时压抑，时时想改变社会，却又时时感到自己力量的微薄，因为没有一个人勇敢地站出来走这第一步。这样的世界需要革命，需要一场暴力革命推翻旧制建立新的世界。人们呼唤领袖，需要有人振臂一呼。哈姆雷特得到人民的尊敬，本来他可以做到这一点，但他没有做，这不仅造成了他个人的悲哀，也造成了社会的悲哀，这也成了这部戏剧最大的遗憾。鲁迅先生说过："悲剧将人生的有价值的东西毁灭给人看。"《哈姆雷特》在毁灭了亲情 友情、爱情之后，又让人们重新认识、重新得到了它们。这如凤凰涅槃般在心灵中的再生，更使人们体会到失去后重新获得的珍贵。一部《哈姆雷特》教给了我们太多太多……（佚　名）

作者生平

1564年4月23日，莎士比亚出生于沃里克郡埃文河上的斯特拉特福镇，十三四岁时，家道中落，他被迫辍学帮助父亲料理生意。大约在1585年，他离开家乡到伦敦谋生，曾经在剧院门前为贵族顾客看马，逐渐成为剧院的杂役、演员，直至股东。这期间，他广泛地接触到了社会各阶层的生活，加深了对社会的认识。1592年，莎士比亚的第一部剧作《亨利六世》问世，使消沉多日的英伦玫瑰剧场为之轰动，卖座率收入竟达到整个演出季节的顶峰。继《亨利六世》一举成名之后，《理查三世》、《理查二世》、《亨利五世》、《亨利四世》、《哈姆雷特》、《奥赛罗》、《威尼斯商人》、《罗密欧与朱丽叶》等传世佳作在莎士比亚的笔下纷纷问世。他人生的最后几年在家乡度过，1616年4月23日去世，葬于镇上的"三一"教堂，每年都有数以千万计的人像朝圣一般去瞻仰。在整整52年的生涯中，莎士比亚为世人留下了37个剧本、一卷十四行诗和两部叙事长诗。在他死后的四百多年间，世界几乎每天都在上演他的不朽剧作。

◆19世纪杰出的经典著作

◆哈佛大学百名教授推荐的最有影响的书

◆全世界能阅读小说的妇女必读的经典之作

《简·爱》

有这样一本书，只要一打开，便摆脱了书的形式，顽固地融入了你的生命。恰似一朵美丽的花，即使凋谢了，记忆中仍久久地萦绕着它的芬芳，挥之不去。英国著名的女作家夏洛蒂·勃朗特的代表作——《简·爱》就是这样一朵永远盛开的不凋谢的美丽之花。

文学的存在必然要经过历史浪潮重重的淘洗，最后能稳固下来的就一定是佳品、精品。尤其是一部小说，它是否能以一种力量的光辉，去唤起人们心底美好的情愫，也就是说，它塑造的人物是以人们希望或赞赏的生存方式存在于文学作品当中，那么这些人物就能久久地停在读者、世人的心中，并产生有效的影响，而这部作品就能够传承于世。英国作家夏洛蒂·勃朗特的《简·爱》就是这样一部作品，它具有经久的魅力，一个多世纪以来仍然不断散发着耀目的光辉。

《简·爱》这部19世纪英国最出色的小说，在英国文学史上占有显著地位，一出版就引起了轰动，当时已经驰名文坛的萨克雷说："《简·爱》使我非常感动，非常喜爱。是我能花好多天来读的第一本英国小说。"作为女性文学的代表作品，《简·爱》是全世界能阅读小说的妇女必读的经典之作，它让读者在阅读的过程中，通过简·爱曲折丰富的情感经历，体味她对爱情、友情以及独立、平等、自信等的理解和实践，感受这个受过良好教育但社会地位卑微的女子的思索和抗争。该书问世一个半世纪以来，不仅作家、评论家对它的热情不减，而且世界各国到底有多少痴心的女读者在这个相貌平平、过早饱尝人生辛酸、但终未失去与生活搏斗勇气的简·爱身上找寻自己的影子，寄予同情，其人数无法统计。

一百多年来，《简·爱》的影响不衰，它使千千万万的女性从女主人公简·爱身上找到了追求平等与自立的精神源泉，至今它仍然是广大读者喜爱的书。

地狱出口的那一扇门

“那一定是灵魂的呼唤，只有我知道，这个时候他需要我，只有我一个人知道……”那张因为过分的自制而沉滞抑郁的脸在雷电的强光下突然绽开，像一朵花一般明艳。于是，决定回去找他，无论如何，都要爱他——那个一样孤寂落寞的灵魂。

简·爱有着一张异常平静的脸。平凡端正的五官，眼眶和嘴唇的曲线都清冷而坚毅，好像可以承受得起世间的一切不公平待遇，并且不发一语。但是她的眸子——那水一样透澈的眼睛，明明白白地写着她感性的心。在睫毛的掩阖之间，波光潋滟。

每一次的虐待、冷漠、伤害，还有打击，都会令那双眸子为之揪紧、黯淡。但迅速地又会扬起，唇的弧度会抿紧，并且比原先多了一分勇气。最可贵的是，那眼睛仍然是清澈的，没有怨怼、愤怒、仇恨，一切负面的情绪。

她是如此瘦小柔弱，但是粗鲁的人却伤害不了她。她只是淡淡地笑，那笑容仿佛是什么都了解，什么都原谅，什么都可以轻轻抹去。当她望着这个高大的男主人时，他粗声大气的说话，或者更早——那匹因为她而受惊跌翻他的马……有一抹含羞草一样的浅色在她的眸子里浸润开。她安详地静静关怀他，以一种与以前的忍受所不同的愉快承受着他的任性，他的傲慢，他的不辞而别，他的所谓的花心。她在心里说，一定有什么经历困扰着他，才使他如此冷漠。她深信他有着一颗同样温存善良的心。他的创伤令他乖戾，一定可以用爱抚平。

也许刚开始，只是心疼。在简·爱的眼里，他和那个从小缺少爱与呵护的小姑娘艾德拉没有什么两样。而她自己，小时候受的又是什么样的非人待遇啊！沉淀下来后，恨意都已经被岁月涤净，只有一颗温柔的心，会疼惜所有和她一样孤苦的人。

爱是什么时候开始？没有人知道。爱是缘于相像，还是相反？同样没有人知道。

她曾经是如此地卑怯啊！当美艳如花的贵妇人穿着华丽的衣饰翩翩然地在大厅里走动，她只是瑟缩在墙角的一个地位低下又貌不惊人的家庭教师。过强的自尊心使她想闭门不出，想逃离。

可是，她又多么勇敢！在罗切斯特准备送她到别处去时，她情不自禁地说：“那是个遥远的地方，先生……而且还隔着海。”“和什么隔着海，简？”“和英格兰，和桑菲

你以为，我因为穷，低微，矮小，不美，我就没有灵魂没有心吗？你想错了——我的灵魂和你一样，我的心也和你完全一样……我们站在上帝脚跟前是平等的——因为我们是平等的！

尔德，和……和你，先生。”这单纯而真挚的表白让我的心暖暖地为之一悸。

相比之下，罗切斯特是多么挣扎而犹疑。他有着一双很大的眼睛，乍看之下，是压迫的，狂野的，强劲而凶恶的。来去如风，窗子里只见他纵马而去时扬起的黑披风。他常常咬紧牙关，整张脸就像灰褐色的岩石一样冷硬。他早就看穿了那些贪图他钱财的浅薄贵妇，毫不留情地冷冷奚落讽刺，而对于小姑娘艾德拉，他虽然表面也僵冷无情，大火中却义无反顾地飞奔向她，就连那时不时纵火要烧死他的可怕的疯女人梅森，他也尽了自己所能够尽的所有道德义务和耐心。最后，为了救她而烧瞎了眼睛。而简·爱，是他所能够得到的最大的救赎与爱。他说，她是地狱出口的那一扇门。在他们拥抱前的一瞬间，他用微弱的声音说：“上帝原谅我。”

那上帝的眷宠曾经弃他而去，而这扇门，终于温柔地为他开启。

“他终于又再度见到光明，和感到它的温暖；他先看见太阳的光辉，接着是月亮柔和的光芒，然后是点点星光。最后，当我们的长子，放入他的臂弯中的那一天，他看到孩子有着一双和他一样——又黑又亮的眼睛……”

心中有爱的人，无论航行向哪一个方向，都会遇上那个同样美丽的灵魂。孤单的时候，也不会冷。（佚　名）

华文精选

一阵风从月桂树小径上吹过来，在七叶树的枝头上轻轻抖动了一下，便飘荡而去——去了——去了缥缈的远方——消失得无影无踪。此刻，什么声音也没有，只有夜莺在歌唱。

自信的女人最美丽

第一次看简·爱是在电视上，那个地位卑微、其貌不扬的小女人让我一发而不可收地爱上了她，当初正在读高中的表姐借了我《简·爱》这本书，她说书比电视要写得好。那时候我才16岁，性格偏激，对于简·爱有一种赌气似的喜欢，简·爱身上有很多东西我都喜欢，并暗暗发誓一定要向她学习。她几乎成了我的偶像，现在想来，应该说她符合了中国灰姑娘的所有梦想，古代的灰姑娘是因为穿着粗陋，才掩盖了她的美丽，最终她凭借一双水晶鞋找到了自己的王子成就了自己的爱情。而简·爱，就是穿着一袭华衣也成不了白天鹅，王子也不会对她一见钟情，她一贫如洗，其貌不扬，出身卑微，她有的只是内心的善良、独立、自爱和一个干净宁静的灵魂。她有苦难做伴，有智慧围绕，有自尊在怀，所以她不会堕落，不会依附。读懂她需要日积月累的了解，她不可能有一见钟情式的爱情。而她得到的爱情势必是最真的爱情，因为这种爱情从一开始就没有金钱、权势、容貌等所设的陷阱。

简·爱是骄傲的，当罗切斯特向她吼叫“我有权蔑视你”的时候，历经磨难的简·爱毅然亮出了自信和自尊的旗帜：你以为，我因为穷，低微，矮小，不美，我就没有灵魂没有心吗？你想错了——我的灵魂和你一样，我的心也和你完全一样……我们站在上帝面前是平等的——因为我们是平等的！”这种自信的气质使她获得了罗切斯特由衷的敬佩和深挚的爱恋。

简·爱这个艺术形象之所以能够震撼和感染一代又一代各国读者，正是因为她以自爱和自尊为人生的支柱，才使得自己的人格魅力得以充分展现。是的，两性之间是平等的，爱情须以平等和互相独立作为基础，女人必须有独立的人格，自尊自爱，不依附于其他人才可以赢得别人的尊重和热爱，才会有真正的幸福。简·爱是一代又一代的女性心中最平易近人的偶像，她不会难以靠近，她的影子飘散在我们的周围，以她为准则，大家都可以生活得自信坦荡，都可以沿着命运给予的线索找到自己真正的幸福所在。

这是个容易产生爱情的社会。每个人都有压力，特别是女性所面临的压力就更大，工作、生活、精神等各方面所带来的种种问题都足以让女人们对某些男人滋生那种暧昧的情愫，之后女性就很容易迷失，迷失在爱情里，迷失在婚姻中。时代带给我们很多信息：第三者、婚外情等等，里里外外受伤害的大部分都是女性，我们应该想想问题的关键所在。若是其中所牵涉到的女性都像简·爱一样自尊、自爱、自立、自强，我想，就不会有那么多的悲剧一而再、再而三地上演。这是个应该让《简·爱》流行起来的年代，每个女性都应该静静坐下来，在灯下细细捧读《简·爱》，去和简·爱的灵魂对话，简·爱是一个神话，她让我们相信，拥有了独立人格并可以自尊、自爱、自立、自信的女人，即使是一株野百合，也会有自己的骄傲，也会找到自己永远的春天。（麦　子）

作者生平

1847年10月，英国出版了一本署名为柯勒·贝尔写的长篇小说——《简·爱》，引起了轰动。作者柯勒·贝尔的真实姓名是夏洛蒂·勃朗特，她是19世纪英国杰出的女作家，1816年出生于英国北部山区约克郡哈沃斯一个农村牧师的家庭，和五个姐弟在极端贫困的环境中度过了青少年时代。夏洛蒂·勃朗特在寄宿学校里接受教育，19岁时做过这个学校的教员，以后又做了家庭教师，并从事写作，先后写过一个诗集和《教师》、《简·爱》、《维莱特》、《谢利》这四部小说。其代表作《简·爱》问世之后，女主人公简·爱的名声比起它的作者要大得多，人们普遍认为《简·爱》是其作者夏洛蒂·勃朗特“诗意的生平”的写照，是一部具有自传色彩的作品。

◆影响中国现代文化的经典著作

◆中国话剧史上的里程碑式著作

《雷　雨》

如果说，在 20 世纪 30 年代中国话剧已经走向成熟，那么成熟的标志之一则是出现了曹禺和他的话剧。曹禺为中国话剧赢得了世界性的声誉，中国话剧的辉煌离不开曹禺！《雷雨》是曹禺的开山之作，代表了一代剧作家所能达到的最高成就。

曹禺是中国话剧史上继往开来的作家，被誉为“刻画人心灵的戏剧大师”，在他之前的话剧先驱者们，大都是以话剧作为宣传民主革命思想的工具，因此没有机会更多推敲话剧的艺术问题。曹禺根植于中国文化土壤，沐浴过西方民主自由思想，对腐朽黑暗的东西疾恶如仇，他继承了先驱者们反帝反封建的民主精神，同时广泛借鉴和吸收了中国古典戏曲和欧洲近代戏剧的表现方法，把中国的话剧艺术提到了一个新的高度。

《雷雨》是曹禺的开山之作，也是他的成名之作。该剧在一天时间（从上午到半夜）、两个场景（周家和鲁家）里，集中展开了周、鲁两家前后三十年错综复杂的矛盾冲突，显示了作品严谨而精湛的戏剧结构技巧。这部四幕剧是一出超越传统“命运悲剧”与“性格悲剧”的“生存悲剧”，代表了曹禺甚至一代剧作家所能达到的最高成就，成为中国话剧艺术成熟的标志，对后来的导演、表演艺术和舞台美术也发生了深刻的影响，使中国话剧成为真正的综合性艺术，为中国话剧争取了更多的观众，从而发展提高了剧场艺术。

曹禺站在人类的高度去看待和表现人的生存环境，他是用一种人类所共同拥有的心灵语言去讲述人的不幸遭遇，以一种深广的悲悯情怀来看待人的痛苦。他的立足点，他的悲悯情怀，让不同的时代、不同的阶级、不同的民族都能深切理解并产生强烈共鸣。《雷雨》以扣人心弦的情节，简练含蓄的语言，各具特色的人物及极为丰富的台词，如刀刃一般在读者的心弦上缓缓滑过，那抖颤而出的余音，至今未息。许多年来，它被无数次搬上舞台和银幕，魅力不可抗拒。

当年海上惊《雷雨》

《雷雨》是曹禺的第一个艺术生命，发表不久，留日学生立即将其搬上日本东京舞台。在国内，中国旅行剧团将其视为保留剧目，在京、津、沪多次演出。郭沫若称它是“一篇难得的力作”。茅盾曾有“当年海上惊《雷雨》”之誉。自20世纪80年代以来，《雷雨》再度兴起，久演不衰。

中国观众所喜欢的是引人入胜的故事，是热闹的场面，是有个性的人物，是民族的现代的戏剧语言，而这些美学目标，在曹禺的《雷雨》中都得到了充分的体现。这部话剧完全运用了古典戏剧三一律的创作手法，以集中的场景（周公馆客厅）和集中的时间（同一天上午至午夜），表现了周、鲁两家以爱情的、血缘的、阶级的复杂关系为内容的尖锐的戏剧冲突。

故事发生在20世纪20年代的天津。周公馆的老爷周朴园因江桥事件的牵连去向不明，管家鲁贵只好把周家的大少爷周萍从无锡接来主持产业。正当周萍准备卖掉周公馆还债时，周朴园回来了，并且还带来了一位妙龄太太繁漪和小儿子周冲。起初，周萍对同龄的继母繁漪很是反感，但随着繁漪挺身而出帮周萍解决了债务问题后，两个年纪相仿的人自然而然地走到了一起。但是，尴尬的“母子”关系使他们不敢正视自己的真实情感，欲罢不能的痛苦更加猛烈地煎熬着他们。繁漪的怀孕迫使他们私奔，然而繁漪的流产则导致了周萍只身远去东洋。五年后，周萍回国准备大干一番事业，但意外的瓦斯爆炸事件，又使他一蹶不振。在极度痛苦中，他与管家鲁贵的女儿——美丽单纯的丫环四凤产生了感情。而他的弟弟周冲，一个单纯善良的大孩子，也同时爱上了四凤。

繁漪发现了这个秘密后，极度失望的她开始了疯狂的报复。而走投无路的鲁贵也向老爷告发了繁漪与周萍的私情，同时也把四凤怀孕的消息告诉了繁漪。周朴园引以为豪的有秩序的家——周公馆开始动摇了，而真正的打击却是鲁贵妻子——四凤母亲的出现，原来她就是周萍的生母梅侍萍。三十年前，身为周家丫环的侍萍与大少爷周朴园相爱并生下了两个孩子，可是由于身份地位的悬殊，最终被周朴园抛弃。大年三十的晚上，她带着刚出生三天的孩子离开周家，原打算投河自尽，却被人救起，从此开始了三

热极了，闷极了，这里真是再也不能住的。我希望我今天变成火山的口，热热烈烈地冒一次，什么我都烧个干净，当时我就再掉在冰川里，冻成死灰，一生只热热烈烈地烧一次，也就算够了。

十年痛苦飘零的生活。繁漪见到侍萍，向她暗示四凤与自己的儿子周冲有暧昧关系。侍萍没有想到命运竟会如此安排，女儿在三十年后又走进了周家，并且重复了自己以前所走过的路。她决定带走四凤，远远地离开这里。周萍、四凤这对恋人竟是同母异父的兄妹，而被周朴园开除的矿工鲁大海恰恰是他常年思念、未曾谋面的二儿子——命运就这样捉弄了两代人。

戏剧理论家们对观众心理作过分析，认为，观众看戏的兴奋点不超过三个半小时，但《雷雨》的演出时间长达四个多小时，观众却没有表现出厌烦，这是因为作者极大地调动了观众的参与热情，使观众的情绪与剧情的发展一起跳跃。如在第一幕中，曹禺就以鲁贵和四凤为引线，把周萍和蘩漪的关系、四凤和周萍的关系以及周冲对四凤的追求都交代清楚。而到了第三幕和第四幕中，观众已完全明白人物的彼此关系，只是期待着这些剧中人物尚未明白的关系的逐步揭晓，以及了解这些人物纠葛如何发展、如何结局。可以说，曹禺最好地调动起了观众与读者的心，扩大了戏剧悬念的范围，收到了非常好的效果。无论是从故事层面、戏剧效果，还是从更深的人生哲理意蕴上，《雷雨》都是一部值得一读的经典之作，在戏剧艺术上臻于完美之境。

读《雷雨》确是一种享受，对语言艺术的享受。作者曹禺像魔术师一样，那些平常听到的话，那些通常用的语言，经过他的手，却给人一种诱人的诱惑力，给人耳目一新的感觉。在戏剧语言艺术上，也许到现在还没有人能同他媲美。《雷雨》的语言艺术创造，标志着中国话剧艺术的成熟。（佚　名）

我要提，我要提，我闷了三十年了，你结了婚，就搬了家，我以为这辈子也见不着你了；谁知道我自己的孩子偏偏命定要跑到周家来，又做我从前在你们家里做过的事。

一出手即是经典

《雷雨》是一部动人心魄的悲剧。剧本以20世纪20年代中国半封建半殖民地社会为背景，通过一个有浓厚封建色彩的反动资本家周朴园家庭内部的种种纠葛和周鲁两家错综复杂的矛盾冲突，艺术地反映了反动资产阶级腐朽、糜烂的生活，揭露了资产阶级自私、残忍的反动本性，猛烈抨击了旧中国黑暗腐朽的社会制度，展示出旧制度必然崩溃的历史命运。

曹禺在处理《雷雨》的情节和结构上，除了对希腊悲剧、易卜生戏剧、甚至结构剧的借鉴，更注意到中国观众要故事、要穿插、要紧张场面的欣赏习惯，使《雷雨》具有故事的传奇性、冲突场面的紧张性和结构上的明了性。

如果说在戏剧结构上，显示了作者已经深谙戏剧艺术的奥秘，那么在人物塑造上，更倾注了他的全部心血。曹禺一上手写剧本，就醉心于人物性格的刻画，这一点也是他较之他的前辈和同代人高明的地方。《雷雨》中八个人物，个个栩栩如生，个个独具个性。全剧那么复杂的人物关系，那么多的矛盾，那么多内在的容量，却没有多少拖泥带水的东西，一切顺其自然。一幕看完，让观众瞪大了惊奇的眼睛期待着第二幕、第三幕，几条线索交织起来，错综地推进，一环套着一环，环环相扣，并非完全没有修饰的痕迹，但就其严谨完整来说，在中国话剧史上堪称典范。

中国的戏剧很讲究“排场有起伏转折”之妙，《雷雨》在其曲折的故事发展中，几乎每一幕都配置了紧张热烈的戏剧冲突场面，使戏剧于起伏之中进行得有声有色，扣人心弦。《雷雨》的戏剧语言也是迷人的。《雷雨》的语言是简洁而易懂的，即使没有文化的人也能听得明白真切。它避免了外国话剧中那种长篇台词，句子短，更绝少欧化语法，是在普通话里提炼加工而成的。它又是饶有兴味的，含蓄蕴藉。听来有令人品评的余地，演来能为演员提供深入挖掘的潜力，看来说的都是普通的口语，但放在特定的环境和特定的人物关系下，就有着格外诱人的戏剧魅力。《雷雨》的语言又是个性化的。一般说来，每个人物的语言都符合自己的身份、地位、教养和气质，语言、节奏、韵味和分寸都是不同的，这也使得人物形象刻画得细致入微。《雷雨》的语言还极具抒情性。“既必须通俗易懂，又必须有诗意，既应像诗而又应像日常人们说的话”，因此它的语言具有独特的抒情特色，具有散文的诗意美和无韵的音乐美。（佚　名）

作者生平

曹禺，中国现代杰出的剧作家，被称为“中国的莎士比亚”，原名万家宝，字小石。祖籍湖北潜江，1910 年生于天津一个没落的封建官僚家庭，幼年时的所见所闻对曹禺的反帝爱国思想的形成和他一生的创作起了巨大的作用。1928 年，他入南开大学政治系，翌年转入清华大学西洋文学系。在求学期间，他大部分时间是泡在图书馆里，认真研读世界名著，还时常和朋友去欣赏京戏名家的表演，到天桥去听曲艺。1933 年大学即将毕业前夕，曹禺创作了四幕话剧《雷雨》，于次年公开发表，很快引起强烈反响，它不仅是曹禺的处女作，也是他的成名作和代表作。继《雷雨》之后，他于 1935 年又创作了《日出》，1936 年创作了《原野》。《雷雨》、《日出》、《原野》三部曲，犹如一座座的丰碑，矗立在中国的剧坛上，从而决定了曹禺在中国话剧发展上，特别是话剧文学上的奠基地位。曹禺的主要成就是戏剧创作，他不仅能编，而且能导能演。除戏剧以外，曹禺还写过一些诗歌、小说、散文、论文等。建国后历任中央戏剧学院院长、北京人民艺术剧院院长，曾当选为中国戏剧家协会副主席、主席，中国文联执行主席等职。1996 年 12 月 13 日逝世。

◆第一部被翻译到中国的外国小说

◆开创了法国“落难女郎”系列的先河

《茶花女》

当作家与他所爱的女人永别的时候，爱情便在他的心里获得新的生命；不论是所爱的女子不再爱他，还是因某种原因死去，都会比成功的爱情带给作家更为强烈的感受，并赋与他更加丰富、更为充足的灵感。这在文学史上是屡见不鲜的。小仲马也是这样，爱的永别使创作的激情在他的心中油然而生。

“我最好的作品就是你”，这是法国著名作家大仲马对他的儿子小仲马说的一句话。在世界文坛上，人们所津津乐道的“大小仲马”构成了法国文学史乃至世界文学史上罕见的“父子双璧”的奇观。与大仲马一生著作达三百卷之多相比，小仲马的作品并不多。他第一部扬名文坛的力作《茶花女》在中国可以说是读者最熟悉、也最喜爱的外国文学名著之一。浪漫主义是19世纪的时代浪潮，不但将作家、艺术家卷进这巨浪之中，还造成一种气氛，浸润着几乎每一个人。因此，当1848年小仲马蕴涵着浪漫主义情调的小说《茶花女》发表时，立即引起了轰动，小仲马一举成名之后，他又把小说改编为剧本。1852年，五幕剧《茶花女》上演时，剧场爆满，万人空巷。

早在19世纪90年代，我国著名翻译家林纾便用文言体翻译出版了小说《茶花女》(中文译本的书名是《巴黎茶花女遗事》)。林纾的译文虽然未必完全忠实于法文本原著，但他那生动传神、极富形象化的语言使《茶花女》的第一部中译本具有强烈的感染力，玛格丽特和阿尔芒的爱情故事因此在中国的读者群中迅速流传，深入人心。

《茶花女》所表达的人道主义思想，体现了人间的真情，人与人之间的关怀、宽容与尊重，体现了人性的爱。这种思想感情引起人们的共鸣，并且受到普遍的欢迎。一百多年过去了，历史上茶花女玛丽的真实故事早被人们遗忘了，但小仲马笔下茶花女玛格丽特的故事，却长久地流传下来了。

真实的高度

与大仲马一生著作达三百卷之多相比，小仲马的作品并不多。大仲马得知他的儿子小仲马寄出的稿子总是碰壁，便对小仲马说："如果你能在寄稿时，随稿给编辑先生附上一封短信，或者只是一句话，说'我是大仲马的儿子'，或许情况就会好多了。"小仲马固执地说："不，我不想坐在你的肩头上摘苹果，那样摘来的苹果没有味道。"年轻的小仲马不但拒绝以父亲的盛名做自己事业的敲门砖，而且不露声色地给自己取了十几个其他姓氏的笔名，以避免那些编辑先生们把他和大名鼎鼎的父亲联系起来。

面对那些冷酷而无情的一张张退稿笺，小仲马没有沮丧，仍在不动声色地坚持创作自己的作品。他的长篇小说《茶花女》寄出后，终于以其绝妙的构思和精彩的文笔震撼了一位资深编辑。这位知名编辑曾和大仲马有着多年的书信来往。他看到寄稿人的地址同大作家大仲马的丝毫不差，怀疑是大仲马另取的笔名，但作品的风格却和大仲马的迥然不同。带着这种兴奋和疑问，他迫不及待地乘车造访大仲马家。令他大吃一惊的是，《茶花女》这部伟大的作品，作者竟是大仲马名不见经传的儿子年轻的小仲马。"您为何不在稿子上署上您的真实姓名呢?"老编辑疑惑地问小仲马。小仲马说："我只想拥有真实的高度。"老编辑对小仲马的做法赞叹不已。《茶花女》出版后，法国文坛书评家一致认为这部作品的价值大大超越了大仲马的代表作《基度山伯爵》。小仲马一时声名鹊起。

《茶花女》是小仲马的一部重要代表作，是根据作者本人早年的一段恋爱经历写成的。女主人公玛格丽特原是一个乡下姑娘，她为摆脱贫困来到巴黎，后沦落风尘，由于生得花容月貌，成了红极一时的交际花。因为她装饰打扮时总少不了插一束茶花，所以人们都称她为"茶花女"。小说通过一个沦落风尘而又不能自拔的女子的爱情悲剧，深刻地揭露了资本主义社会所宣扬的伦理道德观念虚伪腐朽的本质。故事生动感人，以玛格丽特的死为结局，读来催人泪下。作品在艺术表达上独特而新颖。小仲马在组织故事情节时，用了追叙、补叙、倒叙，手法多变，生动有致。一个个悬念的设置，扣人心弦，使人不忍释卷。特别是作品洋溢着浓烈的抒情色彩和悲剧气氛，有感人至深的艺术

你不相信我的爱情是无私的，足以跟你同甘共苦，我们本来可以用你的钱过得很幸福，你却甘愿受到可笑的偏见的束缚，宁愿倾家荡产。你以为我会把一部马车和首饰跟你的爱情并列吗？你以为我会把虚荣当做幸福吗……

魅力。

《茶花女》后来被改编成歌剧，由意大利著名音乐家威尔地作曲，影响更为深远。不久，无论是剧本还是小说，很快就跨越国界，流传到欧洲各国。它率先把一个混迹于上流社会的风尘妓女纳入文学作品描写的中心，开创了法国文学“落难女郎”系列的先河。而它那关注情爱堕落的社会问题的题材，对19世纪后半叶欧洲写实主义问题小说的产生、写实性风俗剧的潮起，产生了极为深远的影响。

无论小说《茶花女》、话剧《茶花女》还是歌剧《茶花女》，它们都是成功的佳作。小说《茶花女》风靡整个世界，话剧《茶花女》久演不衰，而歌剧《茶花女》一直是世界各大歌剧院的保留剧目，这就是最有说服力的明证。（佚　名）

当一个男人终于爱上，如同他被人爱上的时侯，这个男人一下子就享尽了人间的情感，经历这次爱情之后，他的心对其他任何人都关闭起来。

一场俗世的爱情成全了一个女人最终的美丽

再翻《茶花女》，已隔五年之久，当年不过是个懵懂的孩子，自然只是数数几百页的字便丢之一边。若不是偶然看到另外一个版本，若不是那张灰色磨砂的封面吸引了我，也许今生便再与它无缘了。

我不想悲叹命运，也不是个宿命论者，可是我宁愿相信命运，相信这世上的确有着玛格丽特这样的女子：美丽、放纵、多情，一直过着受人供养奢华放荡的生活，可是有一天，命运来了。因为命运，因为一个男人，因为一场俗世的爱情，成全了一个漂亮女人最终的美丽。

我想用一颗女人的心来想玛格丽特：因为是个受人供养的女人，注定过着豪华放荡的生活，夜夜狂饮滥喝，拥有漂亮衣衫、马车和钻石。毫无道理地开着玩笑，肆意戏弄着初次见面的客人。因为她是美丽的。女人，只需这一件武器，人生这一场战争便要打得轻松得多。玛格丽特的人生想必就会这样一直下去的。可是，她邂逅了阿尔芒。这其实是阿尔芒苦心营造的一场邂逅。他们终于相遇了。

阿尔芒年轻、热情、活泼，玛格丽特竭力使他成为她在表面热闹实际孤寂的生活中召唤的人。然而这要求对阿尔芒来说，似乎有些太高。他只是一个普通的男人，有着一切男人身上的通病。他如何能忍受别的男人在自己心爱的女人门前进进出出却还要忍气吞声？可是他却必须这样做。因为那个女人是玛格丽特，一个让他宁愿倾家荡产，甚至将自己母亲的遗产拱手送出也无法离开的女人。他必须忍受。书翻到这时，我的确悲哀了。我愿意我的思绪一直跟着作者这样走下去，我没有看序言的习惯，我宁愿由这一行行虚弱的文字带着我走下去。

当我试图真正走近这个女子，我知道这是困难的，也许是永远无法达到的。对于一个并不屑于金钱马车首饰的妓女，那些浮华奢侈，那些寻欢作乐，是自暴自弃吗？是麻醉吗？或者，只是“一种忘却现实的需要”？也许是吧。正是如此，年轻而热情的阿尔芒唤醒了她。当一个人唤醒了你的内心，引领你走出你原本梦魇般的生活，你有什么理由不去爱他，不去全心投入呢？

阿尔芒是不幸的，他爱上了格拉丽特；阿尔芒又是何其幸运，获得了格拉丽特的爱。他愿意倾其所有来换取她的爱情，而她却无法用自己的尊严与良心来成全他的爱。她宁愿去成全一个可怜的父亲对儿子自私霸道的爱，宁愿去成全一个哥哥为了妹妹的终生幸福所履行的责任。她不再是开头我看到的那个雍容华贵、玩世不恭的风尘女子，我不愿再去怀疑她的纯洁。

故事的最终，我看到病榻上一张瘦削苍白寂寞的脸。她在等待什么，可是她明明已经绝望，她明明知道此时的阿尔芒不可能出现在她面前。可她的确是在等待什么，她不能不等待。生命需要这等待来延长，来延长。等待的时候她开始记日记。那是揉碎了所有的回忆和憧憬的自述。她把她的自尊放在里面，把她的善良放在里面，也把爱放在里面。故事结束了，一切用在这个女人身上的形容词只剩下一个：善良。究竟因为善良而爱，或者因为爱而善良，这样的追究似乎显得有些多余，我们只管去珍惜这次来之不易的感动，只管去过好自己的人生。（佚　名）

作者生平

1823年，大仲马在巴黎与缝衣女工卡特琳娜·拉贝同居，1824年7月28日生下小仲马。由于嫌拉贝身份卑微，大仲马拒不娶她为妻。小仲马就成了私生子，靠母亲辛劳抚育，直到7岁那年才在法律上获得父亲的承认。身为私生子的小仲马在童年和少年时代受尽歧视和讥讽，心灵上留下难以愈合的创伤。由父亲认领后，又受到溺爱，使他从18岁起陷入荒唐的生活。几年后，在大仲马的文学才能的熏陶下，他开始文学创作。1848年，他的长篇小说《茶花女》问世，声名大振。此后，他便主要从事戏剧创作。1852年，他根据同名小说改编的话剧《茶花女》上演，获得极大成功。其后三十余年的创作生涯中，他创作了《半上流社会》、《金钱问题》、《私生子》、《放荡的父亲》、《克洛德的妻子》、《福朗西雍》等作品二十余部。1875年，他当选为法兰西学院院士。1895年11月27日去世。

◆震撼世界的 10 本书之一
◆中世纪的史诗
◆欧洲文学史上的旷世奇作

《神　曲》

如果说有一本书可以代表一个国家，那么但丁的《神曲》就代表了意大利，代表了意大利的民族精神。这部问世于 14 世纪初叶的史诗对从中世纪向近代转折的这一段历史时期的社会政治变革和精神道德情状，作了真切、广阔的反映，显示了新时代的新思想的曙光。

封建的中世纪的终结和现代资本主义纪元的开端，是以一位大人物为标志的，他就是意大利人但丁，他是中世纪的最后一位诗人，同时又是新时代的最初一位诗人。这位由中世纪过渡到现代资本主义时期的文学大师，意大利文艺复兴的先驱，以一部《神曲》闻名于世。《神曲》最初出版时，人们就竞相传诵，佛罗伦萨和其他地区的居民把它视做一部圣书，由文人在教堂向公众宣讲和进行评论。当时，即使是一些没有什么文化修养的下层市民，也能背诵《神曲》中的精彩片段。在很长的一段时间内，在意大利半岛上的通衢巷陌，到处可听到这首长诗的颤音，拨动着读者的心弦。

《神曲》是一座伟大的丰碑，它是中世纪贵族文化的终结，又是未来资产阶级新文化的序曲。无论是在思想上，还是在艺术方面，它都达到了当时文学的最高水平，为文艺复兴时期文学的发展开辟了道路，被后人誉为“中世纪的史诗”，并对当时的文坛和后来的世界文学艺术发展产生了深远的影响。

《神曲》的伟大价值在于以极其广阔的历史画面反映出意大利从中世纪向近代过渡的转折时期的现实生活和各个领域发生的社会政治变革，显示了争取人格独立的人文主义光芒。不仅如此，《神曲》还对中古政治、哲学、科学、神学、诗学、绘画等领域作了艺术性的阐述和总结。自文艺复兴之后，后世许多诗人、画家、音乐家从《神曲》中汲取创作的养料，很多人在《神曲》的艺术魅力的鼓舞下，创作出杰出作品。

一个伟大的建筑师

但丁的一生和他的时代一样混乱，这也许可以说明为什么但丁的杰作会成为现存诗篇中最整齐的长诗。在但丁的有生之年，他的故乡佛罗伦萨和意大利大部分的地区一样，一直在党争中动荡不安。这一期间，但丁担任的是官吏与宣传者的角色，但并不是很成功，因为在 1302 年，他就被放逐了。从此直到去世，但丁一直漂泊于意大利各地，寄居于各宫廷、邸宅之间，遍尝被放逐的苦味。

以我们现代人的眼光来看，但丁的感情生活似乎相当单纯稳定。据他自己所说，九岁那年，他遇见了小女孩贝德丽采，直到九年后，才再度见到她。不久，贝德丽采就成为但丁想象力的源泉。在《神曲》第三部《天堂》的最后一章中，但丁和一位坐在神旁边的仙女之间的关系，正与但丁初见贝德丽采的情景相仿。

但丁称他的长诗为喜剧，因为全诗始于地狱——灾难，而终于天堂——幸福。诚如但丁自己所说，《神曲》全诗是以四层意义撰写，不断出现“寓意”与“象征”。这不只是但丁的偏好，同时也是他思想结构的一部分。诗中也常常论及当时的时事问题，因为但丁是少数如我们今日所谓利用报章材料撰写作品的伟大作家之一。

艾略特曾说，要欣赏《神曲》，应直接跃入诗中，而不必太重视，甚至根本不用重视其象征意义，也许是最好的方法，而且可以立刻领会全诗雄伟的构想。《神曲》是叙述人类地面上生活的故事，可是，但丁却想象出地狱、炼狱和天堂，借以把我们地上的状况鲜明地刻画出来。我们多半住在悲惨的地狱里，也像炼狱的居民一样，为自己的罪行而受罚，借此获得救赎。如果拥有但丁的强烈信念，以及但丁的引导者，理性作用人格化的象征——诗人维吉尔的引导，可以借信仰而进入《天堂》篇所描绘的至福之境。虽然但丁著述的动机是因他自己的时代而发，书中有许多流行于当时民间的故事，但他强烈的道德观念已深深注入本世纪敏感读者的脑海。但丁对人性的忠诚，不逊于现代任何小说家——其忠于人性的程度是不容置疑的。

《神曲》全篇以诗的形式展开情节，其所蕴涵着的伟大的想象力，即清澈、凝聚而又确凿。简洁正确是但丁想象力的本质。他不仅能创造鲜明的形象，更不断地创作出足以传达其真正意义的最贴切的鲜明形象。即使在普通译本中，我们也能感受到，但丁还

克服惰性，因为坐在绒垫上或者睡在被子里，是不会成名的；默默无闻地虚度一生，人在世上留下的痕迹，就如同空中的烟雾，水上的泡沫一样。

是一位伟大的画家。同样，我们也能意识到全篇强劲、完整而又均衡的构造，并由此断定，但丁也是一个伟大的建筑师。（克利夫顿·费迪曼）

你把金银当做上帝，试问你们和那些崇拜偶像的有什么分别？他们崇拜一个偶像，你们崇拜一百个罢了。

一部人间的“神曲”

但丁的《神曲》，同许多中古文学作品一样，全诗的情节充满了寓意，但整个作品的主题思想非常明确，就是在新旧交替的时代，个人和人类从迷惘和错误中经过苦难和考验，到达真理和至善的境界。围绕着这个中心思想，《神曲》广泛地反映了现实，一方面给中古文化以艺术性的总结，另一方面又显现出文艺复兴时代人文主义思想的曙光。《神曲》是一部具有强烈政治倾向性的作品。为了唤醒人心，给改革铺平道路，但丁在作品中广泛、深刻地揭露了当时的政治和社会现实。他严厉谴责皇帝鲁道尔夫一世和阿尔伯特一世父子只顾在德国扩充势力，不来意大利行使皇帝的权力，并忠实地描绘了佛罗伦萨从封建关系向资本主义关系过渡时期的社会和政治变化，对教会的揭露和批评尤其尖锐。《神曲》对现实的揭露一般都是通过人物形象进行的。揭露者和被揭露者大多是历史上或当代的著名人物，因为但丁相信，只有通过著名的人物和事件，才能打动人心，促使改革早日实现。

《神曲》通过但丁和他与在地狱、炼狱、天堂中遇到的著名人物的谈话，反映出中古文化领域的成就和重大问题。因此，《神曲》起到了传播知识的作用，带有“百科全书”的性质。

《神曲》肯定现世生活的意义，认为它不只是来世永生的准备，而且有其本身的价值。诗中显示出但丁对现世生活、斗争的兴趣，强调人富有理性和自由意志，对自己的行为负有道德责任，在生活和斗争中应遵循理性指导，要像一座坚固之塔一般。要“克服惰性，因为人在世上留下的痕迹，就如同空中的烟雾、水上的泡沫一样”。这种追求荣誉的思想，是但丁作为新时代最初一位诗人的特征之一。

诗中不仅热烈歌颂古今英雄人物，作为在生活、斗争中的光辉榜样，还表现了但丁作为文艺复兴的先驱，反对中世纪的蒙昧主义，提倡发展文化、追求真理的思想。诗中赞美人的才能和智慧，对古典文化推崇备至：称亚里士多德是“哲学家的大师”，荷马是“诗人之王”，称维吉尔是“智慧的海洋”、“拉丁人的光荣”等。

《神曲》描写的虽然是来世，但正是现世的反映：地狱是现世的实际情况，天堂是争取实现的理想，炼狱则是从现实到达理想必经的苦难历程。书中揭露了现实，也着重描写了生活的理想，这说明《神曲》并不纯粹是现实主义，也是浪漫主义的。在黑暗的现实中，诗人渴望一个没有黑暗和罪恶的世界。

《神曲》中的人物形成一座丰富多彩的画廊。作为《神曲》的主人公，诗人自己的性格和精神面貌被描绘得最为细致入微。维吉尔和贝雅特丽齐这两个向导虽然具有象征的意义，但并没有概念化和抽象化，显示出了不同程度的鲜明性格。

《神曲》全诗对于地狱、炼狱、天堂的描写，构思明确，想象丰富。作者但丁把地狱、炼狱、天堂三个境界细分为若干层，体现出他根据哲学、神学观点所要阐明的道德意义。地狱、炼狱、天堂这三个境界的性质不同，色调也不相同。在《地狱》里，但丁借自然景象来描绘人物受苦的场面，在《炼狱》里才直接描写了自然景色，《天堂》描写的是非物质的、纯精神的世界。这些境界的描述都非常真实，使人如身临其境。对自然的描写也往往富有高度的诗情画意，足见但丁对自然之美极为敏感。这一点也是他作为新时代诗人的特征。

《神曲》是一部长篇史诗，《地狱》、《炼狱》和《天堂》各有 33 章，加上全书序曲共 100 章，长达 14233 行，每部曲最后一行都以“星”字做韵脚。这种匀称的布局以及诗中三个境界的匀称的结构，都是建立在中古关于数字的神秘意义和象征性的概念上的。《神曲》用三韵句写成，这是但丁以民间诗歌中流行的一种格律为基础创制的新格律。更重要的是，《神曲》全诗是用意大利俗语写成的，对于解决意大利的文学用语问题和促进意大利民族语言的统一起了很大的作用，这使但丁成为意大利第一个民族诗人。（田德望）

作者生平

13 世纪中叶，意大利文艺复兴的前夜，佛罗伦萨诞生了一位伟大的诗人——但丁(1265-1321)。他出身于佛罗伦萨的一个没落贵族家庭，少年、青年时代的勤奋学习使他成为那个时代一位多才多艺、学识渊博的学者，为他日后的从政活动和文学创作打下了坚实的基础，他很早就开始了诗歌创作。但丁曾积极地投身于佛罗伦萨的政治活动，曾当选为佛罗伦萨共和国行政官。后因代表罗马教廷利益的势力抬头，1302 年起被终身放逐，开始了近二十年的流放生活。辛酸的流放生活使他扩大了视野，增长了阅历，丰富了经验，他的重要作品几乎全部是在流放中写成的，《神曲》三部曲就是其中最为著名的作品。在被放逐的近二十年时间里，但丁虽然作过多次努力想重返故里，但都没有成功，最终于 1321 年 9 月 14 日客死于拉文那。

◆精神分析学史上的一座里程碑
◆影响历史进程的 100 本书之一
◆20 世纪人文社会科学最重要的经典之一

《梦的解析》

从今天的角度来看，《梦的解析》作为一本具有划时代意义之作，其伟大之处在于引导人们推开“梦”这扇大门，第一次真正走进人类深藏的内心世界，发现无法被意识所控制的潜意识，竟然蕴涵了如此丰富的心理内容和巨大的创造力。

梦是什么？人类自从对万物的性质产生了兴趣，就一直对梦的奥秘疑惑不解。自远古以来，梦就一直是人们在努力研究的一个重要课题。虽然自古至今都对梦很重视，多少个世纪以来曾有过无数种解释梦的起因和意义的理论，但是有关梦的奥秘迄今尚未被充分揭示，梦仍然是一个神秘之谜，它吸引着心理学家们去不断探索。直到一百多年前，弗洛伊德以其《梦的解析》一书震撼了整个世界。它唤醒了死气沉沉的科学界对梦的注意，成为人类科学思想上具有特别意义的分水岭和里程碑。弗洛伊德是 20 世纪世界名人中最有争议的人物之一。作为医生，弗洛伊德是现代精神病学的奠基人之一，但是，他闻名于世却因为他是一位杰出的心理学家。弗洛伊德开创的心理分析学说，把心理学的研究带进了人的深层精神世界，为现代心理学展现出一个全新的领域，并且渗透到 20 世纪的哲学、文学、艺术、医学、心理学、生理学等众多学科，冲击着现代西方社会意识和社会生活的几乎每一个侧面。在西方国家，人们尊称他为“心灵世界的哥伦布”、“精神领域的达尔文”。在 20 世纪人类文化的地形图上，弗洛伊德毫无疑问地占据着一个显赫的位置。

弗洛伊德的代表作《梦的解析》是一部“揭开人类心灵奥妙”的著作，刚出版时曾受到很大的冷落和责难，第一版印行了 600 册，却花了 8 年时间才卖完。随着时间的流逝，10 年以后终于引起了人们的普遍重视，该书在弗洛伊德生前就再版了 8 次，被人誉为“最伟大的著作，大大推进了精神分析”。

闯入神秘的世界

20世纪是人类生活变幻最为剧烈的时代，然而，在最初的时刻，刚刚进入新世纪的世界依旧沉浸在一种舒缓、宁静的生活中。天空中没有飞机的轰鸣，都市里也没有汽车的喧嚣，没有任何迹象表明，20世纪人类的生活会有多大改变。在辚辚的马车声中，人类享受着最后的宁静。然而，这种宁静很快就被打破。1900年，一本书遭到了人们最为猛烈的批评，人们带着鄙夷的神情、用近乎刻薄的语言谈论着它和它的作者，尽管该书在出版后的最初几年里只售出了几百本。这就是西格蒙特·弗洛伊德和他的《梦的解析》面临的最初命运。弗洛伊德公开承认，他的思想“肯定使人们厌恶”，但他仍然自信地坚持：该书有“精神分析和每个研究者必须接受的观点并从中寻求其训练手段的最可靠的基础”。

这本书原本计划于1899年出版，但是，一位颇富眼光的出版商看出了此书的价值，将它的出版定在具有纪念意义的1900年。《梦的解析》之所以广受非议，是因为当时的人们更多地将目光集中于书中关于“性”的论述上。《梦的解析》着重探讨了“性”对人的行为和思想的影响，无疑触及到了社会最敏感的神经，“俄狄浦斯情结”（即恋母情结）这样的结论，显然为当时的社会道德所无法容忍。

然而，从今天的角度来看，《梦的解析》作为一本具有划时代意义之作，其伟大之处并不在于对“性”的惊世骇俗的探讨，而恰恰是那些关于梦的独特、新颖的见解，引导人们推开“梦”这扇大门，第一次真正走进人类深藏的内心世界，发现无法被意识所控制的潜意识，竟然蕴涵了如此丰富的心理内容和巨大的创造力。弗洛伊德用一种最理性的声音诉说了人类的无理性，从更深的层次上阐述了人类的生存状况。

有人评价说，尽管在弗洛伊德之前，潜意识问题就已若隐若现地在一些作品中流露，但就像利夫和布伦丹曾触及到美洲海岸一样，只有弗洛伊德证明了潜意识确实存在，并对其丰富多彩和惊恐可怖加以揭示，是这个领域的哥伦布。

弗洛伊德对20世纪人类的焦虑和梦魇从人性上进行了探讨，他所创立的精神分析学派成为20世纪最流行的人本主义心理学派，是哲学上法兰克福学派“批评理论”的重要渊源。今天，在超现实主义、自然主义、抽象主义的文学艺术作品中，我们都可以

梦，它不是空穴来风，不是毫无意义的，不是荒谬的，也不是一部分意识昏睡，而只有少部分是乍睡少醒的产物。它完全是有意义的精神现象。实际上，是一种愿望的达成。

感受到它的巨大影响。

弗洛伊德对梦的层层揭示触及了人类心灵最难以接近的领地。他对导致人的梦境的潜意识的分析引导着人类更透彻地了解了自己。弗洛伊德对生命潜意识的深描在几乎所有人文领域里都埋下了自己的种子，并生根发芽。达利的绘画、劳伦斯的小说、希区柯克的电影、马勒的音乐这些伟大的果实无不从他那里得到过滋养。（邢宇皓）

正常人要比他自己所想象的要不道德得多，但他比自我估计的要道德得多。

精神分析学的奠基石

会做梦？为什么会做种种希奇古怪的梦？梦有什么作用？梦的原动力何在？奥地利精神病医生、著名的心理学家弗洛伊德，根据多年的临床经验和调查分析，写成了《梦的解析》一书，以几百个有趣的梦例，试图科学地解开梦的奥秘，发掘出人性的“真正主宰”——潜意识，并为他的精神分析学说奠定理论基础。

虽然弗洛伊德最初只是一位精神病学家和心理学家，但他因为创立了精神分析学派，其影响却远远超出了专业学术领域，而成为了20世纪为数不多的具有世界性知名度的人物之一：一方面他受到过来自世界各地和来自各个不同领域的许多善意和恶意的批评、指责，但另一方面随着时间的推移，他也得到了越来越多人的理解、赞誉，获得了越来越高的评价和地位。的确，弗洛伊德以其对人类精神和行为所作出的惊世骇俗的发现，不仅对心理学、哲学、历史学、人类学、社会学、伦理学、政治学、美学等几乎所有的人文学科和精神领域，而且也对当代人们对自我和世界的认识、了解以及对日常的生活方式和价值观都产生了划时代的影响。

在弗洛伊德看来，人的心理分为意识和潜意识两个部分，其中潜意识是主导方面，意识的起源、基础和动力都存在于潜意识之中。只有了解了潜意识的活动，才能探访到人的内心世界。而“对梦的解释，是通向关于潜意识精神活动知识的平坦大道”。那么梦是什么呢？弗洛伊德说：“梦是（压抑或抑制的）愿望的（隐蔽的）满足。”这是他关于梦的研究的最重要发现，因此，他认为梦是充满意义的，并有某种象征性的。梦作为一种心理活动，同样也表现在清醒的生命状态、病理状态和文艺创作过程中，只不过是一种特殊的思想方式而已。至于梦的作用，弗洛伊德归纳出这样的结论：人有一种天生要寻欢作乐的欲望，但这种欲望受到“现实原则”即理性和现实的压抑，得不到满足，于是就升华变态，潜伏在潜意识之中。一旦这种压抑超过极限，就导致精神失常。然而梦正是人的理性放松之后的产物，常人平时压抑的本能冲动在梦中可以获得充分的松弛。

在《梦的解析》中，弗洛伊德将人类精神活动分为自我、本我、超我三个部分。其中自我最重要，而性欲则是一切欲望和冲动的根本，全人类在文化（包括艺术、法律、宗教等）上的成就，都是性欲本能发展的结果。当“自我”、“本我”、“超我”三者处于合理的和谐状态时，个人的精神状态就得到良好的调整，人就心情愉快。

《梦的解析》出版于1900年，弗洛伊德自称该书是他“所有发现中最有价值的部分”，是他一生中只会有一次的“领悟”。然而，这本专著在当时却并没有引起人们的重视，印数只有区区的600本，而且是在8年中才卖完的。但是到该书出版的第10个年头，学术界突然发现了“新大陆”，纷纷将其视为“至宝”，一版再版，并先后译成英、俄、法、日等多种文字，影响之大，令全世界瞠目。

一个世纪以来，世人对弗洛伊德的精神分析学毁誉不一，甚至看法截然相反。褒之者称“不仅启迪了医学界，而且推动着所有社会科学学科的发展”，“没有任何科学家像弗洛伊德那样对文学产生过如此深远、如此广泛的影响”。贬之者则斥其为“江湖术士，毫无科学价值”，比“相命之术更可笑”。不过，弗洛伊德的精神分析学，一直在西方各国广泛流行，从学术角度涉及并渗进了医学、心理学、文学、艺术、美学、历史学、哲学、法律、宗教、人类学、民俗学、教育学、社会学等诸多领域，因此，若要研究现代西方文化，那就不能不研究弗洛伊德的学说，就不能不读这本40多万字的《梦的解析》。（佚　名）

作者生平

1856年5月6日，弗洛伊德出生在奥地利的一个中产阶级家庭，父母都是犹太人。1881年，在维也纳大学获医学博士学位。弗洛伊德早年为生计所迫曾开过诊所，一面挣钱，一面积累了大量的临床资料，并以他过人的天赋打开了精神分析的大门。弗洛伊德对精神分析的兴趣是在1884年与布洛伊尔合作治疗一名叫安娜·欧的21岁癔症患者时产生的，他先从布洛伊尔那里学了宣泄疗法，后又师从J.沙可学习催眠术，继而他提出了自由联想疗法。1895年出版了他的第一部论著《歇斯底里论文集》，他的第二部论著《梦的解析》于1900年问世，这是他最有创造性、最有意义的论著之一。虽然该书开始非常滞销，但是却大大地提高了他的声望。1902年在维也纳组建精神分析学会，1910年建立国际精神分析学会。弗洛伊德晚年患了颌癌，为了解除病痛，他从1932年起先后做过三十多次手术。尽管如此，他仍然工作不息，继续写出了一些重要论著。1938年奥地利被法西斯德国侵占，弗洛伊德赴英避难，1939年去世。

◆意识流小说的精品
◆“约克纳帕塔法世系”的代表作
◆南方种植园制度的一曲“挽歌”

《喧哗与骚动》

任何小说缺乏了那些古老的人类所共有的情感都将会昙花一现，福克纳正是在他的作品里揭示了这些人类美好的情感，并通过成功地运用“意识流”、“多视角”叙事方法等现代派的创作技巧，使他的《喧哗与骚动》成为一部现代的经典作品而永载史册。

福克纳这位伟大的作家的最大的贡献在于为人类留下了一个虚构的、神话般的文学地域——位于密西西比州北部的约克纳帕塔法县。福克纳曾两次为这个虚构的县绘制地图，并骄傲地自称为它“唯一的主人和所有者”，而《喧哗与骚动》这部经典的文学著作正是这一庞大的“约克纳帕塔法世系”的代表作之一。

福克纳在写《喧哗与骚动》的时候，是个名不见经传的年轻人，这部他最重要的小说的诞生也没有使他一夜成名，但是，他的影响却在稳步增长着。现在，人们谈论意识流小说，就不能不谈他的《喧哗与骚动》，谈论福克纳虚构的著名的“约克纳帕塔法世系”，就无法回避《喧哗与骚动》。它以“意识流”的手法通过一个旧家庭的分崩离析和趋于死亡，真实地呈现了美国南方历史性变化的一个侧面。

福克纳的作品大多关注日常生活背后人与命运的关系，揭示人性的内在矛盾，因此受到世人注目，是一个表现了“时代精神”的重要作家，《喧哗与骚动》是他第一部成熟的作品，也是他心血花得最多、自己最喜爱的一部作品。从《喧哗与骚动》中，我们可以看到福克纳对生活与历史的高度的认识和概括能力。1949年，因为“对当代美国小说所作的强有力和艺术上无与伦比的贡献”，福克纳荣获了诺贝尔文学奖，他获得了文学界的认可，成为现代最有影响的意识流大师之一。

人类的希望

美国著名评论家古斯塔夫·哈尔斯特龙曾说过："《喧哗与骚动》的问世，证明福克纳对人类灵魂的探索便更进了一步，深了一层。福克纳探索的是人类的崇高与自我牺牲的力量、权力欲望、贪婪、精神的贫困、狭隘的心胸、可笑的固执、苦恼、恐惧以及堕落的种种过失。作为一个刨根问底的心理学家，他是不可逾越的大师，就在世的英美作家而言，福克纳的同行们既无他的神奇想象力，也无他塑造人物的天才。"的确，作为最有影响的意识流大师之一，福克纳仅凭一本《喧哗与骚动》就足以傲世。

迪尔西是《喧哗与骚动》这部小说中的一个典型人物，她集中体现了人类中正直、善良、乐观、勤奋、吃苦耐劳、积极向上等优秀品质。福克纳曾说："迪尔西是我自己最喜欢的人物之一，因为她勇敢、大胆、豪爽、温存、诚实。"这个人物是福克纳根据把他带大的黑人女仆卡莉大妈的形象塑造的。作者歌颂她的优秀品质，因为在她的身上我们看到了人类的希望。她是小说中惟一代表健康的力量的人物，她的形象同康普生家几近病态的后代形象形成了鲜明的对比。迪尔西说："我看见了始，我也看见了终。"在这个意义上讲，她是康普生家族历史的见证人，以异常冷静的目光审视着发生在她周围的一切。在作品附录的末尾，作者写道："迪尔西他们在苦熬。"这表达了作者对普通劳动人民的同情和对他们所具备的优秀品质的歌颂。在诺贝尔文学奖的获奖演说中，福克纳再次提到了关于"忍受"的品质，他说，他相信"人不仅仅能忍受，他还能赢得胜利……因为他有灵魂，有能够同情、献身和忍受的精神"。作者把迪尔西为主人公的这一章节安排在复活节，显然是具有象征意义的。作者是在向读者表明，人类社会的中坚力量是普通的劳动人民，人类的未来是充满了希望的。

福克纳曾这样评价自己的作品："我总感到，我所创造的那个天地在整个宇宙中相当于一块拱顶石，拱顶石虽小，万一抽掉，整个宇宙就要垮下。"是的，他的作品已经在世界文学史上占据了其他作品所无法替代的独特地位。他描写人类的精神世界，歌颂人类的美好品质，他把这看做是作家的职责。在接受诺贝尔文学奖时，福克纳曾说过这样一番经常被后人引用的话。他说，作家的最终目的是要"揭示心灵里的那些古老的情感，那些古

黑暗一如继往如一些滑溜溜黑腻腻的东西一样慢慢退去，畏缩到明知无力抗争什么却又要硬着头皮留在那里，其实只要你在月光下走到目前认为黑暗的地方去时，你会发现那黑暗的地方也被你看见了，虽然刚刚站着的地方被吓退的黑暗占据。

老的人类所共有的情感——爱心、荣誉感、怜悯心、自尊心、同情心和献身精神。任何小说缺乏了这些情感都将会昙花一现，都是注定要死亡的”。福克纳正是在他的作品里揭示了这些人类美好的情感，并通过成功地运用“意识流”、“多视角”叙事方法等现代派的创作技巧，使他的《喧哗与骚动》成为一部现代的经典作品而永载史册。（佚　名）

我把表给你，不是要让你记住时间，而是让你可以偶尔忘掉时间，不把心力全部用在征服时间上面。

意识的流动与主题的升华

《喧哗与骚动》是福克纳的第一部成熟之作，作为“约克纳帕塔法世系”小说的代表作，作家倾注了许多心血，也是他最钟情的作品。小说书名取自于莎士比亚《麦克白》的第五幕第五场，在这一场中，主人公有一大段独白：“人生不过是一个行走的影子，一个在舞台上指手画脚的拙劣的伶人，登场片刻，就在无声无息中悄然退下；它是一个白痴所讲的故事，充满着喧哗与骚动，却找不到一点儿意义。”麦克白在梦想破灭、家破人亡时所流露出的绝望、虚无的情绪，与处于没落、解体中的美国南方子弟的心绪在某种程度上是一致的，同时也体现了作者“人生如演戏，世界是荒漠”的创作思想。

《喧哗与骚动》通过对康普生家庭成员的遭遇变故和日趋颓唐的精神世界的描写，反映了美国南方庄园主贵族阶级走向没落的必然趋势和南方传统价值观念的沦丧覆亡，同时，在一定程度上也对资本主义价值标准进行了批驳。《喧哗与骚动》的创作以美国南方大地为根基，表现了南方新旧体制交替转换过程中传统观念与现代意识、理想与现实之间的矛盾与冲突。作品最富有光彩的部分是对人物内心的体验与描摹，揭示出身处困境的人的痛苦与不安，将对南方历史的追溯、反思与人物的失落、沉沦、挣扎一一融入作品之中，使作品内涵深远。

意识流手法的运用是福克纳艺术创作的一大特点。有评论家指出：“他是人的内心活动的挖掘者和表现者，他虽然也描绘了一些社会状况和人物的外在行动，但是他最擅长并成为自己艺术特色的还是对人物内心的刻画，在许多情况下，他是通过表现人物的内心活动来塑造人物与表现时代的。”（《美国现代小说家论》）人的内心世界是神秘莫测、瞬息万变的，《喧哗与骚动》在表现这方面内容时显示出了高超的技巧。在前三章里，作者着力表现人物的内心真实，展示人的感受、情绪、联想等种种意识流动的痕迹，尤其是对人物的异化人性、病态心理、扭曲性格予以了充分的展示。班吉的基于精神疾患产生的混沌、错乱的痴呆型意识流，精神濒临崩溃的昆丁自杀前产生的理性色彩与绝望情绪交织的情意型意识流，满怀功利心的杰生冷静又偏执的理性意识流以立体交叉的复合方式呈现出来，多层次、多角度的意识彼此映衬、相互交融，形成了从直觉虚幻到理性明晰的全方位意识形态，使作品具备了无穷的张力。

福克纳是一个善于运用神话原型的作家，他总是“试图在集希腊—罗马，希伯来—基督教因素之大成的人类神话和现代历史之间建立一种普遍性的关系”。（《美国当代文学》上册）《喧哗与骚动》是他运用神话的一个范例。他以基督受难周的事件为原型，为小说安排了一个对应的神话结构，使小说具有了超越时空的意义。

小说中1928年的三个日期，正是那一年的基督受难日、复活节前和复活节，昆丁自杀的1910年6月2日则是圣体节的第八天。因此，康普生家的历史便与基督受难的历史产生了关联，增添了作品寓意的普遍性和深刻性。每一章里都有与基督经历大致平行的内容，基督的圣洁、庄严正好反衬出了康普生们的卑微、委靡，他们违背了基督临终时对门徒的告诫：“你们要彼此相爱。”爱的匮乏使家庭分崩离析，使他们陷入困境，耶稣基督的受难、复活拯救了人类，康普生们却走向了毁灭，反讽意味不言而喻。此外，夏娃的堕落引发了人类的灾难，凯蒂的堕落则导致了康普生家的覆亡；亚当夏娃偷食禁果的故事与昆丁和凯蒂乱伦式的爱是对应的；小昆丁私奔出逃的情景与耶稣复活的场面是相似的……这些神话原型的运用更有利于表现南方社会的历史命运和人类的精神危机，并将作品主题升华到探讨人类命运的高度，使作品从平凡、浅近走向了超越与永恒。（佚　名）

作者生平

1897年9月25日，福克纳出生于美国密西西比州的纽爱尔巴尼小镇。1902年，全家迁居到附近的奥克斯福镇，他一生基本上没有离开过这里。福克纳从小喜爱接触自然，他对打猎、骑马、钓鱼都很感兴趣。虽然没有接受太多的正规教育，但他热爱阅读文学著作，涉猎广泛。第一次世界大战时，福克纳曾参加加拿大皇家空军的训练，但还没等到他赶赴欧洲，战争就结束了。回到家乡后，他创作了一些诗歌和短篇小说，并于1919年在《新共和》上发表了第一篇诗作《一个农牧神的下午》。1925年，他来到新奥尔良，结识了许多文学艺术界的朋友。在小说家安德森的鼓励和帮助下，1926年，福克纳出版了第一部小说《士兵的报酬》，反映了战后青年的痛苦与幻灭感。他的第二部小说《蚊群》并没引起关注。但从第三部小说《沙多里斯》开始，他形成了自己独特的题材与风格，他的小说开始以虚构的“约克纳帕塔法县”为背景，反映美国南方贵族的兴衰荣辱。他一共写了十九部长篇小说和七十多篇短篇小说，其中绝大多数以“约克纳帕塔法县”作为故事发生的地点，被后人称之为“约克纳帕塔法世系”。

◆一部将高深的理论物理通俗化的科普范本

◆一部对时空本质之谜不懈探讨之作

◆全球科学著作的里程碑

《时间简史》

你是不是在几乎对世界毫无所知的情形下进行日常生活呢？如果你想进一步了解自己所生活的宇宙，就打开史蒂芬·霍金的《时间简史》吧。《时间简史》是一本对知识无限追求之作，是对时空本质之谜不懈探索之作。

有着“继爱因斯坦以后世界上最杰出的理论物理学家”美誉的史蒂芬·霍金，从21岁起身患卢伽雷氏症，除了思想，只能支配三根手指，必须依靠机器才能与人交流。然而这位科学巨人，不仅是一个充满传奇色彩的物理天才，他的身体无力地蜷缩在轮椅里，思想却在宇宙的最深处飞扬，穿越时间与空间，追寻宇宙的尽头，把量子力学与广义相对论结合起来，进行“黑洞”表面量子效应的研究，使“黑洞”理论研究向前推进了一大步。

宇宙，星光灿烂，其中深藏着物质运动的伟大力量，对自己存身于其中的宇宙的神秘感却永远存在于我们每一个人的心中。因此，1988年霍金的《时间简史》出版后即在全世界产生巨大影响。在他之前，没有人能解释在宇宙“大爆炸”之前发生过什么事情。霍金以他的研究解释了形成行星和星系的物质如何被创造，以及宇宙为何能够永远膨胀下去却不会在“大坍塌”中崩溃，从而创立了“开放性膨胀”理论。这是目前对广义相对论和量子理论所不能解释的宇宙现象最好的解答。

霍金的《时间简史》可谓纯科学追求者的“圣经”，在西方没有读过《时间简史》甚至会被认为是没受过教育。它之所以在出版发行以来在全世界受到了极为热烈的欢迎，除了因为它概括了当代物理学中最尖端、人们最为关注的问题之外，还在于它的语言通俗易懂，整本书几乎没有数学符号和方程式。霍金的《时间简史》对人们的影响是相当强烈的，它使人们对宇宙的兴趣达到了有史以来空浓厚的程度。

一本里程碑式的书

什么是时间的历史？时间是宇宙的时间，宇宙的历史就是时间的历史。《时间简史》是关于霍金自己宇宙理论的研究过程及成果的通俗科普作品，同时也是宇宙科学发展的科学史，也可以说是物理学史。

要认识《时间简史》的价值，必须肯定史蒂芬·霍金“值得钦佩”的“很高的科学成就”。《时间简史》的副标题是《从大爆炸到黑洞》，在书中要叙述的是他怎样在广义相对论的框架里证明黑洞和大爆炸奇点的不可避免性，这将导致黑洞越来越大；但在量子力学的框架里，黑洞又因辐射越来越小，大爆炸奇点消失，整个宇宙由此开始。大爆炸到黑洞的周而复始，便是宇宙创生与毁灭并再创生的过程。

《时间简史》是一本通俗读物，不是科学论著，霍金说：“我的目标是要把这些头脑中的图像用语言在书中表达出来，并借助于一些熟悉的比喻和图解。”作者正是在这两个方面作了功不可没的创新。其一，不使用数学方程式及其推导，因为一般的读者没有这样的知识背景。而圈子里的人知道，这何其艰难！霍金论证过程的原始计算是相当复杂的。代替数学方程式的是图形，一本十多万字、一百多页的书用了35幅图形，这的确煞费苦心；其二，使用比喻，让抽象的概念形象化。例如在阐述“在低能时显得不同的粒子，也许在高能时实际上是相同的粒子”时用了“转轮盘赌”的比喻；而在解释马克斯韦的光脉冲在时间的进程中以光球面的形式散发开来，则用了一个极为形象的比喻，“一块石头扔到池塘里，水表面的涟漪向四周散开”，“加上一维的时间，扩大的水波周围就画出了一个圆锥，其顶点即为石头击到水面的地方和时间”。并根据这个想象画出了图形。我们看到，比喻与图形几乎是一一对应的。当然我们也看到，许多图景是动态的，靠语言是难以解释清楚的。比喻也好，图形也好，都是为了使读者较轻松地掌握其原理，如果读者只是读懂了或记住了作者的研究成果，那只能说是获得了在某些场合吹牛的资本，对自己毫无裨益。所以一部好的科普作品应与专业的科学论著一样，应该有训练读者思维能力和思维方法的功效。《时间简史》在这方面更是极其出色的。

霍金在《时间简史》中写道：“宇宙历来是孕育新观念和新思想的摇篮，它的每一

现在几乎每个人都假定宇宙是从一个大爆炸奇点开始的。颇具讽刺意味的是，现在我改变了想法，试图去说服其他物理学家，事实上在宇宙的开端并没有奇点——正如我们将看到的，只要考虑了量子效应，奇点则会消失。

个成果都会对人类产生震撼，这种现象将会贯穿于人类文明的整个过程。”《时间简史》虽然主题在宇宙，但几乎囊括了整个物理学发展的方方面面和为此作过贡献的所有科学家。这也是我们看重并极力推崇《时间简史》的原因。

读了《时间简史》后我一直在想，如果高中物理改用《时间简史》做教材或者辅助教材会怎样？第一，所有的内容不缺，牛顿力学、热力学、电磁学、原子物理学、光学都有；第二，物理教科书里没有科学发展史，这本书有；第三，物理教科书枯燥无味，这本书生动有趣；第四，物理教科书不能给我们指示科学研究的原则和方法，《时间简史》能在极其恰当的地方循循善诱，比如谈到科学研究的方法时说：“首先需要有优雅而协调的数学模型提出理论，然后（根据）理论作出可被观测验证的预言。如果观测和预言一致，这并未证明该理论，只不过该理论存活，以作进一步的预言，新预言又要由观测来验证。如果观测与预言不符，即抛弃该理论。”这是多么明晰的科学思想！

也许读了物理教科书会记住很多公式定律及其方程式，并会解答相应的许多问题，但它不能获得从《时间简史》里获得的科学思想、科学精神、科学方法和科学态度，也就是科学的启迪。当然这只是笔者的一个设想。《时间简史》作为科普通俗读物，是一本里程碑式的好书。还想加一句的是：科学在霍金那里没有上帝的位置，宇宙似乎也没有给“科学文化人”留一个适当的空地。（吴德余）

一套完整的统一理论的发现可能对我们种族的存活无助，甚至也不会影响我们的生活方式。然而自从文明开始，人们即不甘心于将事件看做互不相关而不可理解的。他们渴求理解世界的根本秩序。

探索宇宙的智者

史蒂芬·霍金的《时间简史》问世已经多年，从前在物理学尖端的被无数方程式所困扰的理论，在他诗一样的语言中，奥秘成为石榴甘美的子，晶莹地呈现在我们眼前。

《时间简史》用未系统地受过科学教育的普通人能理解的方式叙述关于“宇宙的起源和命运”的基础思想，对遥远星系、黑洞、大统一理论、“带味”粒子和“自旋”的粒子、反物质、“时间箭头”等进行了探索。作为科学著述，《时间简史》无疑成功解读了关于广义相对论和狭义相对论的晦涩定义，那些原本只有极少数科学家才懂得的道理，被史蒂芬·霍金深入浅出地娓娓道来——好像一幅三维立体全息的宇宙星图，使人们伸手可以触碰到宇宙的边缘，当然核心部分要抵达的话，我们需要涉过极其浩瀚的学问之海，不过对我们而言，能在智者手势的指引下解读一个粗线条的路径就已足够了。

我读《时间简史》的初衷和很多人相同，热切地盼望霍金为我解答：宇宙到底是如何开始的，又将如何结束，以及时光到底能不能倒流等诸如此类的问题。但是展卷不久，我就意识到，他不是为我解答这些问题，因为他不是一个智力抢答的题库，而是一个严肃的伟大的物理学家，他不是江湖算命先生或者气功师，投一个钱下去就解一个似是而非的签，供人诚惶诚恐地信奉或者一笑置之地亵渎。他只是力图浅显地把物理学最高的理论用深入浅出的语言来给我们论证出来，同时毫不隐晦地告诉我们，就这样的理论，他还在继续质疑和重新审视。他确实没有给出答案，但是告诉我们一个认知的方式，一个认知的全部过程，一个伟大的理论被他用浅显的语言推理给我们看，在薄薄的一册子里，我体味到了文学、科学和精深的数学，以及天文学从容完美的结合。

时空的苍茫感，任何文学家的语言都比不上霍金这一句："我们生活在一个宽约为10万光年并慢慢旋转的星系之中，它的螺旋臂上的恒星绕着它的中心公转一周大约花上几亿年。太阳只不过是一个平常的平均大小的黄色的恒星，它靠在一个螺旋臂的内边缘。"震撼莫过于此。因为它是事实。任何电影的悲剧效果都比不上新闻报道的真实事件，因为那是事实。所以任何文学家的精彩描述，都比不上那个瘫痪了的人的这段描述直指人心。因为他说的是真实的存在。

全球近千万《时间简史》的读者或许能感觉到，霍金虽然不能用笔和纸工作，却因借助可用图形描绘在纸上的精神图像表达他的思想而得到补偿，正是因为霍金艰难的组织思想语言过程使该书的风格既简练又准确，没有一般人频繁使用的矫揉造作手法和废话，使其成为一本表现对知识无限追求的经典之作。（佚　名）

作者生平

史蒂芬·霍金，1942年1月8日生于英国牛津，从小就非常富有想象力，1959年中学毕业并考入了牛津大学，选学了他所喜欢的物理学，后来申请到剑桥大学攻读宇宙学博士。在他进入剑桥大学不久后因病住进了医院，经过专家的多次会诊被诊断为患了肌肉萎缩性侧面硬化症，无方可医，后病情有所缓解，但只能依靠轮椅活动。霍金以重病之身躯克服人们无法体会的病痛折磨，于1965年开始了有关黑洞问题的研究。1974年，霍金发现"只进不出"的黑洞具有一种完全出乎意料的特性，即由于量子力学的"隧道效应"，它会稳定地向外发射粒子，考虑了这种"蒸发"，黑洞就不再是绝对"黑"的了。他的这个惊人的创见发表几星期后，英国皇家学会就宣布他当选为该会会员，霍金成了这个世界闻名的学会有史以来最年轻的会员之一。由于在天文学上的杰出成就，霍金获得了许多荣誉，伊丽莎白女王还封他为英国的荣誉骑士。1988年，霍金出版了《时间简史》后，被尊崇为"继爱因斯坦后最伟大的理论物理学家"。

◆19世纪俄国生活的百科全书
◆19世纪俄国批判现实主义小说的巅峰之作
◆人类寻求精神解放的一部文献

《复　活》

一切优秀作品，都来自作家的辛勤创作。当你为作品里的人物、思想、情节所感动、所吸引，情不自禁地拍案叫好的时候，你可曾联想到作家怎样呕心沥血地为创作为读者付出劳动！列夫·托尔斯泰的《复活》几乎每一个章节都进行了反复的修改。

列夫·托尔斯泰是俄国文坛上最卓越的现实主义大师，是精神世界的王者。在半个多世纪的创作历程中，他以其卓越的艺术天赋和伟大的人道主义精神为整个世界奉献了一大批感人至深的杰作，表现出对俄国各种社会问题以及人生的意义的深刻思考。列宁认为“这位天才的艺术家，他不仅创作了无与伦比的俄国生活的图画，而且创作了世界文学中第一流的作品”。

列夫·托尔斯泰在《复活》中显示了卓越的艺术才能。这部小说源自一个真实的故事。1887年6月，法院检察官柯尼拜访托尔斯泰时，讲述了一个名叫罗扎丽·奥尼的妓女被控告偷了醉酒的嫖客100卢布，因此被判四个月监禁。陪审员中有一个上流社会的青年，发现罗扎丽原来是他一个亲戚家的养女。几年前，他诱奸了这个姑娘，姑娘怀孕后被赶出门。后来姑娘生下了孩子，孩子被送进育婴堂，姑娘沦落为妓女。那个青年良心发现，表示愿意同女犯结婚以赎罪。然而那女犯却不幸在狱中死于斑疹。这个故事使托尔斯泰很受震动，他决定以此为题材写一部小说。他于1889年动笔，先后六易其稿，前后历时十年之久。其间托尔斯泰参观了许多监狱，还到法庭旁听，接触不少囚犯、狱吏之后，他把自己的观察和思考所得融会在艺术形象之中。

细致入微的心理描写，鲜明的对比，辛辣的讽刺手法和艺术结构的周密，使《复活》成为世界文学史上的不朽名著之一。小说情节跌宕起伏，人物刻画入木三分。这部史诗般的经典著作，被誉为“19世纪俄国生活的百科全书”。

为不幸者撒一行泪

《复活》是列夫·托尔斯泰三大代表作中问世最晚的一部，被认为是托尔斯泰创作的“最高的一峰”。它没有《战争与和平》史诗般的恢弘气魄和明亮的诗意，没有《安娜·卡列尼娜》的波澜与不安的骚动，它完全是体现了一位伟人暮年心灵的稳健和悲天悯人的大气！

在这里，作家目光的犀利、描绘的精确、笔力的雄浑达到了一个空前的高度。这与作品内容的严肃性是相符合的。在这里，面对人类的苦难，作家保持了高超的冷静，然而读者却不得不为见到的景象而深受震动。托尔斯泰在这里的挖掘比以往都要深。可以说整个俄国都被他翻了出来。他再现的艺术世界已经达到可作为一面“镜子”的程度。伟大的真实！评论家斯塔索夫赞誉道：“整个 19 世纪还不曾有过这样的作品。它高于《悲惨世界》，因为这里没有一点儿幻想的、虚构的、编造的东西，全都是生活本身。”正因为作品除去了浪漫主义的委靡因素，因而整个显出了威力，如同米开朗琪罗的雕塑一般。然而这不是一座普通的雕塑，是一座宏伟的纪念碑。它把 19 世纪末整个俄国的现实熔铸进去，上面刻有穷人、贵族、狱吏、监犯、革命者、医生、妓女、学生、农民、商人、律师、法官、教士……里面混合了忏悔、怜悯、感恩、真挚、热情、宽容；无耻、欺诈、放荡、侈靡、冷酷、自私、凶残……这里，作者唱出了人类艺术最崇高的歌：“我们为不幸者撒一行泪，人世的悲欢感动我们的心。”

托尔斯泰早中期的作品有着灵魂的骚动，这主要在于他世界观的动摇。然而到了晚年，他自己已有了一剂安抚灵魂的药方，即所谓的“托尔斯泰主义”。尽管其中的消极观点一向为人所批判，但其思想的内核仍出于人道主义，他无意要把《复活》写成一部张牙舞爪的书，尽管它也是对沙皇宝座的一次异常勇敢、异常有力的抨击。也许正因为它是以这种悲天悯人的气势写出来的，才显得更具感染力。确实，当我们打开这本书，我们不禁感受到有一种心灵的复活——人类最美好的感情的复活！即使是当代，许多人也许正在悄然地埋葬自己的这些美好的感情却毫无察觉。在这种时候，我们需要的不正是《复活》这样的作品来唤醒沉睡的心吗？《复活》里写的虽然是贵族的忏悔，但是托

凡是人，都是一部分依照自己的思想，一部分依照别人的思想来生活和行动的。他们在多大程度上依照自己的思想生活，在多大程度上依照别人的思想生活，这就构成了人与人之间的一个主要区别。

尔斯泰并不是把这个主题当做贵族的专利，他是把忏悔放在人的心灵的内在的、普遍的矛盾中展开的。人都有神性和兽性。当人放纵了自己，就可能堕落；而当人自觉，就可能"复活"。所以托尔斯泰主张以"道德的自我完善"来改变社会的不平等和罪恶。在社会革命激烈的时代，他提倡"勿以暴力抗恶"，是反对阶级斗争的。但是，作为人类寻求精神解放的一部文献，在我们这个把道德的自我完善当成笑话的时代，读这样的书，也许会产生某种惭愧的感觉。（佚　名）

人们认为神圣而重要的，不是这春色迷人的早晨，不是上帝为造福众生所创造的人间的美，那种使万物趋向和平、协调、互爱的美；他们认为神圣而重要的，是他们自己发明的统治别人的种种手段。

《复活》赏析

《复活》是托尔斯泰的晚期代表作。这时作家世界观已经发生激变，抛弃了上层地主贵族阶层的传统观点，用宗法农民的眼光重新审察了各种社会现象，通过男女主人公的遭遇淋漓尽致地描绘出一幅幅沙俄社会的真实图景：草菅人命的法庭和监禁无辜百姓的牢狱；金碧辉煌的教堂和衣衫褴褛、面容憔悴的犯人；荒芜破产的农村和豪华奢侈的京都；茫茫的西伯利亚和戴着手铐脚镣的政治犯。托尔斯泰以最清醒的现实主义态度对当时的全套国家机器进行了猛烈的抨击。

首先，作家以人民的名义审判了"审判者"，撕下了那些高坐在审判席上的沙皇官僚、官方教士、贵族代表们的假面具，剖析他们的肮脏灵魂。而更为深刻的审判则在聂赫留朵夫的心灵中进行。他是造成卡秋莎不幸的第一个罪人。在法庭上认出卡秋莎后，"他灵魂的深处不得不感到那一次行为的残酷、怯懦、卑鄙，还感到他那闲散的、堕落的、残忍的、怠惰的全部生活也是那样"。从此开始了他的思想和生活的转折，他努力从"动物的人"向"精神的人"转化，竭力用受害者、普通老百姓的眼光重新审视他周围的一切事物。他逐步成为本阶级的审判者。作者通过他的主人公周旋于统治阶级最上层，发现原来掌握生杀大权、制定法律的人才是真正的罪魁祸首，他领悟到"人吃人并不是从森林里开始的，而是从各部、各委员会、各政府衙门里开始的"。聂赫留朵夫奔走在贫苦人民最底层，看到农民挣扎在饥饿线上，他认识到"农民贫困的主要原因和白昼一样明显，也就是唯一能够养活他们的土地，都被地主从他们手里夺去了"。

聂赫留朵夫是托尔斯泰式的主人公，他表达了作品的主要思想。然而，如果没有卡秋莎这个形象，人民的生活就不能充分展示，《复活》也就不会有如此深沉的感人力量。作家写到卡秋莎时，流露出那么真挚的同情和爱。少女时代，她身为地主家的养女兼使女，但却没有丝毫奴颜婢膝。她天真无邪，但幼稚无知，凭着一颗单纯的心灵，设想着美丽的世界，沉浸在欢乐的生活中。被奸污后的卡秋莎还曾有过幻想，直到风雨交加的秋夜，聂赫留朵夫坐在舒适明亮的头等车厢里玩牌、谈笑，而卡秋莎在火车旁奔跑、呼喊，却得不到回音。这时，她才开始意识到他们之间隔着一道不可逾越的鸿沟，他们是属于两个世界的人。她真想纵身跳到铁轨上，了此一生。胎儿的蠕动，激起了她母性的感情，但从此，她眼前失去了光明和希望，在黑暗中摸索、挣扎，“她不再相信上帝和善良”，认识到“所有关于上帝和关于善的那些话，全是欺人之谈”。

卡秋莎·玛丝洛娃形象丰满、真实，在俄国文学史上的女性画廊中独具一格。其典型意义也是深刻的。作品正是通过卡秋莎和她的不幸遭遇，反映了“一直到最深的底层都在汹涌激荡的伟大的人民的海洋”（列宁语）。在形象体系中她与聂赫留朵夫相辅相成，体现了作品的主题。如果说，在托尔斯泰的构思中，复活节之夜聂赫留朵夫的情欲是他堕落的开端，那么，凄风苦雨的车站一幕卡秋莎对善和上帝的怀疑与否定就是她沦落的内因。他们生活的转折都取决于对待永恒法则——上帝的真理的态度。因此，他们后来的精神复活，首先是皈依上帝，恢复对善和爱的信念。聂赫留朵夫通过忏悔和赎罪，卡秋莎通过宽恕对方，恢复爱的途径。同时，现实主义大师托尔斯泰也写出了男女主人公关系中的社会因素、阶级对立，使社会的主题与伦理道德的主题紧密结合，融为一体。作为贵族，托尔斯泰在资本主义势力的冲击下，看到的只是国家机器——暴力的加强、社会道德的沦丧和农村的破产。为了和资本主义世界抗衡，他自然求助于农民。这也决定了聂赫留朵夫形象的典型意义。（倪蕊琴）

作者生平

列夫·托尔斯泰是19世纪俄国文坛泰斗，伟大的批判现实主义作家，出生于贵族家庭，1840年入喀山大学，受到卢梭、孟德斯鸠等启蒙思想家影响。1847年退学回故乡在自己领地上作改革农奴制的尝试。1851–1854年在高加索军队中服役并开始写作。1854–1855年参加克里米亚战争。几年的军旅生活不仅使他看到上流社会的腐化，而且为以后在其巨著《战争与和平》中能够逼真地描绘战争场面打下基础。1855年11月到圣彼得堡进入文学界，其作品几乎每一部都在世界文坛上占据着第一流的地位，是俄罗斯社会生活的宏伟史诗。他继承了俄国及欧洲批判现实主义的优良传统，通过自己的创作不断突破，通过大量哲理、道德、宗教和历史问题涵盖了广阔的艺术表现领域，将这一伟大的文学流派推至巅峰。托尔斯泰晚年力求过简朴的平民生活，1910年10月从家中出走，11月7日病逝于一个小站，享年82岁。

◆人类三大智慧奇书之一

◆人生处世宝典

◆一本微妙、实用、耐人寻味的书

《智慧书》

如果我们从处世智慧方面来评价，《君主论》主要是针对那些处心积虑希望取得或保有王权的帝王而写，《孙子兵法》则主要针对那些运筹帷幄的将帅而写，而《智慧书》却是为每一个人写的书。

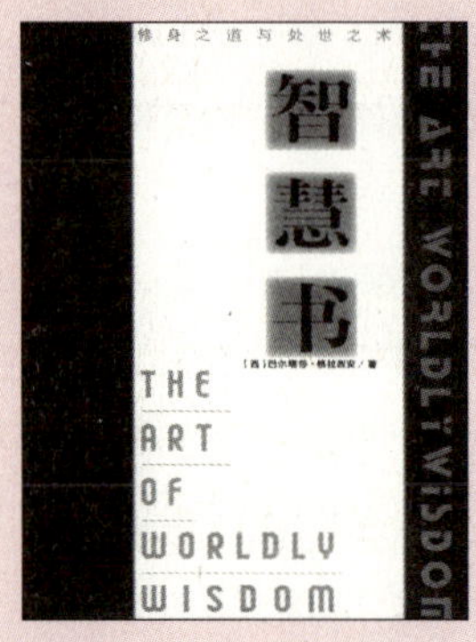

为人处世是每个人一生的功课，这门功课是博大精深的，而大凡能成就伟业者，无不是深谙处世之术的人。他们能够洞悉别人的意图，审视自己的处境，从而进退自如。早在17世纪的西班牙，有一位伟大的哲学家，他教人以入世的智慧，他告诉人们，只要学会了某些必要的生活技巧，就有可能为自己找到战胜困难与邪恶从而获得幸福的道路。如果人人都能像他一样去除欺妄之心、抛弃天真与滥情的幻想，不少人都会拥有像他那样深邃的思想。这位伟大的哲学大师就是巴尔塔沙·葛拉西安。葛拉西安的人生经验显示出无人能比的智慧，他的《智慧书》是与《君主论》、《孙子兵法》齐名的人类三大智慧奇书之一，其中的三百则箴言全是有益的忠告。这位哲学大师以一种令人感到惊异的冷峻客观态度，极深刻地描述了人生处世经验，为读者提供了战胜生活的尴尬、困顿与邪恶的种种计策。通过这些多姿多彩的人生格言，人们不仅能获得克服生活中可能出现的逆境的良方，更重要的是可以增强对生活的理解和洞察力。

《智慧书》收录的是一位17世纪满怀入世热忱的耶稣会教士告诉我们的生存智慧，字里行间都可以证明这本书是“无时不宜，无处不宜”的良伴。叔本华认为《智慧书》是“绝对的独一无二的”。从处世智慧方面来评价，《智慧书》的确是一本微妙、实用、耐人寻味的书，其对人生俗世的洞察极为深刻，一般的书籍难与之匹敌。书中的体悟，你若想在生活中自行积累，恐怕要耗费几十年的光阴。然而，待你耗费几十年终于明白了处世的真相，却可能为时已晚。

剖析人性底蕴的大智慧

《老子》、《庄子》、《易经》所显示出来的深沉智慧与超然的人生态度令我们心旷神怡，但是，在鞭辟入里地剖析人性底蕴并提出温和的处世对策方面，我敢说整个世界只有《智慧书》与之比肩。

如果我们从处世智慧方面来评价，《智慧书》是三大智慧奇书中最微妙、最具实用价值者。《君主论》主要是针对那些处心积虑希望取得或保有王权的帝王而写，《孙子兵法》则主要针对那些运筹帷幄的将帅而写，而《智慧书》却是为每一个人写的书。

《智慧书》在一定程度上兼有《君主论》的坦率和《孙子兵法》的高品位，它一方面使我们叹服其机智与完美的审慎态度，另一方面又使我们产生向善的心理。葛拉西安的一些说法，一旦映入我们的眼帘，就会使我们终生不忘。仅举第一则格言为例："世间万象都已尽善尽美，而成为一个真正的道德上的完人，则是宇宙万物完美的顶峰。"这一句话，可以说集中概括了儒家内圣外王学说的精髓，我们可以由此窥视东西方思想碰撞的火花。

"当今世界要造就一个圣贤比古希腊时期造就希腊七贤还要费劲。当今世界对付某一个人所花的精力要比过去对付整整一个民族所花的精力、物力还要大。"要彻底阐述清楚葛拉西安的这两句话，需要整整一本书！文明给人类带来了物质上的进步，人类的智力也随之发展到了更高的阶段，但是，不幸的是，恶也会水涨船高地发展成为一种更狡诈的力量。这无疑极大地增加了善战胜恶的困难。然而，人类就没有得救的希望了吗？不！葛拉西安正是试图以揭去恶的这种种巧妙伪装并施以适当打击的办法来保障普通人的生活。通过他那些层见迭出的妙语箴言，我们感到，生活并不像某些悲观主义者所断言的那样没有任何希望，实际上，葛拉西安暗示，只要人们学会了某些必要的生活技巧，就有可能为自己找到战胜困难与邪恶从而获得幸福的道路。

但是，《智慧书》给我们印象最深的，是它在鞭辟入里地剖析人性底蕴方面显示出的登峰造极的智慧。当然，同类的著作我们还可以举出《增广贤文》、《菜根谭》、《厚黑学》或卡耐基的若干处世书，但是，这些书在剖析人性方面虽各逞其强，毕竟难以和《智慧书》相媲美。就是莎士比亚的悲剧、培根的《论人生》尽管在剖析人性方面的深

联翩而来的好运总是可疑的。比较安全的情况是好运和厄运交错而来，这样还可以使人享受苦中带甜之乐。当运气来得太猛太快时，它很可能会摔倒并把什么东西都撞得七零八落。

刻性是举世皆知的，但在系统、全面地描述人性方面，也未免略逊一筹。

葛拉西安行文的简洁和叙述的精辟，实在令我们佩服不已。只有思索得最清晰，对所论问题了如指掌的智者才可以写出这样明白、睿智而又生动的格言。如果人们能学会用最少的语言给予别人最多的思想，那么，人生会变得多么美好。（辜正坤）

人生最大的教训之一是要懂得如何拒绝，其中最重要的拒绝是拒绝为你本人做某事或拒绝为他人做某事。有些活动并不太重要，徒耗宝贵的时间。

焕发美玉的光泽

巴尔塔沙·葛拉西安是一个满怀入世热忱的耶稣会教士，一生以助人成功为己任，其代表作《智慧书》被认为是一部经典的人生处世宝典，被列为人类历史上三大智慧典籍之一。从时光轨道穿梭到充满挑战的21世纪，当我们重读先贤大作，我们不禁要问：我们有智慧吗？我们开启我们的智慧了吗？成功在脚下！但没有智慧的指引，迈向成功的步伐将会是多么盲目。如果想要有所作为，我们应该认真地读一读葛拉西安的这本《智慧书》。

《智慧书》这本书谈的是知人观事、判断、行动的策略——使人在这个世界上功成名就且臻于完美的策略。全书由三百则箴言警句构成，这些箴言警句意义深远而不可不与朋友同事分享共赏，又鞭辟入里而不能不蒙敌人对手于鼓里。在这本处世经典中，作者认为，凡是其天赋得到自然发挥者，都必使其才华依托于他的性格与聪明；若只依靠其中一个，则只能获得一半的成功。光靠聪明成不了大事，你还得有一个适合于自己的聪明性格才成。愚人之所以失败，在于其行事不顾及自身的具体条件、地位、出身及朋友关系。做人要明察自己的性格、智慧、判断和情感，如果你不了解你自己，你就不能控制自己。镜子可以用来照脸，而唯一可以用来观察自己内心的是明智的自我反思。当你不再担心自己的外在形象时，试着去修正和改善自己的内在形象。

为了明智地处理事情，葛拉西安告诉我们要精确地估计自己的审慎和才智，判断一下自己会怎样迎接挑战，测量一下自己的深度和才智。不断自省，然后下一步就是学会控制自己，善于控制冲动情绪是人的最高精神素质。没有一种胜利比战胜自己及自己的冲动情绪更伟大，因为这是一种意志的胜利。即使当激情影响你的时候，也不要让它影响你的地位，特别是当你的地位对你很重要时。这是避免麻烦的明智之举，也是获得他人尊重的捷径。

有时候我们会本能地憎恶某些人，这种憎恶心理甚至在我们尚未意识到这些人的优点之前便已开始。有时候，这种卑劣的、情不自禁的反感是针对某些杰出人物的。在《智慧书》中，葛拉西安提出：对于这种情绪可要小心加以控制，对优秀人物抱有厌恶情绪是最有损于自己人格的。能与英雄人物和睦相处是最值得赞扬的事，恰如以反感情绪对待他们是非常可耻的一样。

葛拉西安认为人们应坚定不移地与理智为伍，绝不要因为意气用事或慑于淫威而误入歧途。可我们到哪儿去找这样刚直不阿的人物呢？毫不苟且的正直之士寥寥无几。虽然大家都很赞扬正直这种品德，但却很少有人躬行此道；即使有人付诸实践，也一遇危难便知难而退。在危难中，虚伪者抛弃它，政客们却狡猾地将其改头换面。正直这种品德不怕丢掉友谊、权力、甚至自己的利益，所以很多人宁愿不要这种品德。所谓的聪明人振振有词、巧言惑众，大谈什么“要为大局着想”、“要为安全着想”等；而真正的诚实者总是把欺骗看成是一种背信弃义，情愿做光明磊落的刚直不阿者而不愿做所谓的聪明人，所以他们总是和真理站在一起。如果他和别人有意见分歧，这不是因为他变化无常，而是因为别人抛弃了真理。此外，《智慧书》还告诉我们，真正富有智慧的人在为人处世中应该谨慎而理性，我们只做到明智、优雅、有才、非凡是不够的，还必须学习运用智慧与才能来适应你所生存的时代。葛拉西安指出，卓越并非时时皆宜，有时候表现优秀不如隐其锋芒，平庸反而更安全；有些场合，装愚扮痴、随波逐流才是上策。《智慧书》收录的是一位17世纪满怀入世热忱的耶稣会教士告诉我们的生存智慧，书中为道德与精神的完美境界提供了一幅鲜明生动的景象。字里行间都可以证明这本书是“无时不宜，无处不宜”的良伴，对于凡是想要充满挑战的人生，但也乐于迎接这些挑战的人，《智慧书》确实是最佳选择。（佚　名）

作者生平

1601年，西班牙著名哲学家葛拉西安出生于阿拉贡的贝尔蒙特村，1619年进入耶稣会见习修行，此后五十年历任军中神甫、告解神甫、教授等职。葛拉西安身为教士，虽多受限制，但他仍有机会汲取许多当世的艺术精华。他曾被派到惠斯卡任职，结交了贵族好友拉斯塔诺沙。葛拉西安的第一本书《英雄》在1637年由拉斯塔诺沙出资发行，他也因此而名声初扬。葛拉西安的作品大多以假名罗伦佐·葛拉西安出版，而且未得到耶稣会的准许。耶稣会之所以禁止葛拉西安发表作品，并不是因为他的著述被视为异端，而是作为耶稣会教士，他的处世智慧与政治行为过于精彩，未免有失体统。接下来的几年葛拉西安再三受到警告，耶稣会责令其未获允许不得出版作品，但他违令如故，耶稣会不堪其扰，等他讽刺人生的巨卷杰作《批评大师》第三卷（末卷）问世后，就解除了他在萨拉戈萨的圣经教席，把他“放逐”至一个乡下小镇，葛拉西安在此终老。耶稣会还下令密切监视他，他笔下一旦有只言片语不利于耶稣会，即被予以禁闭，纸张笔墨一概禁用。

◆19 世纪的不朽名著之一
◆一部卓越的社会哲理小说
◆为现实主义开创先河的代表作

《罪与罚》

如果说时间能熄灭爱情的火焰和人类的所有其他感情，那么对于真正的文学作品，时间却会创造不朽。陀思妥耶夫斯基的作品正是世界文学中这种不朽的作品之一，是经得起时间的考验值得一读再读的作品。

每当社会形态急剧变更的时代，总会有一些伟大的艺术家脱颖而出，比如但丁、莎士比亚、高尔基、鲁迅等，都是出现在社会变革动荡时期的文坛精英。俄国 19 世纪的陀思妥耶夫斯基也是如此，他是一位有着世界声誉的天才作家，也是一位思想错综复杂而艺术风格独具魅力的艺术家。他在作品中寄予了对被欺凌被侮辱的小人物深沉的人道主义关怀，始终坚信人类拥有美好的未来。他以崭新的艺术表现手法为现实主义文学开拓了道路，成为现实主义文学发展新阶段的重要标志，许多现代派作家把他“看成是自己的先驱和自己的支柱”。一部俄国文学史如果缺了他这一章，那就很难说是完整的，而他的创作影响已远远超出俄国以外。现实主义派的作家从他的创作中可以吸收到营养，现代派作家则把他的作品奉为经典，而称他本人为他们的先驱和导师。西方文学评论界对他的评价之高，令人咂舌。他的艺术才华，连对他批判最为尖锐的作家也是无法否认的。

陀思妥耶夫斯基是在俄国社会的专制农奴制度急剧瓦解、资本主义制度迅速发展的过渡年代登上文学舞台的，《罪与罚》是他的一部卓越的社会哲理小说，它的发表标志着其艺术风格的成熟。小说成功地反映农奴制改革后，资本主义在俄国生活的各个方面的发展，探讨了贫穷与犯罪等社会哲理问题。作品中那些震撼人心的悲惨画面，那些庄严的、悲剧性的痛苦形象，都深深印在所有读过他作品的人的心中。小说于 1866 年一发表，立即引起强烈的反响，使作者获得了世界声誉。

站在20世纪面前的文学先知

当尼采看过陀思妥耶夫斯基的《罪与罚》后，他跟朋友说他受到很大的震撼与感动。这两个深深影响20世纪的思想家、文学家，从未碰过面，但是对时代的不安思索，却有非常多的共通之处。

在陀思妥耶夫斯基的《罪与罚》中，男主角拉斯科尔尼科夫以其聪明绝顶却与世隔绝的头脑，建构出一个学说：超凡伟人往往有犯罪的天性，因为他需要建构新制度，这种建构势必带来毁坏，因此伟人的犯罪是合理的。

尼采说《罪与罚》引发他的感动震撼，因素当然很多，但让我们稀奇讶异的是拉斯科尔尼科夫的确说出尼采的“强力意志”观点。在尼采的“强力意志”观点底下，人类的确是有上等人下等人的阶序的，只是这阶序不是用道德价值来区分，而是用强力意志来区分。在这样的区分底下，敢有大胆的支配力、敢大胆地自我实现自我主张的就是强人。反之，牺牲奉献无我的道德宗教精神，属于颓废的懦弱的奴隶的下等人。

陀思妥耶夫斯基在完全没有与尼采接触的背景下，能够透过普遍弥漫的各式各样的纷陈学说，预先透过拉斯科尔尼科夫指出“伟人的福音”观点与尼采相应，这正是陀思妥耶夫斯基与尼采同被评为“时代先知”的原因。但是陀思妥耶夫斯基和尼采恰好就是在“强人意志”与“伟人的福音”这一观点上，也开始分道扬镳。尼采彻底地批判基督教精神中的奉献、无私与爱，他认为这种精神其实是庇护弱者、平庸者、凡俗者，最后导致群体的堕落与败坏。弱者需要被自然淘汰，可是基督教精神让弱者自利。尼采在强力意志说中认为，无论怎样裁判基督教都不至于过分，这种让贱民高抬的精神，根本就是虚无主义滋生的温床。

可是在陀思妥耶夫斯基的作品中，却一直出现着“基督精神”，拥有基督精神的人，果然像尼采所说，是社会中的弱者，但是，他们却在引导着救赎之路。《罪与罚》一书中这个人物就是索尼娅。全书中有几段拉斯科尔尼科夫与索尼娅的对话精彩万分：男主角拉斯科尔尼科夫再痛苦，都绝不泄露一丝一毫情感，但是他却在最紧要关头，找到索尼娅坦承他是案犯。索尼娅尽管为自己的好友之死哀伤不已，却温柔地凝视拉斯科尔尼科夫，然后抱着他的颈项，紧抱住他。拉斯科尔尼科夫问索尼娅：“你为何不骂我，却

穷人的自尊心往往要更强一点儿，许多穷人把最后的积蓄花在不必要的排场上，仅仅是为了证明“像别人一样”和不被人轻视。

拥抱我呢?”索尼娅说出命中拉斯科尔尼科夫内心深处要害的回答：“因为全世界没有比你更不快乐的人了!”而这时，拉斯科尔尼科夫心一软，两颗泪珠蕴藏在他的眼眶中，就要掉下了。

索尼娅正是拥有基督教精神、在尼采心中被视为奴隶道德的人。她顺命不反抗，完成每一个人的需要，完全牺牲掉自己的利益。当拉斯科尔尼科夫问她这一生的苦难上帝的回答是什么，索尼娅无法用理性回答，只是念完《圣经》中拉撒路死里复活的故事；她根本不想责问上帝苦难的问题，因为她信仰。就在念《圣经》的这一刻，贫困的房间幽暗的烛光照着凶杀犯与妓女。索尼娅以其弱者之爱，不自觉地引领拉斯科尔尼科夫走向救赎之路。拉斯科尔尼科夫问索尼娅：“你不会离我而去吗?”索尼娅回答：“不会，无论你到何处，我都伴随着你。”甚至她也在非理性的情感中，知道拉斯科尔尼科夫需要她的接纳与爱，她遗憾地说：“为何你不早来，我为何不早些遇到你呢?”男主角剖心相告后，问索尼娅：“你觉得我卑贱吗?”索尼娅说：“不，你只是在受苦。”最后，拉斯科尔尼科夫向索尼娅要十字架，索尼娅给了他，并说：“我们一同受苦难，也一同挂十字架啊!”

在陀思妥耶夫斯基与尼采的相异点上，我们会看到两人对于“强者”的定义不同。在陀思妥耶夫斯基的小说中一再出现的是“主动选择悲悯苦难、选择与他人一起受苦”，这是十字架精神，而十字架精神永远呈现着：“在软弱的地方显现其刚强。”而一个能看见所谓的强者内心深处的痛苦的人，往往自身也负荷着巨大的苦难。（陈韵琳）

一个人越机灵，就越不疑心自己，会在一件简单的事情上给人抓住；一个人越机灵，他就越容易陷在简单的圈套里。

心灵深处的奥秘

《罪与罚》是一部卓越的社会心理小说，它的发表标志着陀思妥耶夫斯基艺术风格的成熟。小说以主人公拉斯科尔尼科夫犯罪及犯罪后受到良心和道德惩罚为主线，广泛地描写了俄国城市贫民走投无路的悲惨境遇和日趋尖锐的社会矛盾。作者怀着真切的同情和满腔的激愤，将19世纪60年代沙俄京城的黑暗、赤贫、绝望和污浊一起无情地展现在读者面前。

拉斯科尔尼科夫是小说中的中心人物，这是一个典型的具有双重人格的形象：他是一个心地善良、乐于助人的穷大学生，一个有天赋、有正义感的青年，但同时他的性格阴郁、孤僻，“有时甚至冷漠无情、麻木不仁到了毫无人性的地步”，为了证明自己是个“不平凡的人”，竟然去行凶杀人，“在他身上似乎有两种截然不同的性格在交替变化”。正是这双重人格之间的激烈冲突，使主人公不断地动摇在对自己的“理论”（即关于“平凡的人”与“不平凡的人”的观点）的肯定与否定之间。对于拉斯科尔尼科夫来说，如果甘愿做逆来顺受的“平凡的人”，那么等待他的是悲惨结局，如果去做一个不顾一切道德准则的“人类主宰者”，那就会与为非作歹的卑鄙之徒卢仁和斯维德里加伊洛夫同流合污。他的人格中的主导面终于在白热化的搏斗中占了优势，并推动他最后否定自己的“理论”，向索尼娅靠拢。小说通过这一形象，深刻地揭露了资产阶级的“弱肉强食”原则对小资产阶级知识分子的毒害，有力地批判了这一原则的反人道主义的实质，并且从客观上否定了建立在“超人”哲学基础上的无政府主义式的反抗，因为这种反抗绝不可能给被压迫者带来新生活的转机。

《罪与罚》具有很高的艺术成就，比较全面地显示了陀思妥耶夫斯基关于“刻画人的心灵深处的奥秘”的特点。作者始终让人物处在无法解脱的矛盾之中，通过人物悲剧性的内心冲突揭示人物性格，同时作者对幻觉、梦魇和变态心理的刻画也极为出色。在这部小说中，由于作者着力拓宽人物的心理结构，情节结构相对地处于从属地位。尽管作品中马尔美拉陀夫一家的遭遇令人同情，凶杀事件扣人心弦，但它们都只是“一份犯罪的心理报告”的组成部分。正因为这样，主人公拉斯科尔尼科夫的内心世界才以前所未有的幅度和深度展现在读者面前。此外，这部小说场面转换快，场景推移迅速，主要情节过程只用了几天时间，在浓缩的时空中容纳了丰富的思想内容，小说的时代色彩和政论色彩十分鲜明。（佚　名）

作者生平

费奥多尔·米哈依洛维奇·陀思妥耶夫斯基1821年出生在莫斯科一个普通的医生家庭里。由于家庭贫穷，他在上完三年寄宿学校以后，就进了圣彼得堡一家军事工程技术学校学习。但他对工程技术工作并不感兴趣，毕业后一年就申请退职，离开了工程局绘图处。从此他就走上了职业作家的道路，专门从事文学翻译和创作。就在退职后的一年之中，他译出了巴尔扎克的名著《欧也妮·葛朗台》，写出了他的第一部作品《穷人》。小说一出版，即轰动文坛，受到读者的普遍赞扬。别林斯基称之为“社会小说的第一次尝试”，他的几部长篇小说如《被侮辱与被损害的》、《死屋手记》、《白痴》、《罪与罚》、《卡拉马佐夫兄弟》等都受到世界各国广大读者的欢迎，被称为俄国文学的瑰宝、世界文学宝库中的珍品，他本人也因此被尊为世界性的长篇大师。

◆影响中国文化的百部经典著作之一

◆一部民族的痛史

◆一部感人的现实主义杰作

《四世同堂》

小说是一个民族的历史，小说是一种文化的沉淀，能够把沉淀真实地融入历史，又能使历史清楚地显示出沉淀的小说，无疑是一部优秀的现实主义作品，老舍的《四世同堂》正是这样一部读来令人荡气回肠的现实主义杰作。

在现代文学发展、成长的若干重要方面，老舍均有突出建树，他是享有盛名的语言大师、文学巨匠，是我国现代文学的重要奠基人之一，更是一位不可多得的集幽默与深刻于一体的大家。他虽自称“我是文艺界中的一名小卒”，却有着“中国狄更斯”的美誉，曾被北京市政府授予“人民艺术家”的光荣称号，也是中国历史上唯一由政府授予此项称号的人。

老舍是“京味小说”的源头，他以其对老北京城的细腻掌握，写尽京味百态，他在中国现代文学史上的独特地位与价值在于他对文化批判与民族性问题的格外关注，第一个把“乡土”中国社会现代性变革过程中小市民阶层的命运、思想与心理通过文学表现出来，他的作品蕴涵着对转型期中国文化尤其是世俗文化的冷静的审视，他创作的成功，标志着我国现代小说在民族化与个性化的追求中已经取得了重要的突破。

1944年初，老舍开始创作长篇小说《四世同堂》。全书分《惶惑》、《偷生》、《饥荒》三卷，以北平小羊圈胡同祁家祖孙四代的活动为主线，辅以小羊圈胡同各色人等的荣辱浮沉、生死存亡，真实地记述了北平沦陷后的畸形世态，形象地描摹了日寇铁蹄下广大平民的悲惨遭遇、心灵震撼和反抗斗争，刻画出一系列栩栩如生的艺术形象，史诗般地展现了第二次世界大战期间，中国人民与世界人民一道反法西斯的伟大历程及生活画卷，可歌可泣，气度恢弘，读来令人荡气回肠，是一部感人的现实主义杰作。

历史中的沉淀

1937年，日本全面发动了侵华战争，中华民族处在面临亡族灭种的危急关头。在这个关键时刻，中国人民进行了不屈不挠的斗争，中国的传统文化也在人民的行动中得到了较全面的体现。1944年初，老舍根据妻子胡絜青的叙述，动笔创作了一部描写沦陷区人民生活的巨著——《四世同堂》。小说真实地表现了沦陷区人民内心的矛盾、惶惑、苟且偷生的不安和坚决反抗的决心，并试图以文化为基点寻找原因，从而真正地将“沉淀”融入历史。

《四世同堂》以整个抗战的历史为背景，以一个名不见经传的沦陷区的小胡同为对象，倾吐了古都人民的亡国之痛、亡城之难和不可征服的民族魂。作为文学家，老舍严格地按照抗战发展阶段来安排自己的故事顺序，没有写解放区、八路军、新四军，而是将目光放在沦陷区的普通市民身上，使中国传统文化在他们身上得到了最直接最真切的反映，从而有力地证明了中华民族的强大坚决和民族自身的浩然正气。

那么《四世同堂》怎样体现了文化沉淀的呢?

首先，四世同堂的家长祁老太爷、祁家的老朋友常二爷、小羊圈胡同二号李四爷等老人都是中国旧式文化的代表。他们勤劳、善良、谦卑、朴实、忍让、和气、闭塞、讲究礼仪、看重仁义。他们活了一大把年纪，经历了许多次“国难”。在他们心中，只要不惹日本人，只要合情合理，只要忍得住，他们尽可以平安地度过晚年，他们的家族也尽可能人丁兴旺，儿孙满堂。家重于国的观点使他们对亡国古城的危急并不在意，只认为多存储粮食、少活动、多忍让就会化险为夷、消灾免难。他们是中国文化中沉淀得最久的那一部分，他们的思想中总有一种民族的自我意识衍变成的封闭的自大。

但是，日本人并没有因他们的安分守己而善待他们。祁老太爷苦心经营的四世同堂由于儿子祁天佑的跳河、重孙女妞子的饿死而瓦解；常二爷因为给日本人下跪受辱而被活活气死；李四爷被日本人一枪托打在太阳穴上而一言未留地离开人世。

“最伟大的牺牲是忍辱，最伟大的忍辱便是预备反抗。”在忍无可忍的情况下，这文化中沉淀最久、最能忍痛的人也会愤怒地反抗。在特殊的历史背景下，这种“沉淀”的亮点——坚毅、勇敢终于显现出来。

春天好似不管人间有什么悲痛，又带着它的温暖与香色来到北平……柳条上缀起鹅黄的碎点，大雁在空中排开队伍，长声地呼应着。一切都有了生意，只有北平的人还冻结在冰里。

其次，祁瑞宣、陈野求这两个既是旧文化的负担者，又是新文化的追求者，在古都的沦陷中经受了残酷的心灵炼狱，作出了不同的抉择。他们代表着新旧文化交替中的知识分子沉淀中较新的部分。

为什么祁老太爷只预备三个月的粮食与咸菜呢？这是因为在他的心理上，他总以为北平是天底下最可靠的大城，不管有什么灾难，到三个月必定灾消难满，而后诸事大吉。

对于祁瑞宣，他有一颗爱祖国的挚心："在国旗下吃粪，也比在太阳旗下吃肉强。"但是他又受着传统文化的束缚，他不能摆脱四世同堂家庭的沉重负荷，不能违背长子长孙的"孝"，他好像是新旧文化的钟摆，必须左右摆匀，才能时刻进行得平稳准确。因此，他只能鼓励三弟去尽忠，只能在家与国之间矛盾、彷徨、挣扎。与巴金笔下的高觉新相比，瑞宣的思想更为深刻，甘心为十口之家的温饱和安定鞠躬尽瘁，没有违心的奉承，没有作揖哲学。在国破家亡的剧烈冲击面前，瑞宣的苦闷和矛盾自然要比觉新更深广、更富时代内容。经过长期的惶惑、偷生，瑞宣终于选择了抗战宣传工作，在伟大的民族解放战争中找到自己的位置。

至于陈野求，他是沦陷区另一类知识分子的代表，他也有学识，也爱国，但迫于家庭、生活，他又不得不出卖国家、出卖灵魂。这类人叛国前为生计发愁，叛国后耻于自己的行为，他们的良心没有得到片刻安宁，陈野求死于街头也昭示了他们可悲的结局。作者在否定这类知识分子的同时，又表示了深切的同情。

再次，中国文化中儒者雅士的代表钱默吟在国难当头的危急之时所表现出的决断坚毅，有力地证明了古老民族的不可摇撼和古老文化的厚积薄发。钱默吟是一个带有古典风和旧时士大夫气的老诗人。他"像一本古书似的，宽大、雅静尊严"。他酷好陶诗，爱花，爱喝陈酒。在和平的日子里，有了这些，他足以自得其乐，安度余生，这正是传统文化中隐者的典型。但是，北平的沦陷使他清醒，"亡国"的意识使他不能再安于隐居。他支持儿子仲石的出走，他不屈于敌人的严刑拷打，他顽强地与敌人作着斗争，终于由隐士变成了从事秘密抗日宣传和暗杀敌人的战士。钱先生是地道的中国人，而地道的中国人带着他的诗歌、图画、道德，是会为一个信念而杀身成仁的。抱着这种杀身成仁思想，他斩断了过去的生活，而成为一个威武不能屈、贫贱不能移的民族英雄。

"国家兴亡，匹夫有责"，传统文化要求中国人在关键时刻，以国为重，舍身取义。这是一种源于传统文化内核的强劲生命力，而这股生命力又会使人迸发出无限的热力。

如果说老舍对以上人物及其所体现的传统文化都持着一种肯定态度的话，那么，他对传统文化中的消极因素的讽刺和抨击则集中在冠晓荷和瑞丰身上。

冠晓荷的无聊来源于他的敷衍处世，疏傲求静，醉心于烟酒饭菜，贪图享乐的人生观。他只是表面地继承了中国传统文化中形式上的东西，附庸风雅、装腔作势而根本不懂其文化的实质。在沦陷之时，他的无聊又必然使其向日本侵略者摇尾乞怜，出卖国家，成为一个民族的败类。

祁瑞丰，则是一个市民文化之下乘和外来文化之皮毛的混血儿。他活着就是为了吃饭、喝酒、看电影、找热闹，不学无术却又讲究吃喝打扮，这样的油头滑脑之徒在亡国之际，自然会成为敌人的走狗、祁家的不肖子孙。

不幸的是，祁、冠二人仍为文化沉淀的一部分，“因为这文化太悠久太古老了，所以渣滓也就特别地多，生出许多使人担忧的东西”。历史证明，这一部分沉淀终归会被抛弃、淘汰。

在《四世同堂》中，老舍主要反省于文化沉淀中的忍辱、顺服，同时，他又在作品中肯定了传统文化的积极。我们要承认，只有在抗日战争的历史背景下，它们才能这样突出而完整地显现出来。

在读《四世同堂》的过程中，我心里总是感到震撼。这震撼来源于那段苦难的岁月，也来源于同根的文化，更来源于这历史与沉淀的交融。民族，带着革命痕，悲壮地生存着；国家，带着创伤，骄傲地屹立着；人民，带着鲜血，顽强地前进着；正义，带着它的庄严、神圣和人道，光荣地战胜了邪恶、侵略和野蛮。《四世同堂》是一部民族的痛史、愤史。它在揭露民族积弱的同时，又无时无刻不在昭示着古老民族的浩然正气和无畏气概。此外，它也给我们留下了一段深深的思考与警醒：民族的历史与文化的沉淀是互相依存、不可分割的，文化以历史为背景，历史又因文化而充实丰富，只有将文化放在历史中看待，才能正确地评价文化。（柳　娜）

作者生平

老舍原名舒庆春，字舍予，1899 年出生于北京一个贫民家庭，1918 年北京师范学校毕业后任小学校长和中学教员，1924 年赴英国任伦敦大学东方学院汉语讲师，阅读了大量英文作品，并以抗战救国为主题创作了各种形式的文艺作品。1946 年应邀赴美国讲学一年期满后旅居美国。中华人民共和国成立后不久应召回国，曾任中国文联副主席、中国作家协会副主席等职，因创作优秀话剧《龙须沟》而被授予“人民艺术家”称号。

老舍一生写了约计 800 万字的作品，以长篇小说和剧作著称于世。他的作品大都取材于市民生活，为中国现代文学开拓了重要的题材领域。巴金称老舍是“中国知识分子最好的典型”，曹禺说他是“中国当代的人杰”，他的作品已被译成二十余种文字出版，以具有独特的幽默风格和浓郁的民族色彩，以及从内容到形式的雅俗共赏而赢得了广大的读者。

◆20世纪最伟大的小说之一
◆昆德拉的才华得到集中体现的一部作品
◆探索了生命的终极意义的经典之作

《生命中不能承受之轻》

还没有哪个作家能像昆德拉那样穿透变幻莫测的政治云障，直刺人类深层本质的劣根性。在从共时性的阐述过渡到历时性的诠释中，昆德拉对生命本质进行了形而上的批判，从而接触到人类内宇宙的最核心的部分。

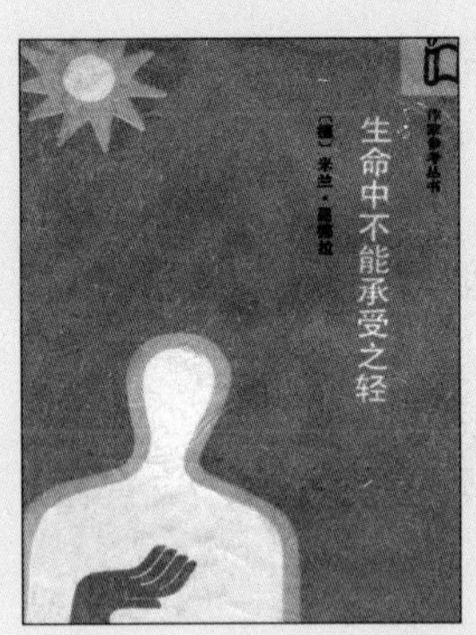

米兰·昆德拉是捷克文学史上最著名的一位小说家，也是当代最著名的小说家之一。他生逢乱世，虽然自身经历坎坷，但没有在作品中局限于对自己的苦难的表述，而是以深邃的目光直触生命的本质。他始终在人类学的实验室中探索人类生存的基本问题，被誉为“在理解社会中个人自由方面对世界贡献最大的作家”。在米兰·昆德拉看来，人生是痛苦的，这种痛苦源于我们对生活目的的错误把握。虽然世界上有许多人都在按着各自的生活目标而努力，但每个目的却都有着其本身的空虚。他的小说是以其深刻而著称于世的，而且他的笔墨功夫、叙事方法也卓尔不群，堪称文本方面少有的巨匠。在充满着哲人的深刻之外，米兰·昆德拉显然还具备诗人的激情以及散文家的敏锐，而其中任何一种特质都足以令其傲立当世。

《生命中不能承受之轻》是昆德拉的才华得到集中体现的一部作品，他从一两个关键词以及基本情境出发构成了小说的人物情节，以其独特的生命视角、冷峻且蕴涵某种智慧的思虑，审视了人类灵魂的空虚与充盈、灵肉与轻重，诠释了生命之中某种不曾泯灭的真理。昆德拉在本书中将小说艺术与现代西方哲学完美地结合在一起，通过对政治和性两大主题的表现，深人地探索了人类的生存价值和生命的终极意义。小说问世后，获得了世界各国的广泛好评，成为举世瞩目的一部杰作。对于热爱小说的读者们而言，不读它将是一个遗憾。

米兰·昆德拉的移居与创作

在苏联的坦克袭击并占领布拉格七年之后，米兰·昆德拉终于决定放弃自己的国家。他和妻子把几本书和几件衣服抛掷在小汽车的后备厢里，匆匆驱车到了法国。从此，作为一个移民，他开始了异邦那份孤独而平静的生活。

1984年，米兰·昆德拉出版了被称为“20世纪最伟大的小说之一”的长篇小说《生命中不能承受之轻》。从此，他作为“世界性的伟大的小说家”的地位，便变得不可动摇了。今天，当我们评论这部小说时，往往是意识不到“移居”这一重要因素的。而实际上，它的巨大成功，是与米兰·昆德拉的移居分不开的。

当有人问米兰·昆德拉作为一个移民感觉如何时，他说：“对于一个作家，在几个国家生活的经验是极其有益的，你只有从几个方面来观察才能理解世界。”他进一步具体地说，他不久前在法国出版的一部作品，展示了一个特殊的地理空间：通过西欧的眼睛来看那些发生在布拉格的事件，同时以布拉格的眼睛来看在法国发生的一切。

正是两种或两种以上的生存环境和文化氛围的对比，使移居别国的作家对原先的生活状态以及它的本质有了清晰而透彻的认识。空间距离的拉大，非但没有使原先的生活在他们的视野或记忆中远去或消失，反而使那些生活向他们节节逼近，并且变得异常明朗，昭然若揭。空间的转换，使他们获得了新的审察视角和艺术视角。不同系统的文化和思想，强化和丰富了他们的艺术感受能力和思维质量。还有一点——也许这是更重要的一点，就是他们获得了一种孤独。在异国，他们虽得到了所谓的庇护和自由，但却丢失了故土的温馨和一个熟悉的群体的喧闹以及彼此间毫无障碍的精神、情绪上的交流。“独在异乡为异客”，异客的心境摆脱不去地追撵着他们，孤独也便日甚一日地深刻起来。而正是这一深刻的孤独成全了他们。孤独使他们的目光和头脑皆变得冷静。它帮助他们去除了影响思维深度的浮躁和影响他们观察质量的迷乱。它使他们有可能在清静中进行冷峻的自我询问和反省。他们会发现，从前许多理解是浅显的，许多判断是愚蠢可笑的。当把种种与他们缠绕的关系解除，把种种功利性的目的忘却，而在寂寞中较为纯粹地进行思考时，他们不可避免地走向又一个思想和艺术的深度。《生命中不能承受之

他们相爱，但他们都使对方的生活如地狱一般。相爱的事实，仅仅能证明这不是他们的错，不是他们的行为，以及变化无常的感情的错，而是他们不相配：他是强壮的，她是虚弱的。

轻》便是这种孤独的结果。

无论在思想上还是艺术上，《生命中不能承受之轻》的成就都超出了米兰·昆德拉移居前的作品。不同世界的体验，还使他摆脱了民族和国家的有限性思考。他发现了人类——人类的共同性——人类的一伙与另一伙是如此的相似！如果说他的《玩笑》还是基于对某一种政治制度和意识形态之下的独特生活所进行的思考的话，那么，《生命中不能承受之轻》向我们显示的是：他是一个形而上的哲学家，他开始思考人类的基本命题。面对苏联的坦克占领他的国家这样一件最容易激起民族情绪的事件，他都不再是在一般的民族范畴（如主权、领土、民族尊严等）进行思考，却从这件特定的政治事件中看出了人类的一些基本原型。“轻与重”、“灵与肉”、“媚俗”等一系列主题，自然都不是捷克意义上的，也不是法国意义上的，而是人类意义上的。因为，他看到了所有这一切（如媚俗），都不是仅仅发生在布拉格。移居在很大程度上帮助他超越了似乎神圣但却常常是狭隘、肤浅的国家情调和民族情绪，而使他站到人类这样一个更高的高度。这就是《生命中不能承受之轻》这样一部表面看来政治色彩很强烈的作品却使全世界的读者都感兴趣的一个原因。（曹文轩）

如果我们生命的每一秒钟都有无数次的重复，我们就会像耶稣被钉于十字架，被钉死在永恒上。这个前景是可怕的。

轻与重

生存之轻和生存之重，是两种截然不同的生存态度和生存方式。

所谓生存之重，指的是生活的负担和人生追求、理想、使命使人感到沉重的压力。人主动地追求生存价值，勇敢面对生活的挑战，承担自己的义务，这样的生存方式让人感到有压力。对亲人的依傍，对故土的眷恋，对友谊的诚挚，对爱情的忠贞，对社会、历史责任的承担，这一切像是地心引力一样使人的行为有所依托，但有时会以戏剧性的方式让人经受选择和决定的考验，它们这时成了负担，那是一种外在和内在皆有的压力。这些压力很重，让人感到劳累、紧张和疲惫，由于不堪其重往往会产生苦恼和痛苦，甚至会怀疑或者否定这样的生存价值。

所谓生存之轻，指的是生活的享乐，心灵的安宁，让人感到自由散漫，感到空虚无聊。人主动地躲避生活的压力，主动放弃人生使命，轻蔑别人所重视的理想、崇高等等，不为名利所累，也不为义务所累，游戏人生，玩弄人间的一切。这当然是需要付出一定代价的，轻——这种层层消解之后无重力吸引或牵制的感觉，它既可能让人自由不拘，又可能产生无所依凭的空虚和惶惑。有时，轻是反叛失去对象、行动失去目标、存在失去依据的一种感觉。

《生命中不能承受之轻》中的男主人公托马斯经历了轻与重的两难抉择。遇见特丽莎之前，他在性爱领域里如同唐璜般自由自在，他不受任何限制地享受着存在的自由也就是"轻"，责任、嫉妒等沉重的因素是他不愿体验的。然而，经历了政治上的坎坷、夫妻间的冲突之后，他越来越认识到"重"的东西的价值，也越来越认识到"轻"之虚渺。最重要的是，他发现特丽莎最终占据了他的记忆与激情，"轻"终于让位于"重"，他与特丽莎日趋和谐。

存在之轻，是萨宾娜这个人物的特点。她是背叛的象征和符号，她的人生不是沉重的，而是轻盈的，大量降临在她身上的不是重负，而是生命中不能承受之轻。她选择自由的无拘束的职业，对男女关系也视为一种享受，她不愿意让性爱约束对方，也不在意对方是否有新欢，所以她发现托马斯和特丽莎的关系之后并没有让嫉妒折磨自己，那是她不愿意给自己的精神带来压力。这也是她选择"轻"的一生的表现。开始时，她的背叛充满了激情和欢乐，向她展开了一条新的道路，通向各种背叛的风险，可是这条路走到了尽头又怎样？一个人可以背叛父母、丈夫、国家和爱情，但如果父母、丈夫、国家和爱情都失去了，还有什么可以背叛呢？萨宾娜感到四周空空的，甚至她会突然觉得墓地是冰冷的，有点儿恐惧，这种空虚就是她一切背叛的目标吗？她不禁产生怀疑。轻，也是难以承受的。（张玲霞）

作者生平

米兰·昆德拉 1929 年出生于捷克布尔诺市，中学毕业后考入查理大学哲学系，并在大学期间加入共产党。受家庭的影响，他曾拜师学过作曲，并毕业于艺术学院电影专业。在做过工人、爵士乐手之后，昆德拉最终选择了电影与文学事业。20 世纪 50 年代，由于中欧共产主义运动的畸变，捷克被卷入巨大的政治旋涡中，开始了党内一连串肃整运动……昆德拉和他的同龄人饱尝幻灭之苦的同时，以诗人的身份登上了文坛。20 世纪 60 年代，昆德拉在布拉格高级电影学院担任教授，曾带领学生一起进行捷克电影的实验和研究工作。1967 年昆德拉写出了自己的第一部长篇小说《玩笑》，一举成名。1968 年，苏联出兵占领了布拉格，由于政治原因，昆德拉的作品遭到查禁，而他本人也遭到迫害，1970 年失去了在电影学院的工作，并被迫于 1975 年移居法国。迄今为止，昆德拉共创作了《生命中不能承受之轻》、《玩笑》、《生活在别处》、《笑忘书》等近十部小说。昆德拉曾多次获得国际文学奖，他移居法国之后很快就成为法国读者最喜爱的外国作家之一，他的绝大多数作品也都首先在法国走红。近年来，昆德拉开始尝试用法语写作，现已出版了《缓慢》和《身份》两部小说。

◆中国当代第一博学鸿儒撰写的“新儒林外史”

◆《亚洲周刊》评选出的“20 世纪小说百强”之一

◆法国《读书》杂志评选的理想藏书之一

《围 城》

读《围城》，必然是一次轻松舒适的经历，而幽默之中又可让人体会到潜藏于后的悲剧意味。钱钟书以他洒脱幽默的文笔，述说着一群知识分子的快乐与哀愁。《围城》之所以会魅力长存，是因为我们每个人都可以从这里窥见自己的影子。

对于现代青年来说，钱钟书无疑是一个谜一般神秘而富于魅力的人物。他的照相机式的记忆力，贯通中西古今的博学，滔滔不绝的口才，浓郁的幽默与睿智，淡泊宁静、毁誉不惊的人格，使得他极富传奇色彩，风靡海内外。有位外国记者曾说，“来到中国，有两个愿望：一是看看万里长城，二是见见钱钟书”——把钱钟书看做了中国文化的奇迹与象征。的确，在中国文化史上像钱钟书那样著作博大精深，涉猎领域广泛到几乎无所不包而驰骋得自如自由的着实凤毛麟角。1979 年，他的辉煌巨著《管锥编》由中华书局出版，这部洋洋四大册的著作极大地震动了学术界，而他的小说和散文则吸引了众多普通读者。

钱钟书对于写作的爱好是十分纯粹的，他的作品中没有过多浮躁的东西，更没有那些外在意识强加的东西，他并非有意地把文学创作当成自己终身的职业，而是一种乐趣。撇开了功利之心，因而下笔格外从容、坦然，能把自己的智慧全部融入到书中去，所以他的《围城》在表现知识分子的方面独树一帜，当年出版后十分畅销，一时洛阳纸贵。1980 年，《围城》由人民文学出版社重印，更为畅销不衰，多次印刷，累计已达百万册，甚至屡屡被盗印。

《围城》是中国知识分子小说的极品和顶峰，人生的酸甜苦辣千般滋味，均在其中得到了淋漓尽致的体现。在这部作品中，钱钟书以独特的眼光对所谓的“文化精英集体”进行了一种深刻的审视与打量，构成一幅栩栩如生的市井百态图。

世间离和

被誉为“新儒林外史”的经典名著《围城》，是钱钟书1947年写就的一部以爱情、婚姻为主题的长篇小说，围绕着主人公方鸿渐的人生经历，《围城》的故事一波三折地展开。作品中的主要人物，没有谁遇到过真正顺心的事。主人公方鸿渐更是命运多舛：回国途中即遭鲍小姐戏弄；回国后求职屡不如意；与唐晓芙恋爱失败；在三闾大学任教则屡遭排挤，最后还是丢了饭碗。尤其是与孙柔嘉的婚姻以失败而告终，令他惶惑如丧家之犬。所有这些，看起来真仿佛冥冥之中有命运之神在捉弄他。钱钟书通过方鸿渐的这段人生经历，特别是他不幸的婚姻，揭示了人生所固有的那种尴尬矛盾的状态。书中人物点题道：婚姻如同“被围困的城堡”，“城外的人想冲进去，城里的人想逃出来”。方鸿渐的婚姻正应了这句法国谚语。他与孙柔嘉由相识而相恋，所谓“遥闻声而相思相慕”，距离由远及近，结果被双双“围困”在自己所筑就的“城堡”之中。然后，恰如钱钟书所设想的宝黛婚姻一样，“渐疏渐厌”，终致反目成仇。作者似乎是要说明，婚姻也好，人生也罢，其内在规律莫不如斯，谁都无法躲避这种种命运的捉弄。方鸿渐的一生始终是苦恼地在一个个“围城”中奔来奔去，压抑而无可奈何。对他而言，人生处处是“围城”，无论国外、法国邮轮、上海或者三闾大学，甚至家庭婚姻，都是人际纷争的是非之地，想讨好却处处受制。这部小说表面上是喜剧，但是核心却是对20世纪中国知识分子不留情面的讽刺。方鸿渐的基本经历就是不断渴求冲出“围城”，而每一次的走出又走进了另一座“围城”——通过如此的蕴藉深刻的描写，钱钟书巧妙地传达了他的人生哲学，表现了对男女婚姻的迷惑以及对人生现实困境的关注。

对《围城》的痴迷是难以名状的。常常拿过来随意一翻，从翻到的那一页看下去，前面发生的事情用记忆补齐，后面的故事虽已了如指掌还是一字不落地细细品味。什么哲学家比蒙娜丽莎更神秘的微笑，赵辛楣害了黄热病的衬衫，言行举止像放慢镜头的陆子潇以及顾尔谦小女孩儿似的天真表情。在精彩处又一次发出大笑，乐此不疲。

在文字越来越沉重的今天，《围城》的轻松让人叹服。《围城》的讽刺是犀利而一针见血的，比如说汪处厚的糟糠之妻凑趣地死去，比如方鸿渐眼中的法国和安南警察，比如媳妇们怀孕和不怀孕时肚子中吃饭和受气的容积各占的比例，再比如孙柔嘉听方鸿

这一张文凭，仿佛有亚当、夏娃下身那片树叶的功用，可以遮羞包丑，小小一方纸能把一个人的空疏、寡陋、愚笨都掩盖起来。

渐长篇大论时打的那个“面积不小”的哈欠。但《围城》的高明之处在于作为读者的我们却不会因此而有任何心理上的负担，是聪明的讥讽而不是书中同船回国的孙太太似的恶毒的刻薄。这让人轻松，不会产生有如看泼妇骂街似的耳朵和心灵共同的沉重感。

从前看书时喜欢一目十行，囫囵吞枣式的粗糙，所以并未发现《围城》中的细腻。但是看得次数多了，不会对结局好奇，心里慢慢安静，于是在词句的斟酌当中，有了很多感悟。不能不说钱钟书的笔法是细腻的，甚至有时隐隐透着感伤——去三间大学的途中，辛楣与方鸿渐两人在甲板上闲聊，辛楣提起在苏小姐的婚礼上看见唐晓芙，但并没向她提及鸿渐，钱钟书描述方鸿渐的心情时感慨：“好像黑茫茫的海上，两只船交错而过，灯光闪烁处，看见对面船上的正是自己朝思暮想的面孔，但还没等呼喊，船已经走远了。”

说《围城》是婚姻也好，是人生也罢，钱钟书将一切归结为方鸿渐家的那只老钟，敲打着迟到的钟点，淡然地看着世上的离和。（佚 名）

高松年直跳起来，假惊异的表情做得惟妙惟肖，比方鸿渐的真惊惶自然得多。他没读话剧，是话剧的不幸，而是演员的大幸。

“围城”围住了什么

仔细研究、琢磨《围城》，我们会发现，表现“城外的人想冲进去，城里的人想逃出来”的男女婚姻的迷惑和困境并非《围城》的真实意图或终极内涵。作者仅仅是通过这一现象来揭示更深刻的人生意蕴和社会内容。透过这层表象，作者给我们展示了当时中国芸芸众生乃至人类的生存状态和处境。

作者在《围城》的序言里谈该小说的创作和出书的经过时说道：“在这本书里，我想写现代中国某一部分社会，某一类人物。”“我没有忘记他们是人类，凡是人类，是有无毛两足动物的基本人性的。”作者选取中国社会中最有代表性之一的阶层——知识分子阶层，来写当时中国社会中的普通人们的生存状态，写出他们的悲苦、无奈、迷茫、失望和挫败，以及他们身上的人性弱点，并以此来写整个人类。

方鸿渐出生于一个深受旧思想、旧传统、旧文化熏染的旧式家庭。在这个家庭中，每个角落，甚至在它的空气中，都散漫着腐朽、衰败的气息，父亲用旧的思想和道德观念教育他，家人之间，彼此鄙夷，充满嫉妒，钩心斗角。这种家庭环境给方鸿渐的性格打上了深厚的底色，培养造就了方鸿渐的俗气、虚荣、软弱、胸无大志、不谙世事的个性特征。“他是个无用之人，学不了土木工程，在大学里从社会系转到哲学系，最后转入中国文学系毕业。”由死去的未婚妻的暴发户的父亲出钱送他去留洋，“方鸿渐到了欧洲，既不抄敦煌卷子，又不访永乐大典，也不找太平天国文献，更不学蒙古文西藏文或梵文，四年中倒换了三个大学，伦敦、巴黎、柏林，随便听几门功课，兴趣颇广心得全无，生活尤其懒散”，最后银行里只剩下三百镑，便计划回国。“父亲和丈人希望自己是个博士”，他就“买张文凭去哄他们”。在三闾大学，由于他的幼稚和不谙世事而受排挤、陷害，遭到解聘。在爱情婚姻上，他接二连三地碰壁，吃尽了苦头，最后与孙柔嘉结婚，方鸿渐更是承受了更多的冷遇、讥讽、奚落和难堪。父亲叹其“怕老婆”、“没出息”，妻姑批评其“本领没有，脾气倒很大”，妻子说其“最要面子”、“顽固”。由于妻姑的挑唆，两人经常陷于吵吵闹闹甚至激烈的冲突、碰撞中，以致其产生了从“围城”中逃出去的想法。当方鸿渐独自无聊地彷徨在凄冷的街头，他内心充满了颓丧、迷茫、无奈、失望，“家”，这个温馨、宁静而又可避风雨、解烦忧的幸福港湾，似乎于他没有更真切的现实意义。小说充分展示了方鸿渐处处碰壁、连遭失败的生活经历，揭示了人们受压抑、难容于现实社会而遭遇到的无法言状的悲苦的人生困境。

由于社会、环境、利益、心理、出身、经历、教养、处境的不同，人与人之间的沟通就产生了很多障碍，也就变得愈加艰难。所以，有人认为：“从作品的表现方法来看，《围城》更像一部象征小说，其中蕴涵的否定性的超验的象征意义要远远大于一部寓言小说的涵盖量。它的隐喻性主题探讨的是人类生存困境的根源。”“它隐喻出的现实情景描绘了现代人的根本处境。”人与“围城”之战是人类听命一个神秘的召唤而进行的一次徒劳无获的抗争。这个抗争将永无结局，循环往复，也许这才是《围城》悲剧性象征的真正本质。（张新民）

作者生平

钱钟书，字默存，号槐聚，笔名中书君，1910年出生于江苏无锡一户书香世家。受到家学熏陶的钱钟书，从小就有着非凡的天赋，取得了斐然的成绩。钱钟书上中学时，国文、英文极为优异，被清华大学破格录取，考试时成绩总是第一，是全校公认的“才子”，发誓“横扫清华图书馆”。教授称钱钟书为“人中之龙”，于是他得到“清华之龙”的雅号。他敢向权威论长短，公开批评新文学大家周作人的《中国新文学的源流》。他在校时就已经发表了不少中、英文作品。1933年，他毕业于清华大学外文系，1935年与杨绛结为伉俪，一同赴英国留学，从法国归国后担任过西南联大、暨南大学、清华大学、北京大学等著名高等学府的教授。钱钟书先生学贯中西，在学术上的成就有目共睹，他的《管锥编》、《谈艺录》、《七缀集》等著作，融贯中西理论，对中国古典文学多有新解，在学术研究方面取得了卓越成绩。此外，他的散文集《写在人生边上》、短篇小说集《人、兽、鬼》、长篇小说《围城》等也都深受读者喜爱。1998年12月19日，钱钟书因病在北京逝世。

◆全世界 20 世纪 90 年代 10 部杰出作品之一
◆西方百部经典著作之一
◆法国新小说派的代表作之一

《情　人》

世事如流水，当我们正用自己的爱情去演绎平凡的故事，或者是岁月的风尘染白鬓发的时候，玛格丽特·杜拉斯仿佛就在我们眼前，她如泣如诉、绵绵不绝的叙述，将使我们永远年轻，永远心醉神迷……

浓厚的自传色彩，不同凡响的爱情叙述，使杜拉斯成为当代法国独树一帜的艺术家。杜拉斯，一个既纯真又风情万种的女人，一位因孤傲、叛逆显得卓尔不群最终被法国乃至世界文坛所认可的著名作家，她用前卫的文字不觉间引领着时尚，她另类的作品拥有如此广泛的读者，她的多彩人生与鲜明个性征服了无数人，她的写作天赋与艺术感觉横跨文学与电影两大艺术领域。杜拉斯在世界文坛的地位无可争议，说她是 20 世纪最有影响、最具个性、最富魅力的女作家并不为过。中国读者了解杜拉斯，大多从她的《情人》开始。因为电影而成就一个作家的事，总是屡见不鲜的。《情人》与杜拉斯就是这样。杜拉斯从十几岁开始写作，但直到她 70 岁的时候，她的《情人》被拍成电影后，她才广为人知。《情人》出版于 1984 年，这部小说是她在 70 岁的时候，超越似水年华的时间阻隔，倾注真情创作出来的。在这部十分通俗的、富有异国情调的作品里，杜拉讲述了一个发生在西贡的爱情事件，他们之间没有故事，只有爱与性爱。渡河意象的反复重现，人称指代的频繁变换，电影镜头式的角度切换，将一段绝望的爱情讲述得如此悲怆，这种悲怆的气氛“更接近于人的存在，而与愉悦的心境相去甚远”。

《情人》问世当年即获得了法国文学的最高奖——龚古尔文学奖，引起了社会与文学界的极大反响，几乎年年再版，不仅在法国，而且在世界许多国家都被列入畅销小说行列，被译成四十多种文字，至今已售出二百多万册，使杜拉斯成为当今世界上最负盛名的法语作家。

来源于灵魂的力量

最初接触杜拉斯的《情人》，是因为王小波的《我的师承》。王小波在那篇著名的随笔里面，对王道乾先生的文字功夫与杜拉斯的文笔，给予了无以复加的褒扬。为一睹被王小波赞誉为黄钟大吕似的文字，我去读了杜拉斯的作品。并由此开始留意起与杜拉斯有关的一切信息。

出版于1984年的《情人》，在当年就荣获龚古尔文学奖，这使得杜拉斯成为享有世界声誉的法语作家。1991年，法国著名导演让·雅克·阿诺成功地把这部名噪一时的自传体小说搬上银幕后，又使得杜拉斯成为当今世界几乎家喻户晓的女作家之一。十几年来，《情人》这部小说，或者说《情人》这部电影，使杜拉斯成为国际文学明星，因而也为中国读者所熟悉并喜爱。

读完《情人》，首先得出这样一个结论：杜拉斯的小说是不可轻易模仿的。因为她的文字来源于灵魂的力量，而这个灵魂又依附在杜拉斯本人这个特定的肉体之上，唯有她本人才能通过文字表达出那种蓄而不说的震颤波动。

若想成为杜拉斯小说的一个阅读者，起码应该具备对激情的欣赏能力；能包容并深切理解她那异乎寻常的既晦涩又先锋的思维；能敏感地把握小说中的语言。是的，把握语言这一点至关重要。就是如此，若想做到全面透彻地评价《情人》这部作品的多义性，依然是一件不可能的事。

杜拉斯18岁离开出生地越南，奔赴巴黎读书。念的是法学、数学与政治学，但不久却迷恋上了文学。稍后就走上终生从事职业写作的道路。杜拉斯在写作《情人》这部自传性质的爱情小说时，已是70岁高龄。通过小说中浓浓的自传色彩，叙述作家那段不堪回首的、不同凡响的爱情经历。小说从一个年仅16岁的法国少女，在渡江时与一个中国富家少爷邂逅开始，沿着这条叙述线索，渲染出一幕疯狂而绝望的爱情悲剧。在这部小说中蕴藏了杜拉斯无限的生命激情。读者在她记忆的引导下，身不由已地进入一个遥远的艺术空间。在这个空间里领略异国风情，承受生命的沉重。沉浸在小说中的读者，仿佛置身于一条充满黑色情绪的大河。这种感觉宛若一曲哀乐，将我们赤裸而美好的肉体彻底掏空，只留下一颗沉默的心，静静地体会生命的苍白。

我始终认识您。大家都说您年轻的时候很漂亮，而我是想告诉您，依我看来，您现在比年轻的时候更漂亮，您从前那张少女的面孔远不如今天这副被毁坏的容颜更令我喜欢。

《情人》的独特魅力之所以能够令当代无数的读者倾倒，与杜拉斯神秘、细腻、诡异、优美、绝望、苍凉的句子是分不开的。而这种文笔又与翻译家的译笔有着很大的关系。“我的生命的历史并不存在。那是不存在的，没有的。并没有什么中心。也没有什么道路、线索。”“如果思路不清的话，所有的事物就会被一种不可名状的溶剂化为一体。”“我自己早就有好酒的愿望，这一点我和别人一样，原先就知道了，只不过这种嗜好来早了。这如同我身上早就有情欲的愿望一样。”诸如此类的句子与腔调，经过翻译家的神来之笔，一下子就把两位作家对历史俯瞰式的洞察力，对回忆的积压表现得富有张力、深邃沉痛。文中的悲绝意味读来令人回味无穷、欷歔不已。

好像有谁对我讲过，时间转瞬即逝，在一生最年轻的岁月，最可叹的年华，在这样的时候，那时间来去匆匆，有时会突然让你感到震惊。

与国内“主流文学”的传统写法相比较，在《情人》这部非线性的、将整个故事情节寓于哀伤悲怆的情绪之中的写法，对于保守的、沉闷的当今文学秩序来说，无疑是当头棒喝；对于习惯阅读“现实主义文学作品”的读者来说，带给他们的不仅仅是惊讶，更多的是强烈冲击后的沉思。无论是视觉上的还是心灵上的。

语言是杜拉斯的看家本领，在阅读《情人》的过程中，读者往往会产生一种被杜拉斯逐步征服的感觉。这就是《情人》这部小说的魅力所在，也是杜拉斯的魅力所在。文字一到杜拉斯的笔下，就变得飘忽不定；她可以随意地变换人称；可以自由地切换、穿梭叙述的时空顺序。尽管如此，读者还是能够深深地体会到，小说中透露出来的那一股充满张力的绝望之美，并不曾因写作手法的随意转换而感觉到有所松懈；相反，读者始终能够感觉到，杜拉斯那阴郁苍凉的心境紧紧地绷在那儿。

作为知名的作家、剧作家与电影艺术家的杜拉斯，她的大部分作品极其适合拍成电影，《情人》也不例外。七十多年前的一个夏天，殖民地时期的越南，发黄的湄公河上漂浮着菜叶杂物，河水湍急，大地倾斜。渡轮上伫立着一个打扮得不伦不类的少女，她头戴一顶男帽，脚穿一双廉价却缀满饰片的鞋子，一只脚踏在舷栏上，眺望远方。稍后，出现那个来自中国北方的富家公子，哆哆嗦嗦地牵起她的手，从那一刻起，就注定了他们之间的爱情悲剧。最后，那场不同寻常的唯美的离别，在那首肖邦的圆舞曲中，小姑娘终于轻轻滑落泪水。看到这里的读者或观众，根本就无法用文字来描述那份刻骨铭心的伤痛。这些因素直接造成了《情人》的诗化，也使得杜拉斯成为当代法国独树一帜的艺术家。

杜拉斯是个从天而降的美丽异类，她那癫狂的思想注定与这个世界格格不入。在杜拉斯看来，绝望存在于存在本身之先，是先有了绝望的存在，然后才是感知的产生。绝望与张力是杜拉斯小说的一个核心。在《情人》的开头部分，她说："在酗酒之前我就有了这样一副酗酒的面孔。""现在，我看我在很年轻的时候，在十八岁，十五岁，就已经有了以后我中年时期因饮酒过度而有的那副面孔的先兆了。"一切以绝望开始的写法，就是典型的杜拉斯句式。她对这个世界的感受，对生命的思考，走的是一条极端化的道路，要么得到全部，要么一无所有。杜拉斯笔下的爱情是对灵魂的绝对欣赏、绝对讴歌；灵魂与肉体可以超越时空使死亡在真爱面前俯首称臣。湄公河上 16 岁的白人小姑娘与中国北方的黄皮肤男人的爱情就是如此。

"身处一个洞穴之中，身处一个洞穴之底，身处几乎完全的孤独之中，这时，你会发现写作会拯救你。"这是晚年的杜拉斯对自己一生的总结，也是她对这个世界的独特诠释。孤独与无助，是她生命的主要元素，不懈创作，是她活着的动力之源。作为"情人"的杜拉斯，以一个白发苍苍的女人，在岁月的风尘染白鬓发之际，回眸那段尘封已久的异国恋情，依然有力量用极其惨痛的语言表达出人生的悲剧，把爱与恨演绎得如此分明，这不能不说是一个奇迹。试问除了杜拉斯，还有哪位女作家可以做到这一点？《情人》中绝望无助的性爱，无言悲怆的离别，爱到尽头的孤独感，使人流涕，令人痴迷。杜拉斯，把爱情的本质阐述得如此淋漓尽致，那份伤痛、那份伤痛到绝望的无助，那份无法言传只可体察的苍茫恒远的美丽，是书中最为精彩的表达，也是最为震撼读者心灵的秘诀所在。也许，这就是杜拉斯文本的核心吧！（张青帝）

作者生平

玛格丽特·杜拉斯（1914–1996）是法国当代最著名的女小说家、剧作家和电影艺术家，29 岁时发表处女作《无耻之徒》，步入文坛，遂成为职业作家。1984 年杜拉斯写出了自传性质的小说《情人》，并凭此获法国著名的龚古尔文学奖。杜拉斯是一个法语作家，一个典型的感性而又不可捉摸的法兰西女性，少女时曾经美丽动人，中年时却因酗酒而形容枯槁，著有《无耻之徒》、《长别离》、《广岛之恋》（与人合作）、《情人》、《物质生活》等作品，曾自编自导过一部叫做《卡车》的电影。杜拉斯在众多的文学题材中，唯独钟情于美好而悲绝的不合情理的爱情故事。她笔下的爱情永远是爱得愈烈、爱得愈纯，愈是充满悲情，最终是灯火阑珊，人老珠黄，宴散人终，留下的只能是一部"沙沙"作响的留声机，在古老的墙壁一角独自感怀吟咏着昔日岁月的缕缕划痕。1996 年 3 月 3 日，这位深受欢迎的法国当代女作家走完了 82 年的生命旅程。她生前的最后一部作品具有一个预言般的名字——《这是全部》。

◆一个时代的“精神的遗嘱”
◆开创了文学史上音乐小说的先河
◆一部音乐的史诗

《约翰·克利斯朵夫》

法国曾经产生过许多大诗人、大作家，但是法国最大的荣誉，却在于那些性格不动摇、追求精神自由的人，罗曼·罗兰就是这样的人，以其文学作品中对所描绘的不同种类人物而影响了世界文学史。

罗曼·罗兰，这位法国著名作家和音乐学家，他生活在一个阴暗的时代，此时法国的先驱维克多·雨果已经逝世，写作了《包法利夫人》的福楼拜也已谢世，邻国泰斗弗里德里希·尼采失去了他的光芒，而左拉和莫泊桑所描绘的世界又是那样的晦涩和阴暗。在当时那样一个变幻的时代里，罗曼·罗兰真诚地相信艺术应该描绘真实的情感，传达出使人变得高贵的道德感。在席卷整个欧洲的世界大战风暴中，不知有多少座曾经被奉若神明的偶像被战争摧毁，支离破碎，甚至被夷平，然而罗曼·罗兰树起的精神丰碑，经受了枪林弹雨的洗礼，在唇枪舌剑中升华，傲然屹立在世人面前。罗曼·罗兰的思想是世人强大的精神源泉，他的著作经过高温熔炉的反复冶炼，洋溢着一种悲天悯人的宗教情怀，以及对人类无限深情的眷爱。在这个躁动不安的世界上，所有追求灵魂自由的人，都会在他这儿寻求到慰藉。1915年，罗曼·罗兰因其在巨著《约翰·克利斯朵夫》中所颂扬的崇高理想，以及他在这部小说中借着对真理的同情与热爱描绘了种种不同的人类典型而获得了诺贝尔文学奖。《约翰·克利斯朵夫》是一部有深广文化内涵的书。它不但成为主人公克利斯朵夫的历险记，并且是一部音乐的史诗，反映出20世纪初期那一代的斗争与热情，融合德、法、意三大民族精神的理想，用罗曼·罗兰自己的话说，仿佛是一个时代的“精神的遗嘱”。

《约翰·克利斯朵夫》是罗曼·罗兰最为杰出的成就，不论是从它沉甸甸的分量、丰厚的现实内容、高远脱俗的灵性、高昂的人道主义精神力量，还是从它巨大的艺术规模、广阔生动的图景、鲜明的人物形象、动人的艺术魅力，都堪称文学史中的鸿篇巨制。

高尚的灵魂

关于《约翰·克利斯朵夫》创作意图，罗曼·罗兰曾说，“我那时是孤独的。像许多法国人一样，我在一个精神上跟我敌对的世界里感到窒息；我要呼吸，我要反抗一种不健全的文明，反抗被一般俗称的优秀阶级毒害的思想，我想对那个优秀阶级说：‘你撒谎，你并不代表法兰西。’要达到这个目的，我必须有一个眼目清明、心灵纯洁的主人公——他又必须有相当高尚的灵魂才能有说话的权利，有相当雄壮的声音才能叫人听到他的话。于是我就创造了一个人——约翰·克利斯朵夫。”小说描写了德国音乐天才约翰·克利斯朵夫的成长的过程和与命运抗争的一生，刻画了一位充满矛盾和不协调的性格，满怀生命热情却遭到敌对世界攻讦的艺术家形象，反映了整整一代具有人文理想、追求光明与自由的知识分子艰难的成长历程。罗曼·罗兰别开生面地将音乐渗透到作品的人物性格和故事情节之中，赋予小说交响乐般的乐思、情绪和节奏，开创了文学史上音乐小说的先河，具有极大的艺术魅力和震撼人心的感染力。

《约翰·克利斯朵夫》之所以受到读者的喜爱，并非是以它的情节的曲折离奇，或渲染男女主角的悲欢离合，这部小说虽然只是写一个音乐家的故事，但是它所展现的生活场面，却是广阔无垠，气势宏伟。罗曼·罗兰笔下所创造的这个天才音乐家，刚正不阿，疾恶如仇，容不得半点邪恶不义的事物。小说中描写的他的一生，就是不断地同周围丑恶的、不公正的社会环境的冲突和斗争。但是罗曼·罗兰也并没有把约翰·克利斯朵夫塑造成一个完美无缺的“形象高大”的英雄，他也是一个平凡的人，有七情六欲，充满矛盾、苦恼；他所走过的生活道路，坎坷不平，备尝艰辛。读者正是从中感到了他们同约翰·克利斯朵夫有着感情的联系，从他身上看到了自己的命运。因此，小说发表后，备受世界各国读者喜爱，鼓舞了一代又一代人尤其是年轻人的战斗意志。（佚　名）

约翰·克利斯朵夫的个性悲剧

《约翰·克利斯朵夫》是罗曼·罗兰的长篇小说代表作，20世纪前期欧洲著名的“长河小说”之一。在近代法国小说史上占有特殊地位，它的特殊价值一是作为社会小说对

真正的光明绝不是永没有黑暗的时间，只是永不被黑暗所湮没罢了；真正的英雄绝不是永没有卑下的情操，只是永不被卑下的情操所屈服罢了。

欧洲现代文明腐朽衰落的现实作出了有力的批判，二是作为观念小说以一种新的人道主义思想对一代人产生了深远的影响。

小说描述音乐家约翰·克利斯朵夫的一生，塑造了这个集道德理想、行动热情和英雄精神于一身的新人形象，并以他的经历为线索，展现了战前欧洲广阔的社会生活。约翰·克利斯朵夫是一个有着丰富性格内涵的复杂形象。他并不从个人对社会的伦理关系去批判资产阶级，而是保持着对它的某种依恋性，因而没有其他小说中主人公的苍白的思想特征。不过，在展望未来社会的远景时，他也不自觉地为某种宽泛的博爱理想所困扰，导致他那强悍个性的畸变和悲剧性终结。

华文精选

任何事都不做的人，虽然不会犯下过错，但如果一个人为了寻求真理而犯下过错，至少比真理已失的人活得更加完美、充实。

罗曼·罗兰并未赋予克利斯朵夫这一小说人物以过多的政治色彩，但他那被有意突出的普遍人性由于不断地处在尖锐的社会矛盾之中，因而往往被历史化和具体化了。这也是罗曼·罗兰努力的方向，他想使这一人物成为有血有肉的人的形象，不排除身上的弱点和盲目性，而突出他的英雄性格和反抗精神；不使他脱离社会和政治斗争，却又让他保持着思想上的绝对自由；不质疑他身上一定程度的野性和强悍个性，同时赋予他以人情味和真诚的同情心。总而言之，这既是一个具有丰富人性特征的人物形象，又是一个在社会里挣扎、谋生、创作、反抗、探索的实实在在的艺术家。从小说美学的观点来看，这是一个在现实性的基础上加以理想化的形象。

但是，审美理想化并没有妨碍罗曼·罗兰把他的人物的个性根植于现实的土壤。约翰·克利斯朵夫的性格发展不停滞于单纯的人性层面，譬如凝聚的“英雄个性”的层面。在小说的前半部，主人公的活动表现出个人干预社会的倾向。然而这种个人干预社会进程的可能性非常有限。但主人公性格的发展在小说后半部突破了这一点，他逐渐使自己的生存目的由单纯反抗变为一种明确而自觉的民主主义理想，即投身于人类进步的事业。在战前的历史条件下，这种转变的根本标志就是与劳工结合。但是，在政治问题上，他却感受着矛盾，一方面他作为艺术家不能为政治空谈而浪费他的时间，另一方面又感到政治是不可逃避的东西，面对贫富悬殊的不公平的社会现实，他“良心上不能不拥护劳工的政党”。罗曼·罗兰笔下的人物是一代优秀分子，他们对劳工的事业充满同情和希望，但在历史潮流中仅仅看到工团主义的神话，因而未能真正地找到历史的出路，小说的悲剧性就在于此。罗曼·罗兰在小说末卷出版序里，已向读者言明小说结局的悲剧意味。他无意于讴歌约翰·克利斯朵夫的宽容与慈悲，只是以冷静的痛苦的忏悔意识写出这一个时代的悲剧。

尽管小说的结局带有悲剧色彩，还是不能把它的基本精神作为悲剧意识来理解，因为小说主题的侧重点是欧洲新一代民主主义者的“超人使命”，他们不仅要重新缔造一种文化，而且要重新缔造一个新的人类。罗曼·罗兰在小说中正是试图通过他的人物来设想一种全新的文化和一个全新的人类社会，从而开拓了欧洲人道主义文学的广阔前景，正是在这个意义上，阿拉贡认为“这部小说打开了20世纪的门户”。

罗曼·罗兰在小说中明确提出了铲除“贫乏的个人主义”的主张，这标志着欧洲人道主义的一个新的方向。但罗曼·罗兰并不要求取消个性，相反，他主张个性获得全面的发展，只是不赞成以个性的发展来拒绝个人的社会义务。个人与社会，个性的发展与社会的义务，这就是《约翰·克利斯朵夫》的中心内容。小说正是围绕这一中心内容来表现“生与爱”，或英雄主义与博爱的主题的。生命力，或英雄主义，体现了强有力的个性特征，爱则是一种道德天职和人类义务。

约翰·克利斯朵夫身上集中了当代思想的这两个方面。作者在塑造这个艺术形象的过程中，做了一个大胆的尝试，把尼采的超人精神同托尔斯泰的道德使命结合起来，并以新的历史精神处理个人命运同周围世界的现实关系。这样，读者便看到了小说主人公的个性及其社会存在犹如一条生命的巨流自由地奔泻。与这种粗犷强悍的个性同时存在着的，是对人类的巨大同情心，它以真诚的爱维系着人类的精神联系，并试图克服冷酷无情的人际关系。围绕主人公形成的友爱世界，体现了作者的这一审美理想。但这一理想只是一个未来的远景，当作者让他的人物把这一远景乌托邦地搬移到现实中来的时候，便导致了小说结尾的思想悲剧。（柳鸣九）

作者生平

罗曼·罗兰1866年1月29日生于法国中部高原上的小城镇克拉姆西，15岁时随父母迁居巴黎。1899年毕业于法国巴黎高等师范学校，通过会考取得了中学教师终身职位的资格。其后入罗马法国考古学校当研究生。归国后在巴黎高等师范学校和巴黎大学讲授艺术史，并从事文艺创作。这时期他以历史上的英雄事件为题材，写了7个剧本，试图以“革命戏剧”对抗陈腐的戏剧艺术。20世纪初，他的创作进入一个崭新的阶段，罗兰为让世人“呼吸英雄的气息”，连续写了《贝多芬传》、《米开朗琪罗传》、《托尔斯泰传》等几部名人传记，同时发表了他的长篇小说杰作《约翰·克利斯朵夫》，该小说于1913年获法兰西学院文学奖金，1915年被授予诺贝尔文学奖后，罗曼·罗兰当时把奖金全部赠给日内瓦国际红十字会和几个救济战争难民的民间组织。罗曼·罗兰不仅是一个有广泛国际影响的作家，创作了诸多杰出的作品，他还是著名的社会活动家，一生为争取人类自由、民主与光明进行不屈的斗争。1944年12月30日罗曼·罗兰在维兹莱小镇的住所里与世长辞。

60

◆一部风靡全球、超级畅销的哲学奇书

◆一部深入浅出的人类哲学史

◆1993年获得德国“时代周刊文学奖”

《苏菲的世界》

对于芸芸众生来说，“哲学”并不是灵丹妙药，但是在人的一生中，从来不去留意、爱好这一人类智慧的结晶，那么注定将会陷入心灵的封闭与终结。《苏菲的世界》这部深入浅出的人类哲学史，让人们意识到，哲学也可以走出象牙塔，成为大家热衷的话题。

哲学是一个晦涩难懂的领域，所以大多数人对其敬而远之，然而一本风靡世界的超级畅销的哲学奇书——《苏菲的世界》使这一现象得以改观。1991年，挪威中学教师兼作家乔斯坦·贾德出版了《苏菲的世界》一书，在接下来的几年，此书横扫欧洲各国，在哲学意识最强的德国最获好评，被认为是青少年的最佳哲学启蒙书。

《苏菲的世界》是一本充满智慧的书。从古希腊到本世纪的存在主义，我们将在一页页翻开的书中和那些伟大的哲人、智者相逢。可是我们不用害怕，他们不会用那些深奥玄妙的“哲理”把我们吓跑，相反，我们会渴望一次又一次地走近他们。因为每走近一次，我们就会被人类的求索精神和智能震撼一次。读完该书，我们最终会理解，所谓哲学，是人类对自己、对周围的世界永恒的叩问。

对于一般的读者来说，《苏菲的世界》一书清新可喜，引人入胜，它将一部纯学术作品进行艺术化的处理，变得通俗易懂，既不失哲学的原味，又能使读者兴趣盎然，在轻松愉快之中完成哲学之旅的漫游，仿佛是引导人由困惑到觉悟的明灯。评论家认为，对于那些从未读过哲学课程的人而言，此书是最为合适的入门书，而对于那些以往读过一些哲学而今天已忘得一干二净的人士，也可起到温故知新的作用。《苏菲的世界》既是智能的世界，又是梦的世界。它不仅能唤醒人们内心深处对生命的敬仰与赞叹、对人生意义的关心与好奇，而且也为每一个人的成长——使生命从混沌走向智能、由困惑而进入觉悟之境，挂起了一盏盏明亮的灯……

给予我们智慧的哲学

一封“你是谁?”的信改变了14岁少女苏菲的世界，一本《苏菲的世界》改变了我的哲学观。

《苏菲的世界》并未用鸿篇巨制来阐释哲学的深奥，而是以深入浅出的文字向苏菲、席德和每一个读者展示了哲学从古至今的发展历程。有着少校“牛皮糖”一般想象力的作者，不仅仅是通过艾伯特的口、少校的礼物，还通过这本书自身，告诉我们哲学是什么，在哪里，多么有趣，又多么奇怪，甚至多么平凡。

从苏菲在信箱中取出的一封写着“你是谁?”的信开始，在艾伯特的指点下，苏菲从哲学的摇篮雅典出发，对苏格拉底和柏拉图的哲学有了初步了解。她对文艺复兴时期的认识包括达·芬奇的绘画、莎士比亚的戏剧、古登堡的印刷机……涉及艺术、科学、建筑、数学等许多方面。至于近现代，艾伯特的“哲学函授课”包含了康德、黑格尔、弗洛伊德乃至于马克思的哲学思想。这样一部作品，让我看到了全人类的文明。在苏菲所到之处，到处都凝结着文明的精华。看过之后，我已经不仅仅是学到了一些东西，更重要的是心灵的震撼。

原本以为哲学是一门虚幻不切实际的学问，但读了《苏菲的世界》以后才发现，其实我从来就不了解哲学。

哲学之所以产生是因为人有好奇心的缘故。哲学是“关于天底下每个人都关心的一些问题的学科”，它所要解决的都是还没有科学方法可以证明的问题——诸如善与恶、美与丑、生与死、秩序与自由等。一旦有一个研究领域产生了可以用精确公式来表示的知识时，它就进入了科学的行列。

每一门科学都是以哲学开始，以艺术结束的。它起源于假设，而终结于丰硕的成果。哲学看起来好像迷惘彷徨、驻足踏步，那是因为它总把胜利的果实留给自己的女儿——科学，自己却永不满足地去探索那些未知领域。哲学是对未知事物或不确切认识的事物的假设性解释，是追求真理的开路先锋，科学是被占领的土地，它后面是那些安全地带。知识和艺术在那里缔造了我们这个虽不完美但却非常神奇的世界。在我们的这

遗憾的是，当我们成长时，不仅习惯了有地心引力这回事，同时也很快地习惯了世上的一切。我们在成长的过程当中，似乎失去了对这个世界的好奇心。也正因为如此，我们丧失了某种极为重要的能力。

个世界，仅有科学而无哲学，仅有事实而无洞察力和价值观，是不能使我们免于浩劫和绝望的。科学给予我们知识，然而只有哲学才给予我们智慧。（佚　名）

现在正是五月初，一些果园里，果树被密密丛生的黄水仙层层围住，白桦树已长出了淡绿色的叶子。真令人不可思议，万物怎么会在这个季节里突然间醒来？

创作应有酿蜜之功

常听人说，理论是枯燥的，特别是哲学，更是枯燥乏味。当读完《苏菲的世界》之后，你对哲学的看法可能会发生变化。深奥的哲学理论在这位挪威作家乔斯坦·贾德的笔下，变成一阵清新和煦的春风，充满了活力。

马德兰·蓝格尔说："《苏菲的世界》一书读来清新可喜。作者乔斯坦·贾德不仅文笔不俗，也是一个绝佳的教师，使读者能以阅读侦探小说般的心情浏览从柏拉图以前一直到20世纪的整部哲学史，而不觉枯燥厌烦。"这个评价恰如其分，毫不夸张。这本书的主人公是一个14岁的女孩，作者由此确定了这本书所要普及的哲学知识的起点，所有情节都围绕着她展开，从童稚的好奇心引出作者想要论述的哲学题目，利用女孩特有的细腻阐发哲学思辨和逻辑推演的细微和精密，借助正在开悟启智的初中生特有的想象力展示哲学原理的精深和博大，尽可能多地运用打比方、录像片、画图画等方法，使深刻的哲学命题浅显化、生动化。

书中以讲故事的方法介绍了一个又一个哲学家，不仅介绍他们怎样做人。哲学家们往往确实具有不同于他人的不平凡的人生，他们的生活经历不会像行侠者那样惊险离奇，不会像军事家那样波澜壮阔，不会像男欢女爱那样情意绵绵，而他们与众不同之处正在于他们特有的言行蕴涵着哲学的深邃，会给你留下深深的思考和长久悠远的回味，哲人的人生往往就是故事，这样讲故事正是在向读者进行立体多维的哲学"灌输"，这种"灌输"的效果显然要比在哲学课堂上从概念到概念的讲解好得多，哲学知识会有血有肉、有滋有味地流入读者的心田。

读完这本书，当你把一个又一个哲学家和他们的故事及理论连接起来，就会发现西方哲学史已经变成一条河，源远流长，曲折蜿蜒，静静流淌，而且清澈得一眼就可见底。确实，"贾德这本关于哲学史的小说可谓空前的创作，他证明了哲学不一定是一些与现实脱节的学院人士躲在象牙塔里所写的东西。"

《苏菲的故事》一书的成功之处在于把深奥的哲学理论通俗化，《新闻周刊（国际版)》称"这是一个将学术作品通俗化的杰出范例——对于未曾修习哲学概论者而言，本书是最佳的入门读物，对于修过此门课程但已忘却大半的人而言，本书有助于他们温习"这部书的读者的确十分广泛，虽然是给孩子们写的，成年人也可以看，而且很可能喜欢它。因为它作为一本用于哲学普及的文学读物，起点定于一个14岁的女孩子，而这个起点对于哲学知识较少或曾经学过一些哲学知识但"已忘却大半"的人来说同样也是合适的。

若论这部书成功的原因，大概有三点：作者乔斯坦·贾德是一位教师而且是一位"绝佳的教师"，十分熟悉学生，很了解青少年的心理特征和接受能力，这一点从书里对女主人公的心理描写中完全可以看出来；从书中看，作者的文学造诣相当高，创作技巧娴熟，"文笔不俗"；作者的哲学知识丰富，功底深厚。前两点，只是成功的基本条件。而重要的是第三点。作者对哲学原理深刻的理解，能够把握其本质和精华。各种哲学知识烂熟于心，运用起来得心应手，出神入化。

无论学习什么知识，一知半解，似懂非懂，本末不清，无论如何是用不活的。只有深谙其精髓，对于这门知识的本与末、表与里、形与神了如指掌，才能知通达变，举一反三。如同蜜蜂酿蜜一般，将花粉吃进去经过自己一番咀嚼消化，再吐出来才会是蜜。创作也是如此，特别是类似这种普及某一门类知识的创作必须像蜜蜂酿蜜那样，先把知识吸收进去经过自己的一番加工消化，然后再予以变通、演化，保留其精华。改换其形式，增加其色彩，方能制作成能让某一文化层次的人乐于接受的作品，一部杰出的作品必须经历这样的创作过程。

历史上曾有人奉行"一本书主义"，他们为什么终生只出一本书，而不多出几本呢?道理全在于此，经过一番严肃认真而且艰苦的劳动，殚精竭虑，尽施才华，终生能创作出一部杰作，也就足够了。创作，应该有蜜蜂酿蜜之功！（佚　名）

作者生平

乔斯坦·贾德1952年生于挪威，曾在高中担任哲学教师多年，精通哲学、文学与教育心理学等多种学科。自从1986年其第一部作品问世以来，已逐渐成为挪威具有世界影响的文坛旗手，特别是1991年《苏菲的世界》的出版发行，在世界文坛上引起广泛的影响与轰动，被誉为"风靡全球超级畅销的哲学奇书"、"全世界最易读懂的哲学书"，长期位列各国畅销书排行榜第一名。乔斯坦·贾德不仅文笔卓尔不群，同时有多年担任哲学教师的经历，他的作品大多涉及到哲学内容却又通俗易懂。《纸牌的秘密》系《苏菲的世界》的姊妹篇，为喜爱探讨哲学的读者提供一个足以让想象力纵横驰骋的辽阔空间。《喂，有人在吗?》是乔斯坦·贾德的最新力作，该书通过深入浅出的童话形式，让奇遇之谜和哲学主题不断地碰撞，穿透梦境和现实，极具梦幻写实趣味，也展现出一个极为恢弘的地球观和宇宙观。

◆一部自力更生、简单生活的指南

◆美国环境运动的思想先驱

◆一部文笔清新的散文集

《瓦尔登湖》

尼采曾说过：每一个出类拔萃的人都出于本能地寻求避难所和隐居处，在那里他可以摆脱人群，摆脱群众，摆脱多数人——在那里他可以忘却“作为规则的人们”，而成为例外。1845年，在美国瓦尔登湖湖畔，在那个简陋的木屋子里，有一种伟大的思想在诞生。

位于美国马萨诸塞州的康科德城郊有一个瓦尔登湖，湖的四周青山环抱，碧绿清澈的湖水倒映着树木丛林的倩影，环境幽静，景色宜人。1845年4月，一位28岁的美国青年携带一把斧头来到这里，砍伐树木，建造了一间森林小屋，在此过起了与世隔绝、自食其力的隐居生活。这位美国人的名字叫亨利·戴维·梭罗。梭罗在瓦尔登湖畔隐居了两年零两个月，后来他把这段隐居生活的经历和体验写成了一本书，书名就叫《瓦尔登湖》。

一个人到了生命的某个阶段，习惯于把每个地点视为可能安家落户的处所，瓦尔登湖给了梭罗一个与众不同的去处。梭罗找到了瓦尔登湖，他在那里完成了他对自身深度的“衡量”，之后完成了《瓦尔登湖》这部经典之作。在梭罗生前，这本书的名气并非很大，但以后声誉与日俱增，被誉为美国环境运动的思想先驱，激励了无数自然主义者和倡导返归大地的人们，它最终奠定了梭罗在美国文学史上的地位。随着时间的推移，此书越来越引起了人们的喜爱与重视，逐渐被公认为美国文学中具有独特价值的名著。

《瓦尔登湖》不仅是一部文笔清新的散文文学作品，同时更是一部深刻反映作者人生哲学的力作。作品中描写的清澈的湖水、湖边的草木、林中的动物、自然环境中的人等，都带着某种象征意义，书中叙述的许多带有寓言色彩的故事也都蕴涵着深刻的哲理思考，梭罗在该书中向世人揭示了他在回归自然的生活体验中所发现的人生真谛——如果一个人能满足于基本的生活所需，其实便可以更从容、更充实地享受人生。

心灵和现实的湖

合上《瓦尔登湖》墨绿色的封面，一股清凉的湖水已然汇入心间，澄澈见底，将心境荡涤得如一泓秋水，不染纤尘。它只适合在“寂寞和恬静”时阅读，静静地读，读得静静。我想，从这个意义上来说，《瓦尔登湖》是属于心灵的。

这本书的封面上有这样一幅耐人寻味的图片：两行向远方延伸的铁轨中间，立着无数挺拔的大树。这是否是本书在以一种含蓄的方式暗示着我们别的一点儿什么？梭罗说：“来到这片树林是因为想过一种经过自省和自察的生活，去面对人生最本质的问题。”我在想，在现实的世界里，现代文明改造和穿越自然环境之前，是否也该多一些自省与自察？因此，从这个意义上说，《瓦尔登湖》又是属于现代的。

由此，《瓦尔登湖》在阅读空间中占有两个起点和终点，那就是心灵和现代。

在这个丰富多彩的时代里，要一个人对生活无所求，那是苛刻，但对“所求”多一些节制，则是理性。我们无法戒绝自己对生活的“所求”，但同时是否也该有些出世的精神来面对这个不复简单的世界？在越来越考究的生活中，心灵的罗盘仍固执地指向简单和质朴。因此，斑斓的 VCD 节目和浓郁的咖啡之外，读一读《瓦尔登湖》，让心沾染一点儿湖水的清凉，多一些恬淡与洒脱，少一些浮躁，其实已不是时髦，而是必需。

种豆、筑屋、焙制面包，对大多数享受城市文明的人来说，都是些遥不可及的梦想。在今天，城市生活越来越便捷和考究的今天，又有谁向往这些呢？而且在土地越来越紧张，自然生态环境日益恶化的今天，有此梦想的人又能到何处实现呢？现代生活给人生存制造了几乎随心所欲的舒适，水泥建筑高耸摩天，水泥路面光洁少尘，而地下水却在不断地下沉，天空出现臭氧空洞，酸雨腐蚀我们的视觉。我们在征服自然、改造自然的同时，又给自己埋下了生态的陷阱，因而只能用回归自然来安慰自己的无奈。

如果我们少一些贪婪和欲求，少一些索取，又怎会遭受这些戏剧性的嘲弄与惩罚呢？有一句公益广告词说：保护绿地，就是保护我们的生命线。我在想，人间多一处瓦尔登湖，人类就会多一条后路。这该是《瓦尔登湖》的一句隐语吧。

梭罗在书中这样表述：“不必给我钱，不必给我名誉，给我真理吧。”给“我”什么真理？我想，这真理该是：热爱自然，创造生活。（吴锡平）

人不是为了国家而活，不是为了天神或社会而活，也不是为了指导现代生活的历史而活；人是为了其本性、为了人本身而活的。

快乐源于简单

《瓦尔登湖》是一部对生命本质与灵魂生活予以深刻关怀的书，所以，我们要肃然起敬地阅读它，以虔诚和平静的心情阅读它。

梭罗在瓦尔登湖边验证了，人除必需品以外，其他一无所有也能在大自然的环境中愉快地生活下去。我们推崇梭罗和他的《瓦尔登湖》并不是说我们是机械的迂腐的物质的反对者，亦不是商业文明的反动者，更不是狐狸关于酸葡萄之类，而是心平气和地劝慰那些物质追求的“落伍者”：贫穷是不可怕的，而真正可怕的是自我的丧失与灵魂的不得安妥。

在《瓦尔登湖》里，梭罗反复呼吁：“简单、简单、简单吧！”“如果我们愿意生活得简单而明智，那么，生存在这个地球上就非但不是苦事而且还是一种乐事。”如果我们能够使生活简单化，那么，“宇宙的规律将显得不那么复杂，寂寞将不再是寂寞，贫困将不再是贫困，薄弱将不再是薄弱。”

简单生活本身并不是目的。在梭罗看来，人的发展绝不是越来越多地占有物质财富，而是精神生活的充实和丰富，是价值的提升，是在与自然越来越和谐的同时人与人之间也越来越和谐。

在《瓦尔登湖》中，梭罗满怀怜惜之情地批评了为物欲所累的人们，但他并不想号召人们都和他一样长期住在荒野过着最原始的生活。他的这种极端的试验和他对简单生活的提倡，目的是呼吁人类尽可能简化物质生活，获得精神生活的最大丰富。追求简单生活的品质，是自然诗意的复活与体验，回到自然本身中去，回到事实本身中去……这是发现生活真理之路的途径。简单意味着对复杂物质生活的否定，却不意味着对复杂精神品质的否定。相反，而是让开始应该简单化的生活欲望变得淳朴，而不刻意追求物质化的复杂。顺其自然的心境，追随自然诗意化的栖居生存所进行的物质生活，它注定是以精神品质的提升为目的，却不以纯粹追求物质化的占有为目的，这才是生命的要义。这不是完全放弃物质生活的基本要求，而是选择了根据可能而进行的生活的意愿，就是最少、最小地消耗生态资源，让精神自由达到最丰富和完美的享有，在贫乏的物质之上，同样可以享有精神意义的深刻。

不管你的生命多么卑微，你要勇敢地面对它生活；不用逃避，更不要用恶语诅咒它。它并不像你想象的那么坏。

梭罗在失去了情人后说，不必给我爱；在失去兄长和朋友后说，不必给我金钱与荣誉；现在他似乎只剩下了生活的真理了——以选择宁静的方式选择瓦尔登湖，选择那份远离喧嚣的恬静，选择在春天里那份难得的好心情，在湖边，在林中，在瓦尔登湖的月光下，从容不迫地生活，聆听生活的教诲和真善，让自己“不至于在临终时才发现自己不曾生活过。”

梭罗的《瓦尔登湖》是可遇不可求的，书中那些关于山林湖泊的文字是不用比喻而直说出来的，不用任何的修饰，让人感觉那就是大自然的声音。透过这些文字，我们可以体会到，人生活在自然中可以无限制地去克服你的无聊、无趣和寂寞，找到你自己必然的乐趣，而这正是我们现代人早已丧失了的。人们通常能够用来治疗寂寞的方法，则是无休止地榨取文明的成果，殊不知那貌似永乐园的城市，正是埋葬我们自己的坟墓。而梭罗在《瓦尔登湖》一书中以他古老的生活方式告诉世人，将自己融入自然，我们心灵就会像青苔一样恢复滋润，像美丽的瓦尔登湖一样，生活得平静、自在、坦然、简单而又不苍白。

对于今天社会物质财富极丰富的人们，梭罗成为我们效仿的榜样，他的短暂生命，在他 45 年的生活岁月中，回答了一个非常令人困惑的问题，人是可以简单化生活在复杂的精神文化创造之中的。我们应追逐他的足迹而去，选择一种更加自然又丰富的生活——梭罗的简单生活。我们也许不能舍弃一切去旷远的瓦尔登湖，但我们至少可以少些欲求，多些给予，接受大自然的万事万物，让生命融入其中……届时，我们会活得简单而快乐。（佚　名）

作者生平

1817 年 7 月 12 日梭罗生于康科德城，毕业于哈佛学院（今哈佛大学）后，回到家乡，执教两年。然后他住到了大作家、思想家爱默生家里，既当门徒，又当助手，并开始尝试写作。1845 年 7 月 4 日，美国独立 69 周年纪念日这一天，28 岁的梭罗离开喧嚣的城市，搬进了离波士顿不远的瓦尔登湖湖畔的一片森林中。他在这个森林中亲手盖起了一栋小木屋，并向世人宣告了他个人生活与精神生活的“独立”。梭罗在小湖边自己开荒种地，每天打猎和伐木。他过着那种近似原始的、极其简朴的生活，以便认真地观察和体会人生的真谛。每天，他都要把自己回归自然以后的观察和体验，以及他的思考、感触写在日记中。在瓦尔登湖畔独自生活了 920 天后，梭罗走出森林，重新回到城市。不久便出版了根据他在小木屋里写下的那些笔记整理的散文集，题为《瓦尔登湖》。1862 年，他因患了肺病医治无效病逝于康科德城，年仅 44 岁。

◆欧洲近代哲理散文的三大代表作之一

◆人类有史以来的最佳 20 本书之一

◆畅销不衰的处世经典

《人生论》

有很多有教养的人，对世人所关注的种种对象，如国事、人情、心灵、处世、外界自然等，曾根据他们自己的经验和阅历发表过言论，进行过思考。培根就是这样一个阅世甚深的人。他曾经影响过很多人，他的著作中充满着最美妙、最智慧的言论。

历史上的所谓伟大人物，其实就是开创了一种新传统的人物。伟大的政治家革新了人类的社会制度，而伟大的思想家革新了人类的价值体系和思维模式。培根正是这样一位人物。作为近代哲学史上首先提出经验论原则的哲学家，他重视感觉经验和归纳逻辑在认识过程中的作用，开创了以经验为手段，研究感性自然的经验哲学的新时代，对近代科学的建立起了积极的推动作用，为人类哲学史、科学史都作出了重大的历史贡献。为此，罗素尊称培根为“给科学研究程序进行逻辑组织化的先驱”。培根天资过人，抱负宏大，他的著作包括哲学、历史、法律、文学各方面，其中《人生论》历经几个世纪的沧桑仍然光芒闪烁，被评论家称做欧洲近代哲理散文的三大代表作之一。

如果说历史上确有不朽之书，培根的这部杰作必在其列。《人生论》拥有一种成熟的经验式的智慧，对人生、对社会的认识中肯而不偏激。对读者而言，它具有启迪人生、把握人生的现实作用。从个人到国家，从表象到本性，走进培根的世界，每个人都会发现自己的不足。该书虽然篇幅不长，但却是世界散文和思想史的一块绝世瑰宝。这是作者人生经验的结晶，凝聚了文艺复兴以后欧洲古典人文主义者的价值观念和政治理想，涉及到了哲学、宗教、政治制度以及修身、处世等各个方面。该书自问世以来畅销不衰，被译成多种文字，一直是世界上所公认的最受公众欢迎的不朽名著之一。

深刻的启迪

《人生论》的英文版书名为《随笔》，拉丁文版书名为《道德与政治论文集》。中译本书名是根据该书内容，以及作者在书中献词所说的："此书乃鄙人一生著作之中，最为大众所欢迎者，其主题均系关于人性及人生问题之研讨。"

培根作为英国文艺复兴时期最重要的散文家，他这部随笔集中论说的问题精密全面，表现出其对世事的远见卓识和缜密的推理功底。该书 1597 年初版时只收有 10 篇文章，1612 年版增至 38 篇，1625 年版（即末版）增至 58 篇。这就是此书的通行本。内容包括政治、经济、宗教、爱情、婚姻、艺术、友谊、教育和伦理等，几乎触及了人类生活的方方面面，其语言简洁，文笔优美，说理透彻，警句迭出。作为一名学识渊博且通晓人情世故的哲学家和思想家，培根对他谈及的问题均有发人深省的独到见解。

培根所关心的是"人类生活中的各种问题"，对此，他"愿意借助于正确和健全的理智思考来加以改进"。他的论题广泛，几乎涉及社会生活中的方方面面。这些少则数百字，多则两三千字的随笔，着实让人爱不释手。你随意翻到一页往下读，皆能被它深刻的哲理和精美的语言吸引住。许多重要的人生命题，举凡真理、善、美、求知、革新、健康、习惯、幸运、厄运、时机、勇气、赞扬、爱情、家庭、友谊、青年与老年、自私、猜疑、嫉妒等，培根皆有精辟的论述，让你思考自己所走过的路，提醒你要善于甄别真善美与假恶丑，开创丰富的人生。

培根的这部随笔集，写作时间跨度为 28 年。由于全书写作时间较长，作者在不同时期思想变化也比较大，因此《人生论》没有特别统一的主旨。可以说，它凝聚了培根全部的人生经验和感悟。在这本带有浓厚的入世色彩的社会教科书中，培根热心于将他的生活经验传给读者，因此他谈论问题往往单刀直入。培根拥有一种直指人心、透彻灵魂的智慧，加上他一生命运多舛，因此许多篇章都充满了成熟的思想，论人评事一语中的。如《论善》一文开篇就是："我认为善的定义就是有利于人类。"在该文章第二段紧接着说："在性格中具有这种天然倾向的人，就是'仁者'。这是人类的一切精神和道德品格中最伟大的一种。因为它是属于神的品格。"在《论财富》中，他主张"不要相信那些表面上蔑视财富的人，他们蔑视财富的缘故是因为他们对财富绝望。"在《论

读史使人明智，读诗使人灵秀，数学使人周密，科学使人深刻，伦理学使人庄重，逻辑修辞之学使人善辩；凡有所学，皆成性格。

游历》中，他称“游历在年轻人是教育的一部分，在老年人是经验的一部分。”凡此种种，读来有如与智者攀谈，往往能令人在不知不觉中获得新知，并不断为作者敏悟式的点化所折服。

培根这部《人生论》中的相当一部分篇章，不仅体现了文艺复兴时期古典人文主义者的价值理想，而且许多教诲和论述就是在今天看也毫无过时之感。这不仅是指那些久已脍炙人口的篇章，如《论读书》、《论美》、《论爱情》、《论狡猾》、《论逆境》、《论死亡》等，而且也包括其中一些论述宗教和政治问题的篇章，而他《论改革》那篇短论，看起来仿佛是为所有时代的改革家而写的。

读培根的文章，我们总是很习惯于顺着作者的思路走，它让你处处感到严密的思维，严谨的结构，精彩的议论，不容置疑的逻辑力量。此外，培根的语言充满哲理，说理层层深入，鞭辟入里，句式整齐，音韵和谐，朗朗上口，易诵易记，有诗一般的艺术效果。（佚　名）

当你孤独寂寞时，阅读可以消遣。当你高谈阔论时，知识可供装饰。当你处世行事时，正确运用知识意味着力量。有实际经验的人虽然能办理个别性的事务，但若要纵观整体，运筹全局，却唯有掌握理论知识方能办到。

一本划时代的名著

不久前，经朋友推荐拜读了著名学者何新先生翻译的《人生论》，读完之后顿觉获益匪浅。《人生论》兼有散文、论文和随笔的意义。它不仅文笔优美而且论述精辟。作者用其敏锐的洞察力把复杂的人生问题用散文的体裁写出来，一下让原本枯燥无味的人生理论变得栩栩如生起来，而且写得是如此生动有趣，这确实让我的精神为之一振。在《人生论》优美且充满睿智的文字的感召下，我一口气通读了两遍，仍觉意犹未尽，便十分想将其推荐给更多的朋友，正谓之“奇文共欣赏，疑义相与析”。《人生论》以一种优美与庄严的韵律，以超人智慧的论述，给人以深刻的启迪而广为读者所喜爱。因而，我认为培根的《人生论》的确是值得一读的好书。

在《人生论》之中有许多脍炙人口的篇章，如《论读书》、《论美》等，但我印象最深的却是《论时机》。他在篇中说道“当危险逼近时，善于抓住时机迎头邀击它要比犹豫躲闪更有利。因为犹豫的结果恰恰是错过了克服它的机会”。人的一生很多事情是不可能用确定论来准确描述的，但机遇确实是成功的首要因素，就人生而言，一生中大的机遇可能十几年、几十年一遇。大的机遇是历史和社会造成的，因此要想有所作为，一定要善于审时度势，看清发展的大趋势，有良好的洞察力去感知哪里有“金矿”。还有一种机遇是社会造成的，往往是突然地或不知不觉地出现的，有时甚至永远不为人所知，或只是在回首往事时才认识到过去的那件事是个机遇，庆幸抓住了它或者后悔失去了它。

机遇难得，然而可不可以创造机遇呢？答案是肯定的。

首先，抓住机遇不是被动的，真正聪明的人会创造机遇。

其次，创造机遇要找那种适合自己，到机遇多的岗位和地方去。据介绍，美国人很喜欢换工作岗位，一生中大概要换四次。中国人恰好相反，惯性大，干一件事就想一辈子待在这儿。换工作岗位有什么好处呢？你不是一锤定终身，你可以多次换，找准最适合自己的、机会最大的地方和位置。

再次，要得到原本不属于自己的机遇，或者让那些属于自己的机遇不要失去，很重要的一点，就是做人要诚实守信。有好多年轻人，为了短期利益和行为作假，考试作弊、说假话，就是不诚信，这样做的最终结果是害了自己。中国某个地方曾经一度是商业非常发达的地区，而现在却不然。原因很简单，也是缺乏诚信。

第四，要善于与人相处和交流。交流对一个人的成功很重要。爱尔兰作家萧伯纳说过：“两个人交流思想和两个人交换苹果完全不一样，交换苹果，每个人手上只有一个苹果，而交流思想，每个人同时有两个思想”。如果大家都懂得这个道理，学会与人相处和交流，博采众家之长，那么你就具备了得到机遇的一个非常好的素质。最后，要有良好的心理素质，这对创造机遇非常重要。一旦工作出现问题，要很快调整自己，去做那些容易取得成功的事情。以上是我对《人生论》部分章节的一点儿肤浅认识，希望大家都能从这本书中有所收获。（林泽从）

作者生平

弗兰西斯·培根（1561–1626），英国哲学家。英国唯物主义和现代实验科学的始祖。剑桥大学毕业。历任律师、下院议员、大法官、受子爵。提出“假相”说，认为经院哲学使人与自然隔绝，束缚于教条和权威之下，不能获得真正的知识。主张打破“假相”，铲除各种幻想和偏见。主张双重真理说，提出“知识就是力量”，认为掌握知识的目的是认识自然，以便征服自然。1626 年初，培根想发明一种冷冻防腐的方法，在风雪中做实验受寒感染，结果一病不起，于同年 4 月 9 日去世。主要著作有《论科学的价值和发展》、《新工具》、《新大西岛》等。

◆畅销世界各国的人文地理经典
◆以历史为经、地理为纬的人类生存史
◆一部完全改变读者关于地理学的偏见的经典

《房龙地理》

房龙是个伟大的文化普及者，将一本地理书写得通俗易懂也许并不难，难的是能够始终保持一种高贵而非庸俗的心态和独立不移的个性，以及对人类文明进程的远见和大局观。

为什么丹麦人沉溺于静谧的书斋，而西班牙人则热衷于广阔的天地？为什么日本在近代要向外扩张，而国土同样狭小的瑞士却保持中立？一个国家的民族性格和历史发展与其地理环境有何关联？在《房龙地理》这本生动、风趣的地理书中，我们可以找到答案。

在美国作家中，像房龙这样能使其名字在几代中国读者头脑里留下深刻印象的并不太多。说房龙是出版界的奇迹创造者也许并不过分。在他去世之前，他的著作在欧美热销了二十多个年头，销售的总数超过600万册。《房龙地理》是房龙关于人类地理的力作，他用文学手法，赋予知识以灵性，把自然地理的规律和人文地理的千姿百态展现在读者的面前。该书没有通常地理学陆地海洋、高山河流、重要城市、经济概况及没完没了的数字统计等概念式的表述，而是将人们关心的故事写进地理学。在这本书里，地理学中必要的名词和数据依然存在，但它们被赋予了一种感性的表达形式。更重要的是，这些名词和数据不再是互不相关的一盘散沙，而成为息息相通的一个网络。它们不再是一种远离人群的孤独的存在，它们随时和人联系为一体。它们因染上了浓郁的人的气息，而散发出勃勃生机。

《房龙地理》可以说是一本完全改变我们关于地理学的偏见的地理书，如果说以前的地理教科书是幻灯片的话，那么《房龙地理》就是一部活动的电影，里面的一切都栩栩如生，可触可感，呼之欲出。房龙取历史事件中某些片断来概括全貌，把人类历史上的重大事件再现其间，使读者读地理如同阅读小说，通俗且容易记忆。

一本关于“人”的地理书

地理知识是公众所共同拥有的，为什么能冠上房龙的名字？《房龙地理》自有其不同于别人之处。它的宗旨是“把所有的高山、城市、大海统统放进地图里，只告诉我们生活在那里的居民的情况，告诉我们他们为什么会居住在那里，他们来自哪里，他们在干什么——把人类关心的故事写进地理学”。换句话说，此书注重的是人文地理。

房龙是美国著名作家和历史学家，他始终站在全人类的高度在写作，他不是深奥的理论家，但却有自己的体系和思想，他的作品选择的题目基本是围绕人类生存发展最本质的问题，贯穿其中的精神是理性、宽容和进步，他的目标是向人类的无知与偏执挑战，他采取的方式是普及知识和真理，使它们成为人所皆知的常识，因而他的著作普遍具有历久不衰的魅力。《房龙地理》不是一本一般意义上的地理书。它不是单纯地告诉读者某处山有多高，水有多长，哪国地广人多，谁又是大国寡民，何处风景如画，何地又是弥漫风沙，这些数据和记载不能说完全没有意义，但记载这些不是本书的主要任务。它主要以人的活动为主线，阐述人类与地球的关系，地球怎样为人类的活动提供载体，人类的活动又是怎样影响地球。此外，作者对重大历史事件和历史发展趋势也都坦率发表了自己的看法。

在简要地介绍了基本地理知识之后，作者按国别分别讲述了各国的地理环境，但他并不像杂货铺的老板那样，满足于陈列一个个国家的人口、面积等，他有意识地将人在地理中的活动贯穿在知识的介绍中。这个国家的气候、地势如何，人们是怎样来适应自然、利用自然继而改造自然的；特定的环境中，人们选择了怎样特定的生活方式，继而是如何影响当地的风俗、历史的，最后形成这个独一无二的国家和民族的。房龙自称他“打算把人放在舞台的正中”。他说：“我宁愿把它称之为一本研究人的书，研究人如何为自己和家人寻找食物、住所和娱乐，如何尝试找到既能适合自己的背景，又可改变自己的自然环境的方法，以便获得与其自身有限的力量相称的舒适、强健和幸福。”房龙是这样说，也是这样做的。于是，《房龙地理》的第一章的标题就是《生活在我们这个世界中的人》。

法国人不是多愁善感的空想家，而是非常理智非常踏实的现实主义者。他脚踏实地地站在这个地球上。他知道他只能活一次，70 岁是他所能期望的。因此，只要还活着，他就尽力使自己过得尽可能的舒适，决不浪费时间去想象美好的未来。

以人为中心，以人为目标。作为一个坚定的人文主义者，精通地理的房龙意识到，“我们大家都是同一个星球上的伙伴，为了我们赖以生存的世界的福祉，我们大家都要共同承担责任”。因此《房龙地理》是一本关于“人”的地理书。它打破了常规地理书的写作方式，紧扣“人”的观念，将人的活动和重要性提升至首位，自始至终关注的是“纯人”的那一面——科学、艺术、商业、宗教和政治，从历史的高度阐释了人与地理以及地球的关系，生动地演绎了“人文地理”这一概念。

同时，在历史的叙述中房龙还穿插回顾了人类与自然相互协调和适应的漫长过程，以及在这一过程中人类发掘自身潜力并努力探求与地球——人类这唯一家园和谐的最终方式。房龙在此书中贯穿了其惯有的行文风格，诙谐幽默的文字化枯燥的地理知识于无形，使人在轻松愉快之际不仅领略把握了人类厚重历史发展的来龙去脉，且能在掩卷之际获得不少启发。

在全书结尾，房龙借一小女孩的口问道：“不去旅行，学地理有什么用?”作为一本好的地理书，《房龙地理》引发的不仅是我们对地理学的兴趣以及对我们生长于斯的地球的热爱，进一步，它将唤起我们成为一个旅行家、航海家、甚至探险家的热情和梦想。它扩大了我们的视野，开拓了我们的心胸，它激发起我们对更辽阔的宇宙、对未知世界的探寻。

听起来令人难以置信，然而却是千真万确的。如果我们这个世界上所有的人都是6英尺高，1.5英尺宽，1英尺厚（比一般人稍大一些），那么所有的人类（根据最近的统计材料，最初的智人和他的妻子现在共有约20亿个后代）就都可以装进一个半英里高的正方体盒子中。

人类的家园

《房龙地理》实乃一本上乘之作。作者通晓古今，各种知识信手拈来，已达佳境。在《房龙地理》中，作者以一种深邃、理性和历史的眼光分析我们所处的这个蓝色的星球。它是人类繁衍生息的家园，无论是衣食所需，还是精神依托，它都是我们的必需和唯一。现在我们共同的家园却在经受着风雨侵蚀和人类自己的破坏，这个共同的家园，危机越来越多，越来越重。

身为地球上的居民，身为这个家园的主人，我们有责任更有义务去保护我们的家园，使之免遭不应有的伤害。因为都是这个大家庭的主人，所以我们理应和谐团结；人类是有理性的智力动物，粗蛮和野性，暴虐、仇恨和杀戮理应远离我们——因为我们拥有上帝赐予的可以领导世界的理性和智慧。也许理性和智慧正在蜕变为一种妖娆之物，一种魔幻般的不可控力量——它既可以让人类主导世界，也同样可以使人类毁灭自己，毁灭我们安身立命的幸福家园。房龙的眼光是深邃的，因为他预见到了人类可能出现的这样那样的“越轨行为”。房龙又是乐观的，他认为人类完全可以用宽容来化解一切仇怨，化干戈为玉帛。当我们即将迈入新世纪的时候，战争的阴霾依然笼罩着我们，某些大国以世界领导者和传道者自居，动辄挥舞制裁、威胁，甚至武力的大棒，使本来已经脆弱不堪的和平更加弱不禁风。人类的明天到底是光明还是黑暗？答案就掌握在人类自己的手里。

房龙对重大历史事件和历史发展趋势都坦率发表自己的看法，这一点正是他这本书的特点。确切地说，房龙撰写《房龙地理》这本书的脉络很清楚，那就是以历史为经、地理为纬的人类生存史。一方面是人类适应自然、改造自然的永不停止的活动；另一方面是人与人之间（包括个人、群体、阶级、民族、国家、国家联盟）的流血和不流血的争斗。房龙在评述人类进行过的和正面临的这些斗争时，不乏有见地的观点。也许，人类理性的回归尚需时日。从某种意义上讲，房龙的人类的家园还是一个遥远而满怀希冀的梦，它存在于那些渴望和平、期盼幸福的善良而又贫困的人们心中。也许诺亚方舟会带人类继续远航，到一个无争无扰的世界中去，也许上帝会赐给众生一个美好的黎明。那么，波黑战争就不会发生，巴以冲突早已风平浪静。那都是也许，我们今天能做的是什么呢？也许就是反省吾身。（佚　名）

作者生平

房龙1882年出生于荷兰鹿特丹市一个珠宝商家庭里。由于数学成绩的影响曾留过一级，当房龙转到海牙的古达中学念书时，已经15岁了。两年后，他到佛尔斯乔顿一所名叫努尔塞伊的中学里就读。第一次世界大战爆发之后，在历经从事教师等职业失败后，房龙一直致力于写作，当一位出版商有了同样的先见之明，房龙一生的转折点便到来了。这位出版商名叫霍雷斯·利弗奈特，房龙先后和他签约写了《文明的开端》、《人类的故事》、《圣经的故事》、《宽容》等。他们的合作历时十个年头。《文明的开端》的意外热销已经表明霍雷斯·利弗奈特独具慧眼，而《人类的故事》不仅引来书评界的一片欢呼，就连给这本书挑错儿的历史教授也不禁发出感叹：在房龙的笔下，历史上死气沉沉的人物都成了活生生的人。1944年3月11日，早晨起来后，房龙把报纸拿在手里，上楼去他的浴室。正当他面对镜子时，他的心脏瓣膜突然收缩，使他一阵阵透不过气来。他撞开了浴室的门。家人听到声响跑进来时，他已瘫倒在地板上，停止了呼吸。房龙的作品文笔优美，知识广博，其中不乏真知灼见，他为世人留下了三十多部作品，对后人起到了积极的指导作用，对世界科学发展史产生了较为深远的影响。

◆2000年十佳理财书籍
◆投资者的"圣经"
◆历史上最成功的投资人的投资策略精华

《巴菲特：从100元到160亿》

不少人以拥有巴菲特的股票为身份的象征，以每年春天能前往奥马哈开股东大会为乐，以每年巴菲特撰写的年报为投资界的"圣经"。可以说，巴菲特是世上最成功的投资者，"股神"之称，实至名归。

在美国《纽约时报》评出的全球十大顶尖基金经理人中，巴菲特名列榜首，在《财富》杂志评出的"20世纪八大投资高手"中，巴菲特同样位列第一。如此的"第一"不胜枚举，巴菲特是资产超过10亿美元的富翁中唯一一位从股票市场发家致富的，他每年都要在自己创立并任公司主席兼行政总裁的伯克希尔·哈撒韦公司的年报中给公司的股东们写一封信，总结在过去一年中的成败得失。从挑选经理、选择投资目标、评估公司，到有效地使用金融信息、看会计报表等，这些信内容涵盖甚广。《巴菲特：从100元到160亿》一书就是由这些信件整理而成的，其中不仅包括巴菲特从平民成长为巨富的传奇经历，更重要的还有其成功的投资理念，可以说是一本既精练又富于实用性和教育性的投资手册，就连巴菲特本人都认为这本书比到目前为止任何一本关于他的传记都要好。

巴菲特几乎完全不依赖电脑系统的分析，也从不理会政府的经济政策，这种独行其是的看法和做法使他成为最著名的也是彻头彻尾的基本分析家。不少投资人和管理者都表示，阅读巴菲特向哈撒韦公司股东大会提交的报告时得到的教益，胜过任何一本金融教科书。有人甚至为了一睹巴菲特撰写的年报，不惜花上几万美元买上一股伯克希尔·哈撒韦公司的股票。巴菲特的成功既得自于他准确核定所购股票和企业价值的能力，也得力于其自身的个性，阅读《巴菲特：从100元到160亿》每每令人有茅塞顿开之悟，即使不打算在股市弄潮的人，对巴菲特的诚信、幽默和睿智读来也一定会印象深刻。

从 100 元到 160 亿之路

巴菲特是第一位靠证券投资成为拥有几百亿美元资产的世界富豪的人。他执掌的伯克希尔公司的每股账面价值从 19 美元上升，在 35 年中年复合增长率高达 24%。尤其难能可贵的是，伯克希尔已经是一家资产总额高达 1300 多亿美元的巨型企业。没有哪个人的成功是偶然的。读者看完《巴菲特：从 100 元到 160 亿》这本书之后，想必会对巴菲特的投资理念有深入全面的了解，也就不难想象他为什么会取得如此惊人的业绩。

巴菲特的许多观点与传统的管理与投资教条相抵触。例如，巴菲特认为用股票期权作为对经理的报酬对股东不利，他更倾向于直接用现金奖励经理。因为这些经理若是真的看好自己公司的股票，只要到二级市场上去买就可以了。许多公司的业绩增长，是因为留存了本应派发给股东的红利。如果这些用于再投资的留存收益可以产生高于市场平均收益的回报，那么留存收益显然是明智的；但若是回报率比市场的平均收益率低，那么股东就会蒙受损失。许多公司经理明知回报率低，但还喜欢留存收益，因为公司的业绩毕竟还是增长了，这样他们手中的股票期权的价值就会提高，这等于是拿股东的钱为自己牟利。

1999 年对伯克希尔来说是不如意的一年，其每股的账面价值增长率创下 35 年来的新低——仅为 0.5%。巴菲特在 1999 年度的年报中开篇便说，即使是乌龙侦探克鲁索(已故英国影星彼得·塞勒扮演的法国低能侦探)，也能看出你们的董事长有罪。他还说自己在 1999 年的资产配置成绩只能得个“D”。

伯克希尔业绩不佳的主要原因是它投资的几家大公司在 1999 年的二级市场表现极糟：可口可乐下跌 30.7%，吉列下跌 34.1%，联邦家庭抵押贷款公司下跌 41%，以及通用再保险公司下跌 50%。幸好，伯克希尔并非由于它们是所谓“旧经济”股，而是因为公司的业绩大幅下滑。

说到“旧经济”公司，就必然要提到所谓以信息技术（尤其是网络技术）为代表的“新经济”公司。有人认为巴菲特的投资传奇在“新经济”下早已退色，而他的那些投资理念早该扔到废纸堆里去了，但我认为事情正相反。

一个投资者需要的是正确估价挑选过的公司的能力。注意这个词——“挑选过的”：你不必成为每一家公司，或者许多公司的专家，你只需要能够估价在你能力范围内的公司。

首先，信息技术对人类社会的影响，犹如蒸汽机对人类社会的影响，这场革命触及社会生活的各个方面。因此，并非直接从事信息技术的公司才能享受革命的硕果。“旧经济”公司也能利用信息技术降低成本，提高竞争力以及赢利能力，比如柯达公司利用信息技术简化原材料采购环节，结果在产品的售价不变的情况下进一步提高了公司的赢利水平。

其次，巴菲特在《巴菲特：从100元到160亿》一书中表述的投资理念是一种基础理念（好比法律中的宪法），新技术革命只会使这种理念不断升华。凭借信息技术的进步，我们也许可以建立一套基于低轨道卫星的高速无线因特网接入系统，这样就可以通过手持式上网设备与身处地球上任何角落的人联络，但这终究代替不了人与人面对面的接触。这个道理在投资界中也适用。最基本的东西无法取代。

坚持自己的原则（不是因循守旧）是件很不容易的事。我记得著名投资学家威廉·江恩曾经说过，许多人在成功之后就全然忘却了自己在走向成功时所遵循的原则，结果遭到了惨败。让我们设想一下，如果巴菲特把手中原先持有的“旧经济”股全部抛掉，转而投入到泡沫遮天蔽日的网络股中，那结局会是什么样子？我不敢肯定巴菲特能从中大赚一票，但我可以肯定那时的巴菲特已经不再是巴菲特了。也许这就是为什么当有人问及巴菲特对网络股的看法时，他总是回答：“没智慧的人有解释，不解释的人有智慧。”（陈　鑫）

要成功地投资，你不需要了解贝塔值、有效市场理论、现代投资组合理论、期权定价，或者新兴市场。实际上，你最好对此一无所知。

上帝是不掷骰子的

“要紧的是了解上帝到底在想什么，其余都不过琐屑细事而已。”“上帝是不掷骰子的。”爱因斯坦的这两句名言，想来连高中生都耳熟能详。在探索如何摆脱风险掌握自己未来的奋斗中，人们从这种信念中获取了巨大的动力。

1995年底，巴菲特在华尔街声誉日隆，但在国内却鲜有知者。如今，巴菲特先生在国内已俨然投资圣手。巴菲特先生无疑是最成功的投资家，他所主持的伯克希尔·哈撒韦基金（其个人持股40%以上），在34年前初创时每股43美元，但到了1999年3月曾突破过8万美元，而且股票的波动，又低于市场平均值，这在证券业界可说是绝无仅有。巴菲特的这个业绩大相径庭于现代投资理论，他又是怎样“掷骰子”的呢？

首先，就像巴菲特自己在《巴菲特：从100元到160亿》一书中所说，他买的就是企业，有时整个买下（并购），有时则买一个小份额（参股）。在这个意义上，他实际是个企业家。所不同的是，他买了之后就完全放手，交由能干的人员去经营管理。

作为投资人，他的风格也卓尔不群：把几亿资金投放在总数不超过十只，而且集中在其中三四只的股票上面。因此他又得以坐进董事席，而他的认真监控的确也成为该企业规范和效率经营的铁券丹书。他的这种董事权威在所罗门兄弟基金发生麻烦重整时曾表露无遗。

巴菲特的成功得力于准确核定他所购买的股票和企业的价值的方法。巴菲特的底蕴奥妙如何，是人人都极欲了解的。可是巴菲特坦言，这是他的看家本事，恕不相告。然而在其他方面巴菲特的过人之处却如此地显而易见，我们至少是可以景仰的。

在《巴菲特：从100元到160亿》一书中巴菲特再三重申他的原则，无论是买股票还是买企业，投资对象必须是投资者能够了解其业务的、有发展远景的、由诚实能干的人在经营的，还有价格是非常好的。我们眼下的股市，真是鱼龙混杂，股评人每每以金庸小说式的感性语言来蛊惑鼓噪，而券商们也往来折冲，上下其手，股民稍一不慎，便易入其彀，故而巴菲特的平实话语就显得特别有价值。

或许国内的经理们会说，巴菲特所讲的不就是这么一点儿吗，有何深奥之处呢？这里也不妨借用巴菲特的话来提醒一下。巴菲特告诫到，世上绝大多数的经理都是只讲不做，所以到头来成绩不大。读了《巴菲特：从100元到160亿》这本书之后，我们若能将他的建议实践一二，想来是会有所得的。（孙　涤）

作者生平

沃伦·巴菲特于1930年8月30日出生于美国内布拉斯加州的奥马哈市，1947年进入宾夕法尼亚大学沃顿商学院攻读财务和商业管理。由于他觉得教授们的空头理论不过瘾，两年后便不辞而别，辗转考入哥伦比亚大学金融系，成了著名投资专家本杰明·格雷厄姆的弟子，拿到硕士学位之后即在格雷厄姆的投资公司里工作，尽得格雷厄姆真传。1956年格雷厄姆退休后，巴菲特回到家乡后从亲戚朋友那儿凑了10万美元，成立了合伙公司。在1962至1966年的5年中，巴菲特公司的业绩高出了道琼斯工业指数20～47个百分点，而巴菲特本人也获得《奥马哈先驱报》“成功的投资业经营人”的名号。20世纪70年代初，股市开始动荡时，巴菲特新建了伯克希尔·哈撒韦公司，并使它在几年之内成为可口可乐、吉列、《华盛顿邮报》等众多美国知名企业的主要股东。伯克希尔·哈撒韦公司26年的平均投资回报率高达23.5%，到1994年末，巴菲特的个人资产也凭此增加到160亿美元。巴菲特目前健康状况很好，暂时也没有“金盆洗手”的打算。据说，由于他身价太高，一旦有事，一些股票就可能发生暴跌。

◆中国美学经典著作

◆美学入门必读书

◆引导读者步入美的殿堂的经典之作

《美的历程》

若想在短时间内大致全面了解中国古代艺术，《美的历程》是一部适合的读物；若想得到美的熏陶，《美的历程》更是一部很好的读物。任何一个爱美的中国人，任何一个热爱中国艺术的人，都应该读这部书。

《美的历程》是一部小书，篇幅不过十几万字。《美的历程》又是一部大书，它考察了从远古图腾到明清绘画、工艺达数千年华夏民族的艺术发展。这部中国美学论著中极有价值的著作，从文化审美心理学的角度重审了艺术和意识形态的关系以及互相的作用和反作用。它探索了艺术风格变异的深层原因以及知识分子在社会变迁中的角色类型。作者李泽厚从“自然的人化”的观念出发，提倡“人类学历史本体论”之说，创立宏观理论体系，结构严密、气势恢弘，不但回应了现时流行的中外各美学流派，而且从哲学高度，以主体的实践和积淀，统一社会与自然，探讨美与人的本体存在、美感与心理情感的“数学方程式”、艺术产品与艺术作品、“后现代”等问题，提出美学与人类命运关联的前景。读之使人神驰千年，遨游于历史的长河中，不断领略一个又一个时代的艺术精神，捕捉到华夏民族美的足迹。

《美的历程》全书共分 10 章，每一章评述一个重要时期的艺术风格或某一艺术门类的发展。它并不是一部一般意义上的艺术史著作，重点不在于具体艺术作品的细部赏析，而是以人类学本体论的美学观把审美、艺术与整个历史进程有机地联系起来，点面结合，揭示出各种社会因素对于审美和艺术的作用和影响，对中国古典文艺的发展作出了概括的分析与说明。该书见解精到、文字简洁，不仅专业研究者可以把它作为必不可少的参考书，而且一般的读者读来也会饶有兴味。因此本书自出版以来，风行一时，数次再版，并曾被列为青少年必读书目，引导了一批又一批的读者步入美的殿堂。

评《美的历程》

中国现代美学著作《美的历程》是由哲学家、美学家李泽厚先生撰写的，作为对我国古代文学艺术研究的美学纲领，全书共分为十个章节。

第一章为“龙飞凤舞”，论述了远古图腾、原始歌舞、陶器图案三方面的内容，研究了远古时代原始的审美意识。作者认为图腾歌舞分化为诗、歌、舞、乐和神话传说，各自在以后取得了独立的性格和不同的发展道路。

第二章为“青铜饕餮”，论述了青铜时代狞厉的美、线的艺术，以及艺术从巫术和宗教的笼罩下的解放，青铜礼器逐渐从祭祀风格中解体从而接近了现实生活面貌。

第三章为“先秦理性精神”，论述了儒道互补，赋比兴原则，以及体现实践理性精神的建筑艺术三个问题。其中最重要的观点是儒道互补，作者认为从表面上看来，儒道是离异而对立的。一个入世，一个出世；一个乐观进取，一个消极退避。但实际上它们刚好相互补充而协调，因为“兼济天下”和“独善其身”经常是后世士大夫的互补人生道路，而“身在江湖”和“心存魏阙”也成为中国历代知识分子的常规心理及其艺术意念。而且，庄子尽管避弃现世，却并不否定生命，更是对自然生命抱有尊重和珍惜的态度，所以，作者认为老庄道家是孔学儒家的对立的补充者。两者在艺术上的关系也是结合为一体的，儒家体现了艺术为政治服务的实用功利，道家则体现了人与外部对象的超功利的审美关系。

第四章为“楚汉浪漫主义”，论述了屈原离骚传统，汉代神话与历史以及与现实的“琳琅满目的世界”，以及汉代艺术的“气势与古拙”的基本美学风貌。

第五章为“魏晋风度”，论述了人的主题，文的自觉，阮籍与陶潜的三方面问题。作者认为魏晋在中国历史上是一个重大变化时期，是中国前期封建社会的正式揭幕。这种社会变迁使得烦琐迂腐的两汉经学垮台，代之新的世界观人生观，也就是人文的觉醒。作者认为《古诗十九首》里的“生年不满百，常怀千岁忧”或“人生寄一世，奄忽若飘尘”等音调都抒发了一种对生命短促人生无常的悲伤和沉郁。人的觉醒即是人的主题的重要审美体现。

第六章为“佛陀世容”，分为悲惨世界、虚幻颂歌和走向世俗三小节，论述了宗教

美作为感性与理性，形式与内容，真与善、合规律性与合目的性的统一，是人类历史的伟大成果。

艺术逐渐从悲的精神走向中国百姓的人情世态大团圆，宗教体现在壁画上的世俗化的审美方式等问题。

第七章是“盛唐之音”，分为青春李白、音乐性的美、杜诗颜字韩文这三个小节。作者认为盛唐艺术在李白的诗歌上奏出了最强音。李白诗歌不仅仅是描写青春、江山、边塞，而且是笑傲王侯，蔑视世俗，纵论人生。李白诗歌集中体现了盛唐巅峰知识分子的无所拘束的心态，达到了中国古代浪漫文学成就的顶峰。

第八章为“韵外之致”，论述了规范化、格律化的中唐文艺，审美内容和审美形式的内在矛盾，以及苏轼的影响。

第九章为“宋元山水意境”，论述了宋元山水画的从无我之境、细节忠实和诗意追求，以及到有我之境的美学问题。作者认为北宋山水画给予人们的审美感受宽泛，丰满而不确定，有一种“可游可居”的自然与生活的关系。

第十章为“明清文艺思潮”，论述了市民文艺、浪漫洪流、从感伤文学到《红楼梦》、绘画与工艺这四个问题。作者认为这个时期的戏曲小说所传达的社会意义是史无前例的，其大胆揭露社会矛盾，体现人世悲苦的关怀，以及艺术形式的多样性，哲学思想的涌现都是极为重要的。浪漫主义变易为一种像《桃花扇》、《长生殿》和《聊斋志异》那样的感伤文学，而《儒林外史》则成为批判现实主义的代表作。因此，明清文学所体现的世态人情，悲欢离合是中国古代文艺史上最为综合和深刻的时期。

以上这十章内容就是李泽厚先生《美的历程》的大致脉络和基本内容。《美的历程》不仅在李泽厚先生的各种著述中，而且在中国美学论著中都是极有价值的一本著作。李泽厚先生重视研究艺术作品中“人”的问题，对于主体和人文现象的尊重，对于历史和社会心理积淀的研究，是目前研究中国文学艺术史以及思想哲学史的极其重要的研究方法，也是新时期中国美学研究以及文艺理论的重要突破之一。（郭小橹）

作者生平

李泽厚，湖南长沙人，1954 年毕业于北京大学哲学系，此后长期在中国社会科学院哲学研究所从事研究工作。李泽厚年少成名，当他还是个二十几岁的青年的时候，就参加了当时全国性的美学问题论战，以其重实践、尚“人化”的“客观性与社全性相统一”的美学观脱颖而出，卓成一家，奠定了其在中国美学界的重要地位。进入新时期之后，他不断拓展和深化其学术探索，在美学、哲学和思想史研究诸方面，迭出新作，对于美学、哲学、文学和文化诸领域都产生了较大的影响，直接或间接地引发了新时期的美学、文学理论的更新与突破，其人其作已成为当代中国思想文化界引人瞩目的现象之一。1988 年当选为巴黎国际哲学院院士，1998 年获美国科罗拉多学院人文学荣誉博士学位。著有《批判哲学的批判——康德述评》、《我的哲学提纲》、《中国 < 古代、近代、现代 > 思想史论》、《美学论集》、《美的历程》、《华夏美学》、《美学四讲》等书。

◆现代文学十大经典之一

◆美国文学史上的青春读本

◆当代美国文学中最早出现的反英雄形象

《麦田里的守望者》

在世界文学宝库中，有这样一批传世的不朽巨著。它们以振聋发聩的声音，全面质疑时代的价值标准，曾经批判了一个时代，震撼了一个时代，颠覆了一个时代，《麦田里的守望者》就是这样的一部作品。

塞林格作品的杀伤力在当代世界文学中堪称无与伦比，几十年来，这位天才每天躲在一间仅有一扇天窗的斗室内写作。他的住所外筑高墙，布满铁丝网，所有手稿均存放于“一间屋子大小的保险库”里。他的特立独行，令无数热心读者、仰慕者和记者们绞尽脑汁，却一筹莫展。这位花了将近半个世纪逃避世俗追逐的人，不久前再次成为新闻人物：当索斯比拍卖行准备拍卖塞林格三十年前写给情人乔伊丝·梅纳德的 14 封情书之际，买主彼得·诺顿，一位来自加利福尼亚州的退休电脑软件工程师深深了解塞林格维护隐私的心愿，不惜以 15.65 万美元的天价购下书信并如数奉还作者。塞林格在世人的心目中如同一个谜，而他的《麦田里的守望者》小说最初问世，立即引起轰动，特别受到大中学生的热烈欢迎，甚至在 20 世纪 60 年代初期，一些学者只要跟美国学生一谈到文学，他们就马上提出了《麦田里的守望者》。

《麦田里的守望者》被《时代》周刊称为现代文学十大经典之一，小说以细腻的笔触描写了一个中产阶级子弟苦闷、彷徨的精神世界，真实地揭露了资本主义社会精神文明的实质。英国《卫报》曾根据书店销量研究公司的资料，列出英国人最喜爱的 20 世纪 20 本经典小说，荣登榜首的是《麦田里的守望者》，这是一本可以让人一口气读完而掩卷沉思的书。经过从第二次世界大战结束到今天的当代美国文学界的评判和历史的淘洗，《麦田里的守望者》虽然只有十几万字，它却在美国社会和文学界产生了巨大影响，已毫无争议地成为了现代美国文学乃至世界文学的经典。

最具争议性的“现代经典”

《麦田里的守望者》出版后引起极大争议，在战后美国文学中，被视为最具争议性的“现代经典”之一。有人认为它可使青少年增加对生活的了解认识，认清现实社会中的丑恶现象，从而使他们能选择一条自爱的道路，同时也可以增进老师、家长们对青少年的理解，从而更好地关心他们的成长，因此许多学校将其列为必读书目；相反，有人则认为这是一本坏书，会给广大青少年造成不良的影响，因此另一些学校则明令禁读。虽然双方各执己见，然而五十多年过去了，这本书已经风行全世界，时间证明，《麦田里的守望者》不愧为美国文学中的“现代经典小说”，在青少年中的影响尤为深广，是美国几代青少年极为珍爱的读物。其初版已成为收藏珍品。而几乎成为“玩世不恭”代名词的主人公霍尔顿亦成为美国乃至世界文学宝库中的经典形象之一。

小说以一个青年的口吻叙述了自己的言行见闻，不仅让人读来亲切感人而且真实。小说的主人公霍尔顿是一个内心充满矛盾的青少年。作者便以这个青少年的眼光批判成人世界，以细腻深刻的笔法剖析了主人公的复杂心理，不仅抓住了青少年的心理特点来表现主人公的性格，而且也抓住了他的理想与现实相冲突这一心理加以分析，从而霍尔顿这个反叛者的形象变得生动立体起来。

霍尔顿是出身于富裕中产阶级家庭的十六岁少年，在第四次被开除出学校之后，他不敢回家，只身在美国最繁华的纽约城游荡了一天两夜，住小客店，逛夜总会，滥交女友，酗酒……他看到了资本主义社会的种种丑恶，接触了各式各样的人物。霍尔顿这个形象具有鲜明的时代特征，是美国20世纪50年代众多反叛英雄的典型代表，然而霍尔顿的反叛没有任何功利目的，是一种出于其自身本能与自发的反叛，是为了维护其本性、抵制世俗虚伪侵蚀而进行的一种反叛。在霍尔顿看来，他所生活的世界里只有妹妹那样单纯而又自由自在的孩子才值得羡慕，而成人社会里全是“假仁假义的伪君子”，没有一个人值得信任。

霍尔顿几乎看不惯周围发生的一切，他甚至想逃离这个现实世界，到穷乡僻壤去假装一个又聋又哑的人，但要真正这样做，又是不可能的，结果他只能生活在矛盾之中：他这辈子最痛恨电影，但百无聊赖中又不得不在电影院里消磨时间。他讨厌虚荣庸俗的

我的职务是在那儿守望，要是有哪个孩子往悬崖边奔来，我就把他捉住——我是说孩子们都在狂奔，也不知道自己是在往哪儿跑，我得从什么地方出来，把他们捉住。

女友萨丽，却又迷恋她。因此，他尽管看不惯世道，却只好苦闷、彷徨，用种种不切实际的幻想安慰自己，自欺欺人，最后仍不免对现实社会妥协，这可以说是作者塞林格和他笔下人物霍尔顿的悲剧所在。

读《麦田里的守望者》这部小说时，你会有种酣畅淋漓的快感，因为故事风趣、生动，每每有恶作剧发生。伴之以我们不常说出口而常在心里骂着的粗俗俚语，读者也仿佛把胸中的郁闷一吐为快了。这也是这部小说一经问世便一版再版、轰动全世界的一个原因。（佚　名）

一个不成熟的男子的标志是他愿意为某种事业英勇地死去，一个成熟男子的标志是他愿意为某种事业卑贱地活着。

谁在麦田守望

《麦田里的守望者》是塞林格唯一的一部长篇小说，虽然只有十几万字，但它却在美国社会和文学界产生过巨大影响。1951年，这部小说一问世，立即引起轰动。主人公的经历和思想在青少年中引起强烈共鸣，受到读者，特别是大中学生的热烈欢迎。他们纷纷模仿主人公霍尔顿的装束打扮，讲“霍尔顿式”的语言，因为这部小说道出了他们的心声，反映了他们的理想、苦闷和愿望。家长们和文学界也对这本书展开了争论。有人认为它能使青少年增加对生活的认识，对丑恶的现实提高警惕，促使他们去选择一条自爱的道路；成年人通过这本书也可增进对青少年的理解。可是也有人认为这是一本坏书，主人公读书不用功，还抽烟、酗酒，搞女人，满口粗话，张口就“他妈的”，因此应该禁止。经过时间的检验，证明它不愧为美国当代文学中的“现代经典小说”之一。现在大多数中学和高等学校已把它列为必读的课外读物，正如有的评论家所说，它“几乎大大影响了好几代美国青年”。

本书以主人公霍尔顿自述的语气讲述自己被学校开除后在纽约城游荡将近两昼夜的经历和心灵感受。它不仅生动细致地描绘了一个不安于现状的中产阶级子弟的苦闷彷徨、孤独愤世的精神世界，一个青春期少年矛盾百出的心理特征，也批判了成人社会的虚伪和做作。霍尔顿是个性格复杂而又矛盾的青少年的典型。他有一颗纯洁善良、追求美好生活和崇高理想的童心，他对那些热衷于谈女人和酒的人十分反感，对校长的虚伪势利非常厌恶，看到墙上的下流字眼便愤愤擦去，遇到修女为受难者募捐就慷慨解囊。他对妹妹真诚爱护，百般照顾。为了保护孩子，不让他们掉下悬崖，他还渴望终生做一个“麦田里的守望者”，发出“救救孩子”的呼声。可是，愤世嫉俗思想引起的消极反抗，还有那敏感、好奇、焦躁、不安，想发泄、易冲动的青春期心理，又使得他不肯读书，不求上进，追求刺激，玩世不恭，他抽烟、酗酒、打架、调情，甚至找妓女。他觉得老师、父母让他读书上进，无非是要他“出人头地……以便将来可以买辆混账凯迪拉克”。他认为成人社会里没有一个人可信，全是“假仁假义的伪君子”，连他敬佩的唯一的一位老师，后来也被发现可能是个同性恋者，而且还用“一个不成熟男子的标志是他愿意为某种事业英勇地死去，一个成熟男子的标志是他愿意为某种事业卑贱地活着”那一套来教导他。他看不惯现实社会中的那种世态人情，他渴望的是朴实和真诚，但遇到的全是虚伪和欺骗，而他又无力改变这种现状，只好苦闷、彷徨、放纵，最后甚至想逃离这个现实世界，到穷乡僻壤去装成一个又聋又哑的人……

《麦田里的守望者》之所以能产生如此大的影响，很重要的一点还在于作者创造了一种新颖的艺术风格。全书通过第一人称，以一个青少年的口吻叙述了自己的所思所想、所见所闻和行为举止，也以一个青少年的眼光批判了成人世界的虚伪面目和欺骗行径。作者以细腻深刻的笔法剖析了主人公的复杂心理，不仅抓住了他的理想与现实冲突这一心理加以分析，而且也紧紧抓住了青少年青春期的心理特点来表现主人公的善良纯真和荒唐放纵。小说中既用了“生活流”，也用了“意识流”，两者得到了巧妙的结合。在语言的运用上，本书也独具一格。全书用青少年的口吻平铺直叙，不避琐碎，不讳隐私，使用了大量的口语和俚语，生动活泼，平易近人，达到了如闻其声、如见其人的效果，增加了作品的感染力，更能引起读者的共鸣和思索。（宋兆霖）

作者生平

美国小说家杰罗姆·大卫·塞林格1919年1月1日生于美国纽约市，15岁时进入宾夕法尼亚州一所军事学校就读，1936年毕业，1937年去波兰学做火腿，不久回国继续读书，先后进了三所学院都未毕业。1942年从军，经过一年多专门训练后，被派赴欧洲做反间谍工作。1946年复员回到纽约，专门从事写作。早在军校读书时，塞林格就练习写作。1940年发表处女作，到1951年出版长篇小说《麦田里的守望者》为止，十多年中曾发表短篇小说二十多篇。《麦田里的守望者》出版后，塞林格一举成名。此后他隐居新罕布什尔州一乡间小屋中，外筑高墙，离群索居，成为著名的遁世作家。从《麦田里的守望者》出版后，他写作的进度越来越慢，十年只出版了三个中篇和一个短篇，后来甚至不再发表作品。偶尔有幸见过他的人透露说，他脸上已“显出衰老的痕迹”。他业已完成的作品据说数量也很可观，只是他不肯拿出来发表。不少出版商都在打他的主意，甚至在计划等他死后去取得他全部著作的出版权。

◆东西方民间文学的精华
◆影响人类文化的 100 本书之一
◆世界上最古老的寓言集

《伊索寓言》

美国诗人华伦说："世界是寓言，我们就是寓意。"如果你有兴趣去阅读世界上那些精美的寓言，确实可以找到许多生活的答案。古希腊寓言对后世影响最大，而《伊索寓言》则是古希腊寓言中的一颗明珠。

寓言是一种民间文学体裁，它用简短篇幅的故事寄寓道理、思想或经验，给人以教诲。作为世界上最古老的寓言集，《伊索寓言》篇幅短小，形式不拘泥，浅显的小故事中常常闪耀出智慧的光芒，爆发出机智的火花，蕴涵着深刻的寓意，被誉为西方寓言的始祖。它的出现，奠定了寓言作为一种文学体裁的基石。两千多年来，《伊索寓言》在欧洲文学发展史上产生过极其深远而广泛的影响，一再成为后世寓言创作的蓝本。如拉封丹的《龟兔赛跑》、克雷洛夫的《狐狸和葡萄》等都直接采用《伊索寓言》中的题材，经过艺术加工而成。在古希腊历史学家希罗多德、戏剧家阿里斯托芬、哲学家柏拉图和亚里士多德的作品中，都曾提到过伊索。阿里斯托芬的喜剧中甚至把"没有研究过伊索"当做是"无知和孤陋寡闻"；柏拉图还记述了苏格拉底在被宣判死刑后，在监牢里把《伊索寓言》改写成诗加以吟诵。《伊索寓言》中的许多名篇早已成为世界各国中小学校的教材，也是各国政治家、评论家和文学家加以引用的警世恒言。马克思、恩格斯、列宁的著作都引用过《伊索寓言》中的语言，大文学家莎士比亚也引用过该书中的情节。

《伊索寓言》不但受到读者的喜爱，在文学史上也具有重大影响，作家、诗人、哲学家、寻常百姓都从中得到过启发和乐趣。《龟兔赛跑》、《狼来了》、《狐狸和葡萄》等许多故事真可以说是家喻户晓。几千年后的今天，《伊索寓言》已成为西方寓言文学的范本，一直深受世界各国人民的喜爱，其流传之广，堪与《圣经》相比。

世界上最美丽的寓言

《伊索寓言》是古希腊口头留传的民间文学，通俗易懂，文字洗练，主题集中，容易记忆，它早已超越地区的界限而成为世界文学的瑰宝，为世界各国人民所喜爱。

《伊索寓言》的内容非常丰富，寓言中的角色大多是拟人化的动物，它们的行为举止都是人的方式，作者借它们形象地说出某种思想、道德意识或生活经验，使读者得到相应的启示。有的用豺狼、狮子等比喻人间权贵，揭露其残暴、肆虐的一面；有的则总结人们的生活经验，教人以处世原则。其形式简洁精练，内容隽永深奥，含意于浅显生动的语言中，颇耐人寻味。拟人化不仅使形象生动，而且可起到使故事紧凑的事半功倍的艺术效果，比如兔子跑得快，乌龟爬得慢，这些道理不用作者叙述说明，作者只要描述主要情节，寄寓于故事的深刻道理就和盘托出了。还因为《伊索寓言》中的许多故事都是内容与艺术完美统一，它们至今还在文学艺术创作和人们生活中有着重要的影响。《伊索寓言》通过简短的小寓言故事来体现日常生活中那些不为我们察觉的真理，这些小故事各具魅力，言简意赅，平易近人。由于拟人化，一些动物在长期流传中形成了典型形象的特征，如狐狸的狡猾、狼的凶残、驴的愚蠢、兔子的胆怯等。这些特征被广泛用来讽喻人类的行为，达到了入木三分的艺术效果。

结构紧凑，语言精练，形象生动是优秀寓言文本的主要艺术特征，这也是《伊索寓言》一书吸引读者的重要特征。比如《农夫和蛇》、《狼和小羊》都是短短几百字，却构建了结构紧凑的完整故事；而《狐狸和葡萄》只用了几十字，就勾勒了一幅自我解嘲的画面。

《伊索寓言》绝大部分是关于做人的道德、准则方面的小故事，有许多篇章宣扬诚实友谊之可贵，像《野山羊和牧人》、《行人和熊》、《鹿和狮子》、《狮子和海豚》都是这方面的代表作。对于叛卖者，寓言给予了严厉谴责，《穴鸟和大鸦》、《捕鸟人和山鸡》对出卖同胞、出卖祖国的行为作了辛辣的嘲讽。寓言中对狐假虎威、狗仗人势者的丑态有十分生动的描写：有个人把神像放在驴背上，赶着驴进城，路上遇见的人都对神像顶礼膜拜。驴以为大家是拜它，就高兴得欢呼起来，再也不肯继续前进。赶驴人明白

华文精选

有条蛇常被人们践踏，便跑去向宙斯告状。宙斯对它说："你若咬了第一个践踏你的人，就不会再有第二个敢这样做的人了。"这个故事说明，抵抗住第一个侵略者，其他的侵略者就会望而生畏，不敢来犯。

了是怎么回事，就用棍子打它，骂道："坏东西，人们拜倒在驴面前的时候还早着呢!"

我国成语"狐假虎威"是以狐狸为反面角色，《伊索寓言》中狡猾的狐狸被赋予揭穿"驴假狮威"的使命，这也是很有趣的。书中有几篇关于父母教育孩子的寓言，其一是《农夫和他的孩子们》：农夫临终时，想让他的孩子们懂得怎样种地，就把他们叫到跟前，说道："孩子们，葡萄园里有个地方埋藏着财宝……"农夫死后，孩子们用犁和鹤嘴锄把土地都翻了一遍。他们没有找到财宝，可是葡萄却给他们带来几倍的收成。另一篇是《两只狗》：一个人养了两只狗，一只看家，一只打猎，猎狗对看家狗不劳动而享受同样一份猎物很生气，看家狗说："去责备主人吧!是他让我不劳而获的。"《小偷和他的母亲》：一个小偷在母亲的纵容下从小偷发展到大偷，最后落网被判死刑，临刑前，小偷说他想和母亲贴耳说几句话，小偷一下子咬住母亲的耳朵，并使劲地把母亲的耳朵咬了下来。母亲骂他不孝，犯罪还不够，还使母亲残疾。小偷回答说："当初我偷写字板交给你时，如果你能教训我一顿，我现在就不会落到被处死的地步了!"

《伊索寓言》文字简练，常用最少的文字，表达出十分深刻的含意，真用得上"力透纸背"做评语。如《狮子和狐狸》篇写道：狐狸讥笑母狮每胎只生一只狮崽。母狮回答说："然而是狮子!"寥寥二十余字，把本质刻画得多么深透。这不禁令人想起列宁针对攻击德国女革命家罗莎·卢森堡的鼓噪而发表的著名评论："卢森堡虽然犯了一些错误，但她不是一只鸡，始终是一只鹰。"不知列宁的比喻是不是从《伊索寓言》中得到的启发。（佚　名）

有只生病的鹿躺在草地上。众多野兽前去看望它，并吃光了那附近的草。鹿病好后，因找不到草，缺少食物而体弱致死。这故事是说，过多地结交毫无益处的朋友是有害无益的。

东西方民间文学的精华

寓言本是一种民间口头创作，反映的主要是人们的生活智慧，包括社会活动、生产劳动和日常生活等方面的内容。现传的《伊索寓言》根据各种传世抄本编撰而成，包括寓言三百多则，其中有些寓言脍炙人口。

作为人们生活体会和经验的结晶，《伊索寓言》不仅寓意深刻，而且艺术处理也很成功。《伊索寓言》的故事一般都比较短小，结构也比较简单，但形象鲜明、生动，语言自然、深刻。《伊索寓言》中除少数寓言以人为主要角色外，绝大部分是动物寓言，通过把动物拟人化，来表达作者的某种思想。这些动物故事无疑是虚构的，然而又很自然、逼真。需要指出的是，《伊索寓言》中的动物除了有些动物外，一般尚无固定的性格特征，例如狐狸、狼等，有时被赋予反面性格，有时则受到肯定。这与后代寓言形成的基本定型的性格特征是不一样的。

《伊索寓言》曾对其后的欧洲寓言发展产生重大影响。公元1世纪的古罗马作家费德鲁斯直接继承了伊索寓言传统，借用了《伊索寓言》中的许多故事，并称自己的寓言是“伊索式寓言”。公元2世纪的希腊寓言作家巴布里乌斯则更多地采用了《伊索寓言》故事。这种传统为晚期古希腊罗马寓言创作所继承。文艺复兴以后，对《伊索寓言》抄稿的重新整理和发行极大地促进了欧洲寓言创作的发展，先后出现了不少出色的寓言作家，如法国的拉封丹、德国的莱辛、俄国的克雷洛夫等。

随着“西学东渐”，《伊索寓言》在明朝传入我国。第一个来我国的西方传教士利玛窦在中国生活期间撰《畸人十篇》(1608年)，其中便介绍过伊索，对伊索寓言作过称引。他之后的传教士庞迪我也在《七克大全》(1614年)中介绍、引用过《伊索寓言》。我国第一个《伊索寓言》译本是1625年西安刊印的《况义》。在清代之后，更出现了许多种《伊索寓言》译本。上述情况表明《伊索寓言》在我国流传之久，它至今仍令人喜闻乐见，爱不释手。（王焕生）

作者生平

《伊索寓言》原书名为《埃索波斯故事集成》，是古希腊民间流传的讽喻故事，经后人加工，成为现在流传的《伊索寓言》。相传其中故事是一名埃塞俄比亚黑人奴隶所做，“伊索”即是“埃塞俄”的谐音。从作品来看，全书时间跨度大，各篇的倾向也不完全一样，据推测不是一人一时之作，可以看做是古希腊人在相当长的历史时期内的集体创作。伊索，可能是其中的一位重要作者。

根据古希腊历史学家希罗多德的记述和一些其他作家提供的材料，伊索可能是公元前6世纪人，出生于小亚西亚的弗里吉亚，在一个名叫克珊托斯的主人家为奴。据说，伊索小时候不会说话，长得又矮又丑，邻居都认为他是个疯子，但是他的母亲非常爱他，时常讲故事给他听。母亲去世后，伊索跟着一个牧羊人离家到各地去漫游，听到了许多有关鸟类、昆虫和动物的故事，他默默地记在心里。后来伊索被牧羊人卖了，成了雅德蒙家族的一个奴隶。有一天，伊索梦见了幸运之神和气地向他微笑，并把手指放进他的嘴里，放松他的舌头。醒来后，他意外地发现自己已经可以说话了，之后他开始滔滔不绝地讲述他所听到的各种故事。当主人家遇到危难时，伊索靠着机智救主人于危难中，避免受到敌人的伤害。主人感谢他，让他成为了一个自由人。后来伊索来到吕底亚，受到国王克洛索斯的赏识，在出使特尔斐时因不小心得罪了当地人而被杀害。

◆荣获意大利格林扎纳·卡弗文学奖
◆荣获香港《博益》15本好书奖
◆《台湾时报》10本好书奖

60

《活　着》

余华是以“先锋文学”登上文坛的，当时他的小说显得残酷、冷漠、诡谲，如《鲜血梅花》，如《河边的错误》，如《在细雨中呼喊》。后来，余华认为应该改变一下自己了，这种改变的标志就是他的《活着》。

从来没有人把一个中国人的生活写得如此真实，在不动声色之处催人泪下。《活着》一问世，就受到了评论界的高度赞扬，在余华“对人生的阴暗与冷酷极力铺陈下”，生活成了生与死的流水账。小说讲述了一个平常而深刻的故事，讲述了一个人和他的命运，讲述了一个人忍受各种灾难活下去的勇气，讲述了一个特定的年代里中国人是怎么活过来的，讲述了苦难的价值与人的伟大。这是一部浓缩的一个人的历史，也是一部浓缩的人类的历史，它教会我们透过泪水去观察微笑，通过苦难去体会生存的乐趣，而我们也将因为走近这本书而走近我们自己，走近一个作家幽深的心灵世界。

《活着》这部小说讲述了一个关于活着的信念，秉承了中国人重“生”的观念，这是具有中国意味的小说，淳朴却极具震撼力。其乡土风味极浓，但是其所包含的深意就像老农脸上的皱纹刻在皮肤里一样刻在文章的字里行间。余华是先锋色彩很浓厚的小说家，但这部小说一点儿也不难读，它是一部现实主义的小说，又没有一般现实主义小说的琐屑和繁冗，它不会造成你阅读的任何障碍，你也许能一口气把它读完。这完全是一部写给普通人看的小说，无论生死，也都只是普通人的，通过这部小说，我们可以看到中国大地上千千万万这样平凡的百姓，都是这样为了“活”而活得如此辉煌！

读一读《活着》吧！你也许不能读懂它全部的含意，但你至少能读懂它的人物和故事；你也许不能读出多少哲学意蕴，但有一点完全可以肯定，读过之后，你会对人生有一个新的甚至是全新的认识。

活着的骄傲和哀伤

应该说早在1994年就有了对《活着》的第一次阅读和随之而来的关于泪水的记忆。这种感受是真实的，尽管在随后几年的几次重读中，我已经越来越理性地看待这部作品：熟知小说的每一个细节，并不再愿意仅仅顺着情节的发展去阅读和思考。但令人尴尬的是我发现自己依然无法说清这样一个问题——活着究竟意味着什么？

或许面对真正优秀的作品，任何解释和转述的企图都显得多余。或许对一个读者来说，有时候需要的只是默默地阅读，默默地咀嚼和理解。就像理解生命本身，理解什么是丑恶和美好，什么是梦想和缺憾，什么是挣扎和宿命。正如作家余华在《活着》的韩文版的前言中写道："作为一个词语，活着在我们中国的语言里充满了力量。"凭着只言片语的新书简介，我曾武断地将这种力量理解为坚忍的内核、绝望中的希望，或是汗泪交织中紧攥的拳头。我天真地以为由此我将理解整部作品，但事实告诉我并非如此。《活着》要传递给我们的远不止这些，在人世的沧桑和苦难面前，余华的路走得更远，而"活着"本身则显得更加意味深长。

小说贯穿的是一位孤独老人对自己大半生的追忆，时间跨度从抗战结束后的20世纪40年代到文革后的20世纪80年代。小说的前半部，老福贵回忆了自己年轻时作为阔少在妓院与赌场中出入的浪荡生活。如何最终输光家产，气死当地主的老爹。翻然醒悟后，又如何一心老实做人，勤恳务农。不久后又如何被屈辱地抓做壮丁，在前线的炮火中胆战心惊，为捡回一条命像只狗一样颠沛流离。以后又如何在被解放军俘虏后，重返故乡和家人团聚。

小说的前半部人物命运跌宕起伏，情节曲折甚至带有一点儿传奇。似乎小说的主题就在于讲述一位传奇人物的传奇一生，继续往下读才发现并非如此，尽管前半部中小说也大致勾勒出时代的轮廓，世事的多变和底层小人物命运的无常。应该说小说写到这里仅仅完成了对后半部的情节铺垫和情感积累——真正的茧才刚刚剥开。当然这并不是说小说的前半部就无足轻重，与情节铺垫和情感积累相比，前半部更为重要的作用是为整部小说确立了一种叙述上的基调，一种平静而坦然的叙述态度和大地尘土般质朴的语言。

历经沧桑而又荣辱不惊，老福贵的讲述一直不紧不慢，该长歌当哭时，他无动于

做人还是平常点儿好，争这个争那个，争来争去赔了自己的命。像我这样，说起来是越混越没出息，可寿命长，我认识的人一个挨着一个死去，我还活着。

衷，该欷歔感慨时他不肯多谈半点儿。所有汹涌的情感都潜进了冷漠的叙述之中，在那种冷漠的叙述之中读者明明感受到字里行间的一股潜流却又无以名状，欲哭无泪，欲叹无言。小说的后半部远没有前半部情节曲折，《活着》已同它的题目一样变得平实简单。解放后福贵一家人像其他所有的中国农民一样辛勤劳作，本分地生活，艰难地熬过一个又一个苦日子。因为穷，十二岁的哑巴女儿凤霞只得送给别人养；儿子有庆直到上学才有一双鞋穿，因为怕费鞋每天就提着鞋子光着脚丫子往学校跑，下雪天依然如此；妻子家珍重病在床无法下地，还不忘在油灯下熬更守夜缝缝补补……

现实的荒谬和命运的无情让老福贵目睹了自己所有亲人的相继离去，经历了一次又一次的生离死别和白发人送黑发人的情感冲击。但孑然一身的老福贵一直只是平静地讲述这一切，平静得像一湖水，平静地讲述着生活的点点滴滴，讲述自己曾经有过的悲伤泪水和美好回忆。不再抱怨也无法抛弃，仿佛经历过太多的苦难后突然明白了，同一次次来临的宿命达成了某种默契，保持着一种无法割舍的动人友情。“活着时一起走过尘土飞扬的道路，死后又一起化做雨水和泥土……”

那么现在应该如何来概括《活着》呢？它讲述的究竟是中国老百姓这几十年是如何熬过来的故事呢，还是一个催人泪下的情感悲剧呢？或许都不是，余华自己也将那种所谓描写现实，实为“写实的作品”与真正的“现实作品”分得很清。在余华为我们虚构的一个个接踵而至、近乎“不可能”的苦难面前，我们已忘记了他以往作为先锋作家熟稔了的写作技巧，看到的只是平实的“现实”，想到的却是人类生存中永远需要直面的困境。或许从某种意义上说，《活着》更像一支古老的歌谣，在向我们倾诉着一个生命中脆弱与顽强、骄傲与哀伤的真相，让我们懂得卑微生命中蕴藏着细微的却如金子般闪亮的光芒，明白人性的温情是如何一步步把苦难的人们变得自信而宽容，坚实而又无所畏惧。（吴　松）

他是那种能够看到自己过去模样的人，他可以准确地看到自己年轻时走路的姿态，甚至可以看到自己是如何衰老的。

永恒的作品

如果现在要读一些东西，显然你应该读一些永恒的东西。《活着》就是这样一流的作品。主人公福贵对西方的读者来说，既遥远，又让人觉得熟悉。小说自始至终讲述的都是一个家庭的故事。就小说表现出来的内容来看，余华的语言给人的感觉是新鲜的，使人入迷的。这从小说开头的第一句话就可以看得出来。

作为中国最重要的作家，余华早年从事先锋派短篇小说的创作，而在《活着》《许三观卖血记》这两部小说中，作者回到了传统的叙述模式里面。而后一部小说，受到了广泛的好评。另外，颇吸引人的《活着》这部小说似乎又像一出肥皂剧，那位傲慢的年轻人福贵，一开始就赌掉了家里的所有财产，把他的家庭逼到了贫穷的地步。他后来被拉做壮丁，等他再回到家，女儿已经成了哑巴，母亲也病了，家里一点儿吃的也没有。

一次又一次的战乱和动荡，使这个家庭在生存线上苦苦挣扎。新中国成立，“大跃进”运动和“文化大革命”，每一次都给他带来新的冲击。在大跃进运动中，饥荒使福贵的妻子家珍饿得驼了背。邻居们为争抢剩余的发了霉的红薯大打出手，为救学校校长产后大出血的老婆，福贵的儿子踊跃献血，忙乱中被抽多了血，死了。坏运气总是降临到福贵的头上，在小说的最后，悲剧和失败越来越多，眼泪和痛哭几乎成了家常便饭。然而小说的结局并不显得突兀，而是蕴涵着生存的神话。“活着的力量不是来自于叫喊，也不是来自于进攻，而是忍受，去忍受生命赋予人们的责任。”

小说中常出现的一句话就是“谁能猜得到呢”或者是“谁知道呢”，生活似乎是脆弱的，经常要遭受到各种预想不到的外在力量的干预。小说中尤为宝贵的就是这种思想。小说的感人力量还来自人物之间的各种瓜葛。当福贵试图不把女儿死亡的消息告诉妻子的时候，读者被感动得掉泪，为他们之间的深厚感情感叹不已。余华小说中简朴、生动的风格很能触动人心。在令人难以忘怀的结尾，福贵，一位老人，家庭中唯一活下来的人，呼喊着他的那头老牛。他给那头牛也起名叫福贵。故事的讲述者看着他们两个渐渐远去，消失了，留下讲述者自己在慢慢降临下来的夜幕中，“我知道黄昏正在转瞬即逝，黑夜从天而降了。我看到广阔的土地袒露着结实的胸膛，那是召唤的姿态，就像女人召唤着她们的儿女，土地召唤着黑夜来临”。（艾米丽·卡特）

作者生平

余华，浙江海盐人，1960年出生于浙江杭州，后来随父母迁居海盐县。中学毕业后，曾当过牙医，五年后弃医从文，进入县文化馆和嘉兴文联，从此与创作结下不解之缘。余华曾在北京鲁迅文学院与北师大中文系合办的研究生班深造，自其处女作《十八岁出门远行》发表后，余华便接二连三地以实验性极强的作品在文坛和读者之间引起颇多的震撼和关注，他亦因此成为中国先锋派小说的代表人物。事实上，余华并不算是一名多产的作家，他以精致见长，打破了日常的语言秩序，组织成一个自己的话语系统，并且以此为基点，建构起一个又一个奇异、怪诞的独立于外部世界的真实的文本世界。

◆欧洲近代哲理散文三大经典之一
◆世界的日常教科书
◆哈佛大学 113 位教授推荐的最有影响的书之一

《蒙田随笔》

人们常说：书有书的命运。有的书一问世便寿终正寝了，而蒙田的随笔集却跨越四百多年的漫长岁月仍盛行不衰，并在中国有了全译本和多种节译本。这其中的缘由很简单：因为蒙田是一位真正热爱生活和懂得生活的大师，而生活，是永远不会苍老的。

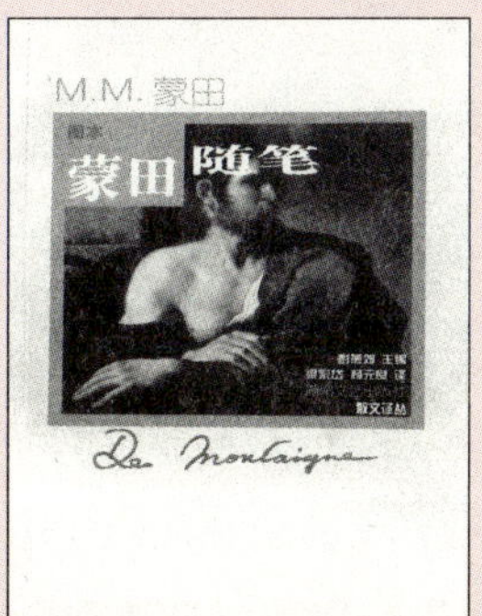

有人说，一个国家即使有诗、戏剧以及后来的小说，如果没有像样的精美散文，就称不上文学大国。而法国因为有了蒙田，这位“随笔”体裁的创始人，就足以在人类文学史上占有重要的一席之地。正如法国学者尼扎尔所说：“一系列反映法国精神的杰作是从《蒙田随笔》这部书开始的。”它与培根的《人生论》、帕斯卡的《思想录》一起，被人们誉为欧洲近代哲理散文三大经典，自从出版后就再也没有绝版过。

在 16 世纪的作家中，很少有人像蒙田那样受到现代人的崇敬，他是启蒙运动以前法国的权威批评家，人类感情的冷峻的观察家，亦是对各民族文化，特别是西方文化进行冷静研究的学者。蒙田以博学闻名于世，因此他的随笔集包罗万象，无所不谈，成为当时各种知识的荟萃，其中有关生活的阐述均发人深省。他对随笔体裁运用娴熟，开创了近代法国随笔式散文之先河。这位享有“生活大师”之誉的哲人，并不是那种板起脸要给我们什么说教的人，而是一个懂得生活的人，是与我们紧密相关而不是距离遥远的人。在其随笔集中，他以一个智者的目光，观察和思考大千世界的众生相，从古希腊一直观察到 16 世纪，从法国一直观察到古代的埃及、波斯，他引古证今，鉴古知今，对许多人类共有的思想感情提出了自己独到的见解，再将观察化为波澜壮阔的随笔，使这部作品成为 16 世纪各种思潮和各种知识经过分析的总汇，有“生活的哲学”之美誉。

自然的厚赐

蒙田是文艺复兴后期法国人文主义最重要的代表，他的《蒙田随笔》于 1580–1588 年分三卷在法国先后出版，收有 107 篇论文，是一部关于社会政治、宗教、伦理和哲学的论著。《蒙田随笔》先后写了将近十年，在此期间，随着作者思想的不断发展、变化，作品的内容也陆续加以修改与补充。蒙田这位法国 16 世纪的大哲学家在他的著作中向我们展示了一个绚丽的思想世界，在字里行间我们都能发现智慧的光芒。

蒙田是一位人文主义作家，在随笔集中他不囿于渊博的书本知识，而是陈述自己对于个体、人类生活方式与如何完善自己等问题的思考，如在《对好坏的判断主要取决于我们的主观看法》一文中，他这样说道："我们之所以不能耐心忍受痛苦，是因为我们不习惯从心灵上获得主要的满足，没有给予心灵足够的重视，而它却是我们状态和行为唯一至高无上的主宰。身体只是一种方式，一种状态。而心灵却千姿百态，它让身体的各种感觉和意外听命于它的状态。"蒙田认为如果我们想的话，客观上的痛苦也可以成为快乐，关键在于我们如何去看待。诸如此类令人拍案叫绝的议论在书中比比皆是。蒙田会使我们认识到心灵是伟大的，它可以控制我们的言行、我们的思维，甚至我们周围的客观事物，这就更需要我们注重管理我们的心灵，提高我们的思想境界，这样就足以使生活变得美好得多。

在蒙田的时代，哲人们深受宗教的束缚，鄙视生命，把生活贬低为消磨时光，并且尽量回避它，"仿佛这是一桩苦役、一件贱物似的"。蒙田却把生命视为"自然的厚赐"，并声称"开心如意的生活是人生的杰作"。在蒙田看来，只有生活得自然，才能生活得幸福。他认为一个人在尚未度完人生喜剧最后也许是最难的一幕之前，就决不要说生活幸福，因为幸福取决于安详和知足的心境、果断和自信的心灵。他说："人的一生都可能戴上假面具；那些漂亮的哲学言论不过是用来装饰我们的举止；那些意外的遭遇不想把我们彻底摧垮，因此我们总能保持安详的面容。但是，当我们面对死亡，扮演人生最后一个角色时，就再没有什么可装的了，就必须讲真话，直截了当地道出内心之所想，这就是为何我们一生的行为都必须要受生命最后一刻的检验。"这段话说得十分有道理。的确，只有面对死亡，或者经历死亡过后，我们才会对人生有更深刻的感悟，对

我死前要做的事，哪怕有一小时的空闲，我觉得也不够用来完成……我随时随地都准备应付可能发生的事，这样，死亡降临时，我就不至于措手不及。

身边事物才会有更清醒和接近本质的认识。所谓功名利禄，所谓“幸福”，也许真不过是一场空，当我们没必要再虚伪的时候，我们才认清，原先不屑一顾的淡泊名利、宁静致远也许才是真正的追求。这时，什么仇恨、愤怒、狂喜、悲痛都不再重要了，我们这才发现，原来如果把一切都看淡的话会惬意得多。我们总是会在死亡之前留有遗憾也正是因为之前我们不可能发现自己所真正追求的，不可能理解什么是“真正的幸福”。一切等死后才有定论。

蒙田的哲学是一种自我内省的意识。他认为既然每个人内心都有普遍理性的种子，那么，没有人比自己更懂得应当如何生活、如何完善自身、如何处世。在今天这个物欲横流、精神沦丧的社会里，蒙田的这些思想无疑是一种不可缺少的清醒剂。因此，蒙田的文章更适合从为人处世的角度去看，想想自己在生活中遇到的诸多问题，可以从他的随笔里若有所悟，会心而笑。

《蒙田随笔》问世后，影响深远。在 17 世纪，各种不同的人都从蒙田的作品中品味到了乐趣。德·塞维涅夫人对蒙田的魅力赞不绝口：“我有许多好书，《蒙田随笔》当属最佳，它绝对不会愚弄你，你还需要什么呢?”查理·索雷尔则称这部作品是“宫廷和世界的日常教科书”。

18 世纪，人们对蒙田好评如潮。孟德斯鸠说：“在大多数作品中，我看到了写书的人；而在这本书中，我却看到了一个思想者。”伏尔泰在驳斥帕斯卡时大声赞美蒙田：“蒙田像他所做的那样朴实描述自己，这是多么可爱的设想！因为他描绘的是人性……”

到了 19 世纪，蒙田的崇拜者遍及全世界。司汤达在创作《论爱情》时常常参照《蒙田随笔》，德国的歌德、席勒，英国的拜伦、萨克雷，以及后来美国的爱默生都对蒙田十分推崇。

半个世纪前，阿曼戈博士创立了“蒙田友好协会”，到了今天，该协会会员遍及世界各地。而没有参加“蒙田友协”，自己私下与蒙田倾心交谈，从蒙田身上学习有关修身处世道理的人则更是不计其数。蒙田早已成了追求心灵独立者的亲密私交，阅读《蒙田随笔》则成了人们精神休闲的最好去处。（佚　名）

岁末读蒙田

《蒙田随笔》是一本必读的书。在这部书里，没有大喊大叫，没有愤怒和哀伤，没有热烈与冲动，只有冬夜炉火的温暖和安详；他的话语里没有故弄玄虚的哲学术语和空话，只有平实亲切的声音。

我认为在西方哲人的思想中，最接近儒家“中庸”之道的大概非蒙田莫属。然而，他的随笔更兼有庄子的洒脱和风流。他参透了道家的阴阳符号，在叙述中，他总会让你看到有关修身处世的智慧。

华文精选

弯曲的身躯难以承受重力，心灵也如此，应让心灵挺直腰杆子，顶住死亡的压力，因为心里越怕，就越无宁日。

蒙田被尊为圣人是当之无愧的，他是一个最让人舒服的圣人。与歌德一样，他不是一个隐居山林的学究，在青壮年时就投身到世俗的名利场。他曾两度被选为法国波尔多市的市长。在这样的政治旋涡中，蒙田却随遇而安，左右逢源。无论他的朋友还是敌人都与他和睦相处。即使在晚年，疾病缠身，被肾结石和肠绞痛折磨得痛苦不堪的蒙田依然面对痛苦谈笑风生。而在他的随笔里，我读不到一声呻吟和哀怨，也没有一句豪言壮语。他笑对疾病和医生，体悟到病本身也有它的生老病死的过程。蒙田的思想纯洁晶莹，穿越四百多年的时空，依然光芒四射。

蒙田的随笔不管挑哪一篇来读，都是趣味盎然的，汇集了西方几个世纪的文化精华，是16世纪西方智慧的结晶。如果没有时间读“圣贤书”，读完蒙田的随笔集大概也就够了。（玛　雅）

作者生平

蒙田生于1533年2月28日，出身于贵族家庭，自幼就接受严格的家庭教育，他的父亲极为重视古典文学的学习，为蒙田专门聘请了拉丁语教师，6岁以后蒙田才开始接触自己的母语——法语。1539年到1546年间蒙田入著名的人文主义学校波尔多的居埃纳教会学校接受早期的学校教育，1554年被任命为佩里格城法院的顾问，1557年又到波尔多市的最高法院任职。

因为身处官场，蒙田目睹了官场的腐败而愤世嫉俗，他反对无故判处新教徒极刑，痛恨殖民者在新大陆的暴行。由于种种社会丑恶现象促使蒙田渐渐厌恶官场生活，1570年他离开官场，回到父亲留下的乡下领地隐居。

自1572年开始，在长达20年的岁月中，蒙田一直断断续续地把读书心得、旅途见闻和日常感想记录下来，写成随笔。1578年蒙田的肾结石发作，影响了他的写作。1581年起当选并连任两届波尔多市市长。在任职期间，蒙田多次上书国王，为第三等级的不合理捐税负担鸣不平。1585年，第二届市长任期将满，波尔多市发生鼠疫，蒙田举家外出避疫，于1587年重回旧居续写他的随笔。在这期间，蒙田结识了对他狂热崇拜的德·古内小姐，我们今天所见的《蒙田随笔》是由德·古内小姐在蒙田生前出版的随笔集的基础上，根据他在笔记上写下的大量注释和增添内容结集而成的。

◆人类有史以来的 20 本最佳图书之一

◆美国现实主义小说奠基人的代表作

◆19 世纪美国文学的重心

《哈克贝利·费恩历险记》

美国著名作家海明威曾经说过："一切现代美国文学来自一本书，即马克·吐温的《哈克贝利·费恩历险记》……这是我们所有书中最好的。一切美国文学都来自这本书，在它之前，或在它之后，都不曾有过能与之媲美的作品。"

马克·吐温是美国小说史上的幽默大师和语言巨匠，他彻底摆脱了欧洲小说传统的窠臼，运用美国本土语言来表现美国特别是密西西比河地区本土人民的性格特征和风俗习惯，创造了完全属于美国的小说，是美国现实主义小说的奠基人，被称为"文学中的林肯"。

1856 年南北战争结束后，美国文学发展到了一个新的阶段，现实主义、浪漫主义兴起。马克·吐温是美国现实主义文学的奠基人，而《哈克贝利·费恩历险记》则被公认为是他的代表作。这部小说无论在马克·吐温个人的创作道路中，还是在美国文学发展史上都有十分重要的地位；无论从思想内容，还是从语言艺术价值看，都可说是不可多得的佳作。它是马克·吐温长期酝酿思索的结晶，是他借助儿童纯洁真实的眼光来看世界的成功之作，其间凝聚了马克·吐温大半生的经验，闪耀着哲理和智慧的光芒。

马克·吐温一生享有盛名，他的作品深受世界各国人民的喜爱，也是最受中国读者欢迎的美国小说家之一。《哈克贝利·费恩历险记》不仅标志着马克·吐温文学创作的成熟，而且被公认为现代美国小说中具有划时代意义的经典之作。小说以美国式的幽默风格描写了 14 岁的白人穷孩子哈克搭救黑奴吉姆的曲折经历，触及了美国社会所存在的多方面的问题，特别是提出了种族压迫的问题，因而具有强烈的现实主义意义。自问世以来，一直畅销世界，不愧为一部跨越时空的杰作。

一本好书

马克·吐温以他亲切的幽默征服了全世界的读者。《汤姆·索耶历险记》及马克·吐温的中短篇小说还有这本书都值得向喜欢高水平的幽默的读者推荐。本书比作者的其他小说会聚了更丰富的风格，是他的代表作。

《汤姆·索耶历险记》是美国著名的作家马克·吐温的四大名著之一。小说描写的是以汤姆·索耶为首的一群孩子天真烂漫的生活。他们为了摆脱枯燥无味的功课、虚伪的教义和呆板的生活环境，进行了种种冒险。这部小说虽是为儿童写的，但它又是本写给一切人看的高级儿童读物。因为阅读这本小说能让成年人从中想起当年的他们自己，那时的情感、思想、言谈、以及一些令人不可思议的做法。

大多数在少年时期读过《哈克贝利·费恩历险记》的人，都会认为这是一本“少年读物”。这种认识虽然有一定道理，但海明威却有另一种看法。他认为：“一切现代美国文学来自一本书，即马克·吐温的《哈克贝利·费恩历险记》……这是我们所有书中最好的。一切美国文学都来自这本书，在它之前，或在它之后，都不曾有过能与之媲美的作品。”我认为，上述两种截然相反的看法之间一定具有一条真理，而真理可能更接近于海明威的说法。马克·吐温撰写《哈克贝利·费恩历险记》时的确颇费周折。然而，他做梦也没有想到，这部作品竟能与梭罗的《瓦尔登湖》并列，成为19世纪美国文学的重心，而且是两部最具影响力的作品。

马克·吐温可以说是近乎无意识地完成了这部杰作。密西西比河在不知不觉中培育了少年马克·吐温的想象力。在他执笔之际，这条河依然在他心里波涛澎湃。马克·吐温在这条河的激励之下，将自己的青春完全投入这部作品，甚至也下意识地将美国的青春也投放进去。哈克的精神分裂源自于他对自然社会的了解的天才与对文明社会的厌恶（哈克是一位少年、一位天才，也是一个伟人）。这种精神分裂正与我们现今的精神分裂相呼应。我们被夹在两种愿望之间，一种是美国“向外寻求领土”的传统愿望，另一种是比前一种更强烈的愿望，把这片广大的领土转换为大规模的生产工厂。我们因美国国民之一员而备受折磨，而且将永远地遭受这种折磨，因为这种精神分裂以后还会持续下去。

我也明白，我这个人要想学好也是做不到的了：一个人从小起，没有一开始就学好，以后也就成不了气候——一旦危急临头，也没有什么东西能支撑住他，把事干好，这样，就只能败下阵来。

全书以前工业化的“自然”美国为背景，这个美国充满了暴力、谋杀、固执、贪欲与危险。密西西比河的风景优美无比，但曾经做过河上舵手的马克·吐温知道，密西西比河是叛逆的，甚至怀有恶意。热爱往昔祖国一如现代祖国的美国成年人在读《哈克贝利·费恩历险记》时，往往不知不觉中抽去其中辛辣的成分，只把它当做一篇《失乐园》的叙事诗来读。不论是南方人、北方人，都会感觉到，虽然一种天真和鲜活的自由已永远逝去，但却另外出现了一些了不起的东西。伯利克里斯时代世故的希腊人，读《荷马史诗》时一定也会有类似的心情。《哈克贝利·费恩历险记》是我们的《奥德修纪》。海明威的看法也暗含上述意见。他认为，马克·吐温是每一位以创意运用方言的美国作家。《哈克贝利·费恩历险记》故意破坏传统英语的“文学”风格，不以英语的正确性为目标，而依照日常会话的变化引入新的韵律，并且向我们显示，非学术性的语言可以完成什么。

虽然在成年后接受了大都会文化的洗礼，马克·吐温仍然是一个受惠特曼敬佩的“强有力而无教养的人”。这一点丝毫无损于马克·吐温的伟大，反而愈增其伟大。他建立起一个传统，与亨利·詹姆斯完全迥异的文学传统。马克·吐温与亨利·詹姆斯代表了美国文学与思想的两种势力，前者是本土的、幽默的，同时也是大众化的最佳表现；后者是英国的、欧洲的、纯分析的，同时也是贵族化的最佳表现。（克利夫顿·费迪曼）

我们朝天躺着，仰望着星星。我们议论着这些星星是造出来的呢，还是自然而然地生成的——吉姆认为是造出来的，我呢，认为是自然而然生成的。

马克·吐温幽默的魅力

马克·吐温的《哈克贝利·费恩历险记》是美国文学中的珍品，也是美国文化中的珍品。1984年，美国文坛《哈克贝利·费恩历险记》出版100周年举行了广泛的庆祝活动和学术讨论，也出版了一些研究马克·吐温，特别是他的《哈克贝利·费恩历险记》的专著。专门为一位大作家的一本名著而举行如此广泛的纪念和专门的研究，这在世界文坛上也是少有的盛事。

这是因为《哈克贝利·费恩历险记》的意义不一般。美国著名作家海明威曾说过：“一切现代美国文学来自一本书，即马克·吐温的《哈克贝利·费恩历险记》……这是我们所有书中最好的。一切美国文学都来自这本书，在它之前，或在它之后，都不曾有过能与之媲美的作品。”其他的名家像艾略特、巴灵顿、福克纳等，都曾经有过类似的评价。经过百余年的历史检验，《哈克贝利·费恩历险记》一书的确是雅俗共赏、老少咸宜的世界名著。

《哈克贝利·费恩历险记》的意义，事实上已经超出文学的领域而成为美国文化的珍品。在20世纪，电影、电视等对于人们生活方式、社会风尚、价值观念的形成与变迁，其影响之大，常使世人为之惊叹。这在美国尤其如此。而回顾美国的电影史，从1920年到1974年，历时半个世纪，同一部小说《哈克贝利·费恩历险记》，在美国被拍成黑白片与彩色片，前后达五次之多。一部文学名著，成为文化上如此被热爱的珍品，并不多见。

是什么样的艺术魅力使美国和世界各国的读者如此喜爱《哈克贝利·费恩历险记》呢？是它给美国和世界各国的读者打开了一个独特的富于美国式幽默气质的心灵世界，一个西部开发时期千千万万普通老百姓进行豪迈开拓时幽默气质的心灵世界。幽默逗人发笑，幽默蕴涵着智能，幽默乃机智的闪光。这样的幽默与塞万提斯笔下没落骑士阶级战风车的幽默又不一样，乃是美国"西进"与"南下"声中千千万万勤劳的老百姓——这些强者在生活中的表现。它启发人们笑着面对人生，面对坎坷曲折，怀着活泼的生机，开拓前进，因而是独特的，是美国式的，平头百姓的。作品迷人的奥秘也许正在于此。这种马克·吐温式的、当年美国式的幽默，在世界文学史上曾独领风骚。

试读《哈克贝利·费恩历险记》这部小说，从儿童们结成"强盗帮"开始，接着写吉姆的迷信与自吹，汤姆导演的效法王公贵族式的地狱等，这些幽默的插曲，会令读者时而微笑，时而大笑，时而苦笑，人间烦恼为之一扫而空，而智能的闪光，在愉悦中把读者的心胸照亮。（佚　名）

作者生平

马克·吐温原名萨缪尔·兰亨·克莱门斯，1835年出生于美国密苏里州，12岁时父亲就去世了，他因此不得不辍学，14岁时就在印刷厂当排字学徒工，后来又在东部和中西部的许多城市做排字工。1856年他沿密西西比河南下，想从新奥尔良转道去巴西，途中遇见老舵手贺拉斯·毕克斯比，于是拜他为师学习轮船驾驶，学成后就在密西西比河上做舵手直至内战爆发。他的笔名就来自密西西比河水手的行话，意思是"12英尺深"，指水的深度足以使航船通行无阻。

马克·吐温1862年开始在内华达弗吉尼亚城一家报馆工作。1865年，他的幽默故事《卡拉维拉斯县著名的跳蛙》引起了轰动，从此闻名全国。此后，他经常在报刊上发表幽默作品。35岁结婚后，他专职写作，随后的20年，相继完成了《汤姆·索耶历险记》、《乞丐王子》、《密西西比河上的生涯》等不朽名著。1910年4月21日，马克·吐温逝世，他的优秀作品已成为世界文学中的珍品。